L'ÉTAT DU MONDE JUNIOR

L'ÉTAT DU MONDE JUNIOR

Encyclopédie historique et géopolitique

Illustré par Daniel Maja

LA DÉCOUVERTE

Conception de la présente édition :
Serge Cordellier, Béatrice Didiot, Élisabeth Lau

Responsables éditoriaux :
Serge Cordellier, Élisabeth Lau

Rédaction : Guy-Patrick Azémar, Serge Cordellier

Illustrations : Daniel Maja

Cartographie : Bertrand de Brun, Catherine Zacharopoulou (AFDEC)

Couverture : Jean-Marie Achard

Conception graphique, maquette intérieure et réalisation : Maogani

Fabrication : Claudie Dupont-Pommat, Andreas Streiff

Catalogage Électre-Bibliographie
L'état du monde junior. – Nouv. éd. ref. et mise à jour.
Paris : La Découverte, 2002. – (L'état du monde)

ISBN 2-7071-3863-0

| Rameau : | géographie politique : ouvrages pour la jeunesse |
| | histoire économique : 1945-… : ouvrages pour la jeunesse |

Dewey :	812 : La Société d'aujourd'hui
	373.83 : Enseignement secondaire. Histoire.
	Géographie
Public concerné :	Adolescents (à partir de 13 ans)

AVANT-PROPOS

Mondialisation, inégalités, problèmes écologiques, guerres, libertés, etc. : le monde est confronté à de multiples défis. Les médias transmettent toujours plus d'informations, mais elles sont rarement placées dans leur contexte. *L'état du monde junior* permet d'y voir clair. C'est une véritable encyclopédie qui mêle les savoirs et qui peut être lue et relue de multiples façons. C'est aussi une base de références dans laquelle, avec l'aide du sommaire, du lexique et de l'index, on peut rechercher des informations.

L'état du monde junior est un livre pour toute la famille. Inspiré de *L'état du monde* que publient chaque année les éditions La Découverte, cet ouvrage a bénéficié des analyses et des conseils d'auteurs spécialisés qui y collaborent.

SOMMAIRE

LE MONDE DEPUIS 1945

TOUS LES PAYS DU MONDE

L'AVENIR DU MONDE EN QUESTIONS

LE MONDE DEPUIS 1945

Le monde ne cesse d'évoluer. Les frontières sont redessinées, des conflits, des crises éclatent, les alliances entre pays se modifient. L'histoire qui se forge au quotidien ne peut se comprendre qu'en connaissant le passé. Voici en cinq actes les principaux événements mondiaux, de 1945 à nos jours.

1945-1947
l'espoir d'un monde meilleur

La Seconde Guerre mondiale qui se termine n'a pas seulement détruit des vies et des villes, elle a aussi bouleversé les anciens rapports de forces. Les changements de frontières et les aires d'influence acquises par les vainqueurs dessinent une nouvelle carte politique du monde.

La scène se déroule en février 1945, à Yalta, en Union soviétique. Dans cette station balnéaire de Crimée libérée quelques mois plus tôt de l'occupation nazie, une conférence réunit les trois chefs alliés qui resteront dans l'histoire comme les grands vainqueurs de la Seconde Guerre mondiale : Franklin D. Roosevelt, président des États-Unis d'Amérique, Winston Churchill, Premier ministre du Royaume-Uni, et Joseph Staline, commandant en chef de l'Armée rouge et maître absolu de l'Union soviétique.

Au moment où la conférence se déroule, la guerre contre l'Allemagne et le Japon n'est pas finie. Si la victoire paraît proche en Europe, ce n'est pas encore le cas en Asie. La mise au point de la bombe atomique n'est pas terminée et les Japonais résistent farouchement à l'avancée de l'armée américaine. Roosevelt, qui est à l'origine de la rencontre, veut d'abord obtenir la promesse d'une entrée en guerre de l'URSS contre le Japon, après la fin des combats en Europe. Staline promet. En échange, il obtiendra des îles (Kouriles) au nord du Japon ainsi que les pays baltes et une partie des territoires de la Pologne.

Projets pour l'après-guerre

L'autre grand objectif de Roosevelt est de préparer l'après-guerre. Il s'agit d'inventer un système mondial de sécurité capable d'assurer la paix, tout en perpétuant l'alliance entre les « grands ». À Yalta, on décide de réunir prochainement une conférence sur l'organisation d'un « gouvernement » mondial, qui s'appellera l'Organisation des Nations unies (ONU). On adopte aussi une déclaration sur l'Europe libérée : elle prévoit de rétablir l'indépendance de tous les États européens occupés. Ceux-ci devront se donner des gouvernements démocratiques à la suite d'élections libres. Évidemment, tout cela ne se fait pas sans méfiance ni sans arrière-pensées. Churchill et Roosevelt n'ont pas grande confiance en Staline, qui le leur rend bien. On parle de paix, de démocratie, d'indépendance nationale sans trop chercher à préciser le sens que chacun donne à ces mots.

Une nouvelle carte du monde

Au bout de six années de combats qui se sont déroulés sur tous les continents sauf en Amérique, les armes se taisent le 8 mai de cette année 1945 en Europe. Le 6 août, puis le 9 août, deux bombes atomiques sont lancées sur les villes japonaises d'Hiroshima et de Nagasaki ; l'URSS tient sa promesse en attaquant le Japon. Le 15, l'empereur Hirohito annonce la capitulation de son pays.

De cette catastrophe planétaire naît un ordre mondial complètement nouveau. Une conséquence très importante de la guerre n'apparaît pas encore au grand jour. La victoire des alliés contre l'expansionnisme de l'Allemagne nazie et du Japon impérialiste encourage en effet fortement les mouvements politiques qui luttent pour obtenir l'indépendance dans les empires coloniaux [*voir page 21*].

Le reste du monde se partage surtout entre vainqueurs et vaincus.

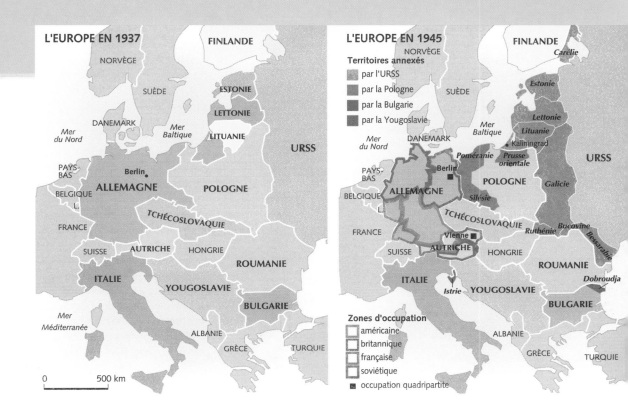

L'EUROPE EN 1937

NORVÈGE
FINLANDE
SUÈDE
ESTONIE
DANEMARK
LETTONIE
Mer du Nord
Mer Baltique
LITUANIE
URSS
PAYS-BAS
Berlin
ALLEMAGNE
POLOGNE
BELGIQUE
L.
TCHÉCOSLOVAQUIE
FRANCE
SUISSE
AUTRICHE
HONGRIE
ROUMANIE
ITALIE
YOUGOSLAVIE
BULGARIE
Mer Méditerranée
ALBANIE
GRÈCE
TURQUIE

0   500 km

L'EUROPE EN 1945

NORVÈGE
FINLANDE
Carélie

Territoires annexés
par l'URSS
par la Pologne
par la Bulgarie
par la Yougoslavie

SUÈDE
Estonie
Lettonie
Lituanie
Mer Baltique
Mer du Nord
DANEMARK
Kaliningrad
Poméranie
Prusse orientale
URSS
PAYS-BAS
Berlin
Galicie
ALLEMAGNE
POLOGNE
BELGIQUE
L.
Silésie
TCHÉCOSLOVAQUIE
Ruthénie
Bucovine
FRANCE
Vienne
Bessarabie
SUISSE
AUTRICHE
HONGRIE
ROUMANIE
ITALIE
Istrie
YOUGOSLAVIE
Dobroudja
BULGARIE

Zones d'occupation
américaine
britannique
française
soviétique
occupation quadripartite

ALBANIE
GRÈCE
TURQUIE

Le sort des vaincus

Les vaincus de la guerre n'ont plus leur mot à dire. L'Allemagne est en ruine. Elle perd non seulement toutes les conquêtes d'Hitler, mais aussi ses riches territoires de l'Est dont hérite la Pologne (Silésie, Poméranie et l'essentiel de la Prusse orientale – l'enclave de Kœnigsberg revenant à l'Union soviétique). Les Alliés se sont entendus pour empêcher toute reconstruction de la puissance militaire allemande et pour diviser le pays. Berlin, capitale de l'Allemagne, est partagée en quatre zones d'occupation : un secteur soviétique à l'est, trois secteurs – américain, britannique et français – à l'ouest.

Le Japon perd lui aussi toutes ses conquêtes militaires. Il est démilitarisé et placé sous le contrôle de l'armée d'occupation américaine. Les États-Unis laissent l'empereur Hirohito sur son trône, mais ils prennent en main la réorganisation du pays.

Du côté des vainqueurs

Du côté des puissances victorieuses, le tableau est plus contrasté. En Asie, l'immense Chine fait face à de graves problèmes économiques et politiques. La misère règne dans le pays ravagé par la guerre, et l'affrontement reprend entre les communistes et les nationalistes chinois qui avaient fait alliance pour combattre les Japonais.

En Europe, le déclin des deux « vieilles » puissances que sont le Royaume-Uni et la France est devenu évident. Après avoir dominé le monde, elles n'ont plus les moyens de jouer les premiers rôles. Elles sortent épuisées de la guerre et ont besoin de l'aide américaine pour surmonter leurs difficultés. Il est vrai qu'elles ont encore d'immenses empires coloniaux, mais pour combien de temps ? Restent l'URSS et les États-Unis, qui apparaissent comme les véritables vainqueurs du conflit mondial.

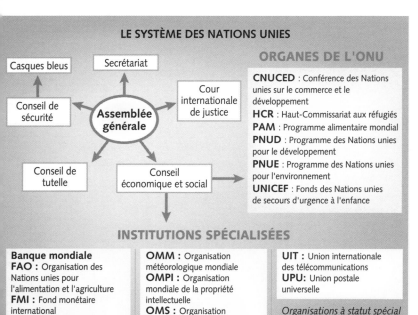

LE SYSTÈME DES NATIONS UNIES

ORGANES DE L'ONU

Casques bleus

Secrétariat

Cour internationale de justice

Assemblée générale

Conseil de sécurité

Conseil de tutelle

Conseil économique et social

CNUCED : Conférence des Nations unies sur le commerce et le développement
HCR : Haut-Commissariat aux réfugiés
PAM : Programme alimentaire mondial
PNUD : Programme des Nations unies pour le développement
PNUE : Programme des Nations unies pour l'environnement
UNICEF : Fonds des Nations unies de secours d'urgence à l'enfance

INSTITUTIONS SPÉCIALISÉES

Banque mondiale
FAO : Organisation des Nations unies pour l'alimentation et l'agriculture
FMI : Fond monétaire international
OACI : Organisation de l'aviation civile internationale
OIT : Organisation internationale du travail
OMI : Organisation maritime internationale

OMM : Organisation météorologique mondiale
OMPI : Organisation mondiale de la propriété intellectuelle
OMS : Organisation mondiale de la santé
ONUDI : Organisation des Nations unies pour le développement industriel
UNESCO : Organisation des Nations unies pour l'éducation, la science et la culture

UIT : Union internationale des télécommunications
UPU : Union postale universelle

Organisations à statut spécial

AEIA : Agence internationale de l'énergie atomique
OMT : Organisation mondiale du tourisme

Les deux « supergrands »

L'Union soviétique a été ravagée, mais elle est devenue une colossale force militaire. Elle s'est étendue vers l'ouest en annexant les pays baltes, en gagnant d'autres territoires sur la Finlande, la Pologne, la Roumanie. Elle occupe le nord de la Corée en Asie, et toute l'Europe de l'Est. De plus, les soldats de l'Armée rouge font figure de libérateurs. La « patrie » du communisme, qui a incarné la résistance au nazisme depuis 1941, en retire un énorme prestige dans le monde.

Pour les États-Unis, la situation est encore plus favorable. Pendant la guerre, le pays du libéralisme a financé et équipé les armées des Alliés. Cela a donné un formidable élan à son économie qui impose sa loi à travers la planète. La production industrielle américaine dépasse celle de tous les autres pays réunis. Les États-Unis possèdent plus de la moitié des réserves

d'or mondiales, ce qui permet au dollar de jouer un rôle considérable dans le nouveau système monétaire international organisé par les accords de Bretton Woods (juillet 1944). Et puis les soldats yankees, regardés eux aussi comme des libérateurs, ont pris pied sur tous les continents. Ils sont encore les seuls à posséder la bombe atomique. Bref, l'Amérique a les moyens de peser sur les affaires du monde ! Après avoir remporté la victoire, les Alliés, dans l'esprit de Yalta, semblent décidés à organiser la paix. En avril-juin 1945, l'Organisation des Nations unies est créée. Son objectif principal est d'amener les nations à renoncer à la force pour régler leurs conflits. Elle a aussi pour mission d'organiser le développement et la coopération internationale, dans le respect de l'égalité des droits des peuples. L'ONU sera universelle (tous les États indépendants pourront en faire partie), elle définira des « règles du jeu » claires et, surtout, devra se donner les moyens de les faire respecter. En somme, il s'agit de créer un véritable « pouvoir international ».

Un pouvoir international ?

La construction semble solide. L'ONU n'est pas conçue comme un « club » d'États égaux, mais comme une organisation dirigée par un groupe de pays qui viennent de gagner la guerre. Ce sera la paix par la police des « grands », et surtout par celle des « supergrands » (les États-Unis et l'URSS). Et pourtant cela ne va pas fonctionner comme prévu. D'une part, l'ONU ne dispose pas de force militaire d'intervention, mais seulement de « casques bleus » qui ne peuvent que s'interposer entre belligérants. D'autre part, l'utilisation du « droit de veto » [*voir encadré page 14*] va paralyser le Conseil de sécurité, et l'ONU va devenir le théâtre de quarante années d'affrontements américano-soviétiques. Tout l'édifice de la paix repose en effet sur le principe d'une entente entre ces superpuissances. Or leur alliance a été conclue pour gagner la guerre. L'ennemi disparu, leur rivalité réapparaît.

Le face-à-face États-Unis/URSS

Tout oppose l'Ours soviétique et l'Aigle américain, la grande puissance continentale et la grande puissance maritime, le pays du communisme et celui du capitalisme. Les États-Unis se déclarent champion du « monde libre », de l'économie de marché et de la démocratie politique : ils dénoncent le « totalitarisme » soviétique. L'URSS se proclame le champion des peuples en lutte pour établir une « société égalitaire », ou contre l'« oppression de l'impérialisme américain ». Ces deux puissances ne sont plus côte à côte, mais face à face ! Entre les chefs alliés, les relations se dégradent vite. « La menace soviétique a remplacé l'ennemi nazi », déclare Churchill dès mai 1945. Harry Truman, qui succède à Roosevelt, veut se montrer plus intransigeant vis-à-vis de Staline : « J'en ai assez de pouponner les soviets ! » dit-il en janvier 1946. Appliquant la « doctrine Truman », les États-Unis aideront les pays en lutte contre le communisme.

L'expansion soviétique

En Europe, le climat se détériore. Les élections libres promises à Yalta n'ont pas lieu dans les pays de l'Est. En 1945 en Yougoslavie, en 1946 en Albanie, les partisans communistes prennent le pouvoir après avoir eux-mêmes libéré leur patrie. Dans les pays qu'ils contrôlent

Une tragédie effroyable

On estime que la Seconde Guerre mondiale a fait environ 50 millions de morts (contre 13 millions pour la Première Guerre mondiale), dont sans doute plus de 25 millions pour la seule URSS.
La moitié de ces morts ont été des civils, hommes, femmes et enfants, victimes des camps d'extermination, des bombardements massifs et de la répression. En Europe, l'arrêt des combats n'a pas mis un terme aux tragédies. Les réfugiés se comptent par millions.
Des villes entières ont été rasées, laissant des millions de personnes sans abri.
Les problèmes d'approvisionnement sont généraux, les économies des pays européens étant ruinées ou désorganisées. Une grande partie des ports, des routes et des ponts, des moyens de transport et des usines sont inutilisables.
La fin de la guerre s'accompagne enfin d'un immense choc moral. Le monde découvre l'horreur des camps de concentration, des chambres à gaz, et l'ampleur de l'extermination des Juifs d'Europe (la Shoah, qui a fait 6 millions de morts), des Tsiganes du Grand Reich et des « malades mentaux » et autres « vies indignes de vie » (*Lebensunwert*) menée par les nazis au nom de leur idéologie raciale. À cela se sont notamment ajoutés les persécutions des homosexuels, le traitement infligé aux Slaves, considérés comme des « sous-hommes » (*Untermenschen*), etc.
Le bilan de la guerre a aussi été aggravé par des crimes commis par l'URSS (massacre de prisonniers polonais, déportation collective de peuples accusés de collaboration, etc.).
Et l'explosion des premières bombes atomiques sur les villes japonaises d'Hiroshima et Nagasaki a montré que le pire était peut-être encore à venir.

L'ONU

L'Organisation des Nations unies est créée en avril-juin 1945, lors de la conférence de San Francisco. Ses buts sont fixés par la Charte des Nations unies, qui lui donne pour objet essentiel de « maintenir la paix et la sécurité internationales ». En 1952, le siège de l'ONU est établi à New York. Les principaux organes de l'ONU sont :

– L'Assemblée générale, « parlement » international composé de tous les États membres de l'organisation, disposant chacun d'une voix (le vote se fait à la majorité). Elle rassemble 51 États indépendants en 1945, 147 États en 1976 (après la décolonisation), et 190 au 1er octobre 2002.

– Le Conseil de sécurité, organe exécutif qui a la responsabilité principale du maintien de la paix et de la sécurité. Il comprend dix membres élus pour deux ans par l'Assemblée, ainsi que cinq membres permanents qui disposent d'un « droit de veto » (ils peuvent s'opposer aux décisions) : la Chine, les États-Unis, la France, le Royaume-Uni et, depuis 1992, la Russie qui a repris le siège occupé jusque-là par l'Union soviétique.

– Le Secrétariat général, organe administratif. Le Nigérian Kofi Annan a succédé à l'Égyptien Boutros Boutros-Ghali au poste de secrétaire général en 1997.

– La Cour internationale de justice, tribunal international dont le siège est situé à La Haye (Pays-Bas).

En outre, sont rattachées à l'ONU de nombreuses « institutions spécialisées », chargées de développer une action internationale dans les domaines économiques, financiers, sociaux, culturels : Fonds monétaire international (FMI), Organisation des Nations unies pour l'alimentation et l'agriculture (FAO), Organisation mondiale de la santé (OMS), Organisation des Nations unies pour l'éducation, la science et la culture (UNESCO), Fonds des Nations unies de secours d'urgence à l'enfance (UNICEF), etc.

grâce à la présence de l'Armée rouge, les Soviétiques mettent en place des gouvernements d'« union nationale », vite dominés par les partis communistes. Dès 1946, après avoir éliminé toute opposition par des moyens très peu démocratiques, les communistes s'installent seuls au pouvoir en Bulgarie et en Roumanie. Puis, en 1947, vient le tour de la Hongrie et de la Pologne.

Un « rideau de fer »

Il y a enfin le problème de l'Allemagne, à propos de laquelle les positions se durcissent dans chaque camp. Occidentaux et Soviétiques s'accusent mutuellement de vouloir la faire basculer de leur côté. À l'Ouest, les Américains, les Britanniques et les Français s'entendent pour mettre sur pied un gouvernement démocratique. À l'Est, c'est un gouvernement prosoviétique qui est installé. Ainsi, la ligne où se sont rencontrées les armées des libérateurs devient la frontière entre deux Europe : « Un rideau de fer s'est abattu sur l'Europe », déclare Churchill en 1946, dénonçant la mainmise de Moscou sur l'Europe de l'Est.

Le rôle de la bombe

La bombe atomique avait été mise au point aux États-Unis pendant la guerre, dans le plus grand secret. Peu après son arrivée au pouvoir, le président Truman avait été mis au courant des recherches en train d'aboutir. Il avait obtenu de Churchill son accord pour l'utiliser contre le Japon. Avec les bombardements d'Hiroshima et de Nagasaki, le rapport de forces entre l'Union soviétique et les États-Unis avait subitement basculé en faveur de ces derniers. Après avoir hésité, les dirigeants américains ont décidé, pour développer des applications scientifiques de l'énergie nucléaire, de coopérer, avec la plus extrême prudence, avec les seuls alliés du camp occidental, en excluant toute association de l'URSS. Dès lors se trouvaient réunies, de part et d'autre, les conditions qui vont conduire au blocage des relations entre l'Est et l'Ouest.

ACTE 2 — 1947-1956
la Guerre froide et les blocs

Une fois rompue leur grande alliance nouée contre le nazisme, l'Union soviétique et les États-Unis s'affrontent. Il s'agit d'abord d'une compétition idéologique, puis d'une course aux armements. Se constituent deux blocs, Est et Ouest. Chaque pays est sommé de choisir son camp.

À l'Est, les peuples ne sont pas libres de choisir leurs gouvernements. Pour les dirigeants occidentaux, il est devenu clair que Staline ne respecte pas les accords de 1945. Doivent-ils déclencher une guerre pour le faire reculer ? Personne ne souhaite un nouveau massacre. Alors, par « réalisme », les Occidentaux laissent le partage du continent européen se faire. Ils protestent, ils s'indignent, mais l'Ouest ne se battra pas pour l'Est. Les pays et les peuples situés derrière le « rideau de fer » resteront sous l'autorité soviétique.

Bien vite, cependant, les États-Unis sont convaincus que la volonté d'expansion soviétique ne s'arrêtera pas au « rideau de fer ». Plusieurs pays d'Europe de l'Ouest leur semblent près de tomber à leur tour dans l'escarcelle de Moscou. En Grèce, une véritable guerre civile commence en 1946. Les partisans communistes reprennent les armes contre le gouvernement monarchiste d'Athènes soutenu par les Britanniques, puis par les Américains. L'URSS tente aussi de pousser ses pions en Iran.

La politique américaine du « containment »

À l'autre bout du monde, sur le continent asiatique, les communistes marquent aussi des points. C'est tout l'équilibre du monde qui risque de se trouver menacé. Pour les États-Unis, le moment est venu de donner un coup d'arrêt : « La Russie doit trouver en face d'elle des gens qui l'arrêtent avec un poing d'acier »,

déclare le président Truman en 1946. L'année suivante, il lance la politique du *containment* (contenir la progression du communisme). En 1947, les ministres communistes sont chassés des gouvernements français et italien auxquels ils participaient depuis la Libération. En Grèce, les partisans communistes sont écrasés ; la guerre civile s'achève en 1949.

Dans le même temps, le président Truman lance le plan Marshall. Les États-Unis proposent leur soutien financier à tous les pays européens pour leur redressement économique. Les Américains assurent que leur seul but est de lutter contre la faim et la misère. Mais le plan Marshall poursuit aussi un but politique : il doit notamment empêcher Staline de profiter de l'état d'épuisement de l'Europe pour avancer ses pions. Formidable opération de relance de l'économie mondiale – et de l'économie américaine en premier lieu –, ce plan permet aux seize pays d'Europe occidentale de se redresser plus vite que prévu, tout en accentuant l'emprise politique et économique des États-Unis sur ces pays et la cassure avec l'Europe de l'Est.

Kominform et Comecon

Staline rejette le plan Marshall et oblige les États de sa « zone d'influence » à faire de même. Il estime qu'avec leurs dollars les Américains sont en train de prendre le contrôle des affaires de l'Europe. Il réplique aux projets américains en créant le Kominform, une organisation internationale chargée de resserrer les

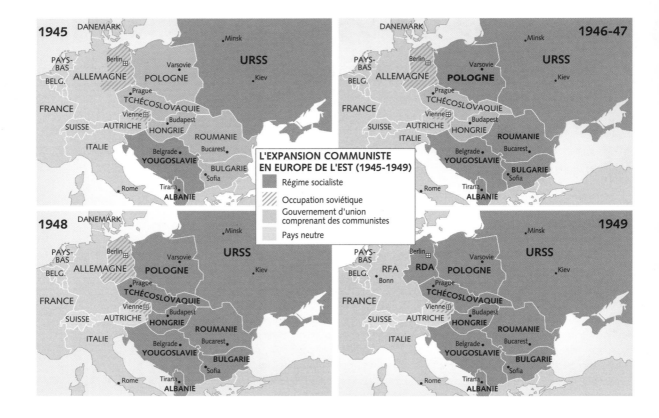

L'EXPANSION COMMUNISTE EN EUROPE DE L'EST (1945-1949)

- Régime socialiste
- Occupation soviétique
- Gouvernement d'union comprenant des communistes
- Pays neutre

liens entre Moscou et les partis communistes, de l'Ouest comme de l'Est. Les États de l'Est se transforment rapidement en « démocraties populaires » : leur économie et leur système politique reproduisent le modèle soviétique. En 1949, l'Union soviétique regroupe ces « pays frères » dans une organisation économique : le Conseil d'assistance économique mutuelle (CAEM, aussi appelé par son nom anglais Comecon – Council for Mutual Economic Assistance).

Désormais, deux blocs d'États s'opposent : d'un côté, les États-Unis et leurs « clients », de l'autre, l'URSS et ses « satellites ». Seule à l'Est, la Yougoslavie de Josip Broz Tito, bien qu'elle se réclame du communisme, refuse de se soumettre à Staline. Elle rompt les ponts avec l'URSS en 1948.

Le blocus de Berlin

Cette même année 1948, la tension monte brusquement. Deux crises éclatent en Europe, qui conduisent l'Est et l'Ouest à deux pas de la guerre. En mars, c'est le « coup de Prague » : les communistes prennent le pouvoir par la force en Tchécoslovaquie, le pays le plus industrialisé de l'Europe de l'Est, et le seul à avoir gardé une démocratie parlementaire. En juin, commence le blocus de Berlin. Staline décide de bloquer tous les accès terrestres et ferroviaires à Berlin-Ouest (la capitale allemande est située à l'intérieur de la zone d'occupation soviétique). Les États-Unis organisent un gigantesque pont aérien pour ravitailler la ville. En un an, les avions américains atterrissent 200 000 fois sur les aérodromes berlinois pour y décharger des vivres et du matériel ! Devant la puissance et la fermeté montrées par Truman, Staline cède et lève le blocus en 1949.

La Guerre froide

La crise de Berlin entraîne la création de deux États allemands, la République fédérale d'Allemagne (RFA) à l'Ouest et la République démocratique allemande (RDA) à l'Est. Cette fois, le monde est bien entré dans ce qu'on va appeler la Guerre froide, c'est-à-dire une « fausse » guerre entre les « grands » qui, avec des hauts et des bas, va rythmer la vie internationale pendant quarante ans. La Guerre froide n'est pas une guerre déclarée, mais ce n'est pas non plus la paix. La rivalité entre les géants est totale, et chaque crise qui les oppose amène la planète au bord d'une nouvelle guerre généralisée. Ouverte en Europe, la Guerre froide gagne rapidement l'Asie. Et là, elle connaît de véritables batailles, bien que celles-ci ne mettent pas directement aux prises l'URSS et les États-Unis.

La révolution communiste chinoise

En Chine, la guerre civile fait rage entre les révolutionnaires communistes de Mao Tsé-toung (Mao Zedong) et l'armée nationaliste de Tchiang Kai-chek (Jiang Jieshi). Malgré l'aide américaine, les nationalistes sont bientôt écrasés par l'armée paysanne de Mao, forte de deux millions d'hommes. En 1949, Tchiang Kai-chek se réfugie dans l'île de Taïwan, où se replie avec lui la République de Chine : c'est cet État qui continuera à représenter la Chine à l'ONU. Sur le continent, les communistes chinois créent la République populaire de Chine, alliée de l'Union soviétique, qui compte alors plus de 540 millions d'habitants.

La première guerre d'Indochine

Dans le camp occidental, la révolution chinoise est vécue comme une grave défaite. Elle conduit les États-Unis, qui mènent la croisade anticommuniste, à soutenir la France dans sa guerre coloniale en Indochine. Dans cette partie de l'Empire français, Ho Chi Minh a proclamé l'indépendance du Vietnam en 1945. Les communistes vietnamiens, aidés par les Soviétiques, luttent contre la France qui s'oppose à l'indépendance. Les combats durent huit ans. En 1954, la France est vaincue (défaite de Dien Bien Phu) et le pays est partagé en deux.

Au nord, Ho Chi Minh prend la tête d'un État communiste : la République démocratique du Vietnam (« Nord-Vietnam »). Au sud, s'installe une République du Vietnam soutenue par les États-Unis, le « Sud-Vietnam ».

La guerre de Corée

C'est au bout du continent asiatique, en Corée, que se déroule le conflit le plus menaçant pour la paix du monde. Après la défaite du Japon, la Corée a été divisée en deux zones d'occupation séparées par le 38e parallèle : soviétique au nord, américaine au sud. En Corée du Nord s'est établi un régime communiste, dirigé par Kim Il-sung. En 1950, celui-ci lance ses soldats à l'assaut de la Corée du Sud. Le président américain Truman fait condamner l'agression par l'ONU, et une armée formée en majorité de soldats américains débarque en Corée. Dans un premier temps, les communistes sont repoussés au nord. Mais l'aide matérielle de l'URSS et surtout l'intervention de milliers de soldats chinois renversent la situation : le Sud est à nouveau envahi. Pendant quelques semaines, le monde se retrouve alors au bord d'une troisième guerre mondiale. Le commandant des forces alliées, le général américain

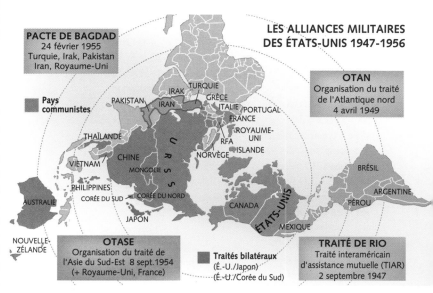

LES ALLIANCES MILITAIRES DES ÉTATS-UNIS 1947-1956

PACTE DE BAGDAD
24 février 1955
Turquie, Irak, Pakistan, Iran, Royaume-Uni

Pays communistes

OTAN
Organisation du traité de l'Atlantique nord
4 avril 1949

OTASE
Organisation du traité de l'Asie du Sud-Est 8 sept.1954
(+ Royaume-Uni, France)

Traités bilatéraux
(É.-U./Japon)
(É.-U./Corée du Sud)

TRAITÉ DE RIO
Traité interaméricain d'assistance mutuelle (TIAR)
2 septembre 1947

L'OTAN et le pacte de Varsovie

L'Organisation du traité de l'Atlantique nord (OTAN) est fondée en 1949. Destinée à décourager toute agression de la part de l'Union soviétique, l'alliance est conclue par douze États : Belgique, Canada, Danemark, États-Unis, France (qui se retirera du Comité militaire en 1966 et le réintégrera en 1996), Islande, Italie, Luxembourg, Norvège, Pays-Bas, Portugal et Royaume-Uni, rejoints ensuite par la Grèce et la Turquie (1952), par la République fédérale d'Allemagne (1954), puis par l'Espagne (1982). Pacte de défense mutuelle (si un pays membre est attaqué, les armées des États alliés se portent à son secours sous un commandement coordonné), l'OTAN est en fait dominée par la puissance américaine. Elle permet aux États-Unis de multiplier ses bases militaires en Europe (accueillant des forces nucléaires) et d'accroître son influence politique.

Au début des années 1980, les armées de l'OTAN avaient acquis la supériorité en hommes sur celles du pacte de Varsovie (4,8 millions de soldats contre 3,8 millions), mais le camp de l'Est avait une nette suprématie en armes conventionnelles (chars, avions) et en armes nucléaires.

Avec la fin de l'affrontement Est-Ouest et la disparition de l'« ennemi principal », au tournant des années 1990, le rôle de l'OTAN est profondément redéfini en Europe.

En janvier 1994 est lancé le « partenariat pour la paix » en direction de pays neutres et des anciens membres du pacte de Varsovie. La Pologne, la Hongrie et la République tchèque y adhèrent en 1999. Un partenariat est conclu avec l'Ukraine en 1997 et un Conseil Russie-OTAN est créé en 2002.

Le pacte de Varsovie est mis sur pied par l'URSS en 1955, en réplique à la création de l'OTAN. L'alliance place sous un commandement unifié soviétique les forces armées de huit États communistes : Union soviétique, Albanie (qui s'en retirera en 1968), Bulgarie, Hongrie, Pologne, RDA, Roumanie et Tchécoslovaquie. Le pacte de Varsovie a également une portée politique. En Hongrie (1956) et en Tchécoslovaquie (1968), face aux mouvements réclamant plus de liberté ; il justifie l'intervention militaire de l'URSS pour maintenir par la force l'unité du bloc communiste européen. Mais il ne survit pas à l'effondrement politique des régimes de l'Est : il est dissous en 1991.

Douglas MacArthur, veut utiliser la bombe atomique et attaquer la Chine. Mais Truman refuse et la tension retombe. En 1953, l'armistice est signé. Le 38e parallèle redevient la frontière entre le Nord et le Sud.

La logique des blocs

Les guerres d'Asie ont achevé de tracer les contours de deux camps dans le monde. Comme l'Allemagne, la Chine, la Corée et le Vietnam sont coupés en deux. Pour les Soviétiques, les États-Unis et leurs alliés cherchent à encercler et étrangler la « patrie du socialisme », ainsi que tous les peuples en lutte contre l'« impérialisme ». Pour les Américains, l'URSS et ses « pays frères » cherchent à imposer le communisme à la terre entière. Chaque État doit choisir son camp. Chaque bloc se sent menacé par l'existence de l'autre et veut le contrer par tous les moyens. Aucun des deux géants ne souhaite cependant un combat à mort avec l'adversaire. Il s'agit plutôt de le dissuader de chercher à étendre son influence.

Dans ce but, au cours des années 1950, chacun s'efforce de renforcer son camp. En 1949, les États-Unis concluent avec le Canada et dix États d'Europe occidentale une alliance politique (le pacte de l'Atlantique), bientôt doublée d'une alliance militaire (l'Organisation du traité de l'Atlantique nord – OTAN).

Si l'un des membres de l'OTAN est attaqué, tous les autres le défendront. Dans les années qui suivent, les États-Unis tissent un véritable filet autour des pays communistes en nouant des alliances militaires au Moyen-Orient, dans le Pacifique et en Asie.

En face, l'Union soviétique répond du tac au tac. En 1955, elle met sur pied le pacte de Varsovie, une alliance politique et militaire qui organise la défense des pays d'Europe de l'Est sous le commandement soviétique.

Un climat politique glacial

La Guerre froide ne se résume pas à la tension entre les deux blocs. En Union soviétique, elle est utilisée par Staline pour justifier sa poigne de fer et la répression qui règne. C'est encore la grande époque du Goulag, le système des camps d'internement. Dans les pays de l'Est, les opposants sont persécutés et accusés d'être des espions à la solde des Américains. Aux États-Unis, pourtant pays démocratique, on connaît entre 1950 et 1954 la sombre période de la « chasse aux sorcières ». Sous prétexte de débusquer les communistes (ils sont pourtant peu nombreux dans ce pays), les autorités surveillent et dénoncent publiquement un très grand nombre de personnes aux idées simplement libérales. Celles-ci perdent leur emploi et n'ont aucune chance de se réinsérer dans la société.

La course aux armements

La Guerre froide s'accompagne aussi d'une formidable course aux armements. Chaque camp accumule des milliers de canons, de chars, d'avions de combat. En Europe, le bloc soviétique peut en aligner beaucoup plus que l'Ouest. Mais les Américains, eux, disposent de la bombe atomique. Ils n'en gardent pas longtemps l'exclusivité : en 1949, l'URSS possède à son tour l'arme nucléaire. Alors, les États-Unis mettent au point, en 1952, la bombe « H » (à hydrogène), 750 fois plus puissante que la bombe « A ». L'Union soviétique fabrique sa propre bombe « H » dans l'année qui suit. En 1957, les Soviétiques lancent le premier satellite artificiel : le Spoutnik. Ils peuvent ainsi atteindre les États-Unis à l'aide d'une fusée intercontinentale. Les Américains les imitent peu de temps après : ils disposent dès lors, eux aussi, de fusées capables d'aller d'un continent à l'autre.

L'équilibre de la terreur

À force de rivaliser, les deux géants finissent par se constituer des stocks d'armements à peu près égaux, capables d'anéantir toute la planète. C'est l'« équilibre de la terreur ». Il suffirait d'appuyer sur un bouton pour déclencher le feu nucléaire. Chacun peut exterminer l'autre, mais il sait que cela entraî-

LA PROGRESSION DU COMMUNISME 1945-1949

États communistes
- en 1945
- fin 1948
- fin 1949

URSS
Moscou
MONGOLIE
Pékin
CHINE
VIETNAM

A. ALBANIE
B. BULGARIE
H. HONGRIE
P. POLOGNE
RDA Rép. démocratique allemande
R. ROUMANIE
T. TCHÉCOSLOVAQUIE
Y. YOUGOSLAVIE

CORÉE DU NORD
Proclamation de la République populaire sept.1948
Guerre de Corée (1950-1953)
Partition (38e parallèle)

Proclamation de la République populaire chinoise déc.1949

Proclamation de la République démocratique mars 1946
1re guerre d'Indochine (1946-1954)
Partition (17e parallèle)

nerait aussitôt son propre anéantissement. C'est la théorie de la dissuasion (*deterrence*). À partir de 1948, les menaces se sont exercées sur l'Europe. Dans les années 1960, avec le déploiement des fusées stratégiques intercontinentales et des sous-marins nucléaires, les deux « grands » sont entrés dans une course aux armements plus quantitative et plus qualitative (par la recherche de l'invulnérabilité).

Le dégel

À partir de 1953, le climat de Guerre froide connaît pourtant un premier réchauffement. Cette année-là, le président Truman laisse la place à Dwight Eisenhower et Nikita

La terreur stalinienne

Le règne de Staline à la tête de l'Union soviétique (1924-1953) s'est rapidement orienté vers une dictature personnelle, marquée par une répression omniprésente. Le communisme devait réaliser la « dictature du prolétariat ». Ce fut en fait la dictature du Parti, et de plus en plus celle du secrétaire général du Parti (Staline), prêt à tout pour défendre son pouvoir. La terreur stalinienne a culminé en trois périodes successives. D'abord, à partir de 1929, lors de la collectivisation agraire. Celle-ci, menée par la force, a fait près de six millions de victimes, mortes de faim ou en déportation. Ensuite, en 1936-1938, lorsque eurent lieu les « procès de Moscou » et la « grande épuration », Staline fut saisi d'une véritable paranoïa. Une grande partie des dirigeants historiques de la révolution d'Octobre et de l'Armée rouge furent condamnés à mort pour « déviationnisme » ou pour des complots imaginaires. Les exécutions et les procès truqués se multiplièrent. Plus de sept millions de personnes furent sans doute arrêtées. On estime que trois millions d'entre elles sont mortes, la plupart en déportation. Pendant la Seconde Guerre mondiale, Staline a cherché à réconcilier le pays avec ses dirigeants et a fait appel à toutes les forces patriotiques pour lutter contre le nazisme. Mais dès la victoire, la répression de masse reprit. Des peuples entiers furent « punis » et déportés : Allemands de la Volga, Tatars de Crimée, Tchétchènes, Ingouches, etc. Ils furent accusés d'avoir collectivement collaboré avec les nazis. Une sanglante répression eut également lieu en Ukraine occidentale (Galicie) et dans les pays baltes, nouveaux territoires « soviétiques ». Les camps d'internement ont sans doute regroupé à certaines époques entre cinq et quinze millions de prisonniers, condamnés au travail forcé. C'était le Goulag (sigle de l'Administration centrale des camps), une véritable « industrie pénitentiaire ». Ancien détenu, Alexandre Soljénitsyne en a dressé une fresque saisissante dans *L'Archipel du Goulag* qui a connu un retentissement mondial dans les années 1970.

Khrouchtchev s'installe à la tête de l'Union soviétique après la mort de Staline. Khrouchtchev veut réformer l'URSS. Il cherche à dégeler les relations internationales. Il renoue le dialogue avec les Américains et se déclare partisan de la « coexistence pacifique ». En 1956, lors du XXe congrès du Parti communiste, il dénonce la dictature et les crimes de Staline. Commence alors la « déstalinisation ». Celle-ci est réelle, la terreur entretenue par l'État soviétique est considérablement réduite. Le régime ne rompt pas pour autant avec l'autoritarisme et l'arbitraire. Les libertés d'opinion, d'expression et d'association n'existent pas et le pluralisme politique est hors de question. La police politique (KGB) continue à y veiller, mais la condamnation du stalinisme ravive l'espoir de liberté dans les pays d'Europe de l'Est. En 1953 à Berlin-Est, en 1956 en Pologne, éclatent des grèves et des émeutes. Ces mouvements sont réprimés et l'ordre est rétabli.

En octobre 1956, c'est au tour des Hongrois de se révolter. Le dirigeant communiste Imre Nagy veut réformer le régime de la Hongrie et faire sortir son pays du pacte de Varsovie. L'armée soviétique noie la révolte dans le sang : on compte 2 000 morts à Budapest. Malgré les appels au secours des Hongrois, les États-Unis ne bougent pas. Le message est clair : chacun est maître chez lui. Tout est permis à l'intérieur de son camp.

La crise de Suez

La même année, en Égypte, le colonel Gamal Abdel Nasser décide de nationaliser le canal de Suez (qui était contrôlé par une compagnie franco-anglaise). Il riposte ainsi au refus américain et britannique de financer le barrage d'Assouan qu'il a décidé de construire sur le Nil. Pour tenter de l'en empêcher, la France, le Royaume-Uni et Israël interviennent militairement en Égypte. L'URSS se range alors aux côtés de Nasser et menace de prendre part au combat. Sous la pression de l'ONU, de l'Union soviétique et des États-Unis, l'intervention militaire est suspendue. Là encore, le message est clair : ce sont les deux « grands » et eux seuls qui mènent le jeu.

ACTE 3   1956-1975
l'émergence du tiers monde

Le mouvement de décolonisation qui donne naissance au tiers monde est l'un des événements les plus importants du XXe siècle. Dans les années 1960, alors que s'instaure une certaine coexistence pacifique entre Est et Ouest, l'URSS et la Chine, les deux géants communistes, se fâchent.

Les fondateurs de l'ONU n'avaient sans doute pas prévu qu'avec la décolonisation de très nombreux nouveaux États deviendraient bientôt membres à part entière de l'organisation internationale. En 1945, en effet, plusieurs pays d'Europe occidentale – notamment le Royaume-Uni et la France, mais aussi les Pays-Bas, la Belgique, le Portugal – possédaient encore de vastes empires coloniaux. Après la guerre, les peuples colonisés acceptent de moins en moins la domination de ces puissances. Ils veulent bénéficier eux aussi des grands idéaux portant sur l'égalité et la liberté des peuples, principes inscrits dans la Charte de l'ONU et dans la Déclaration universelle des droits de l'homme, proclamée en 1948.

Décolonisations

Rien ne peut arrêter la vague de la décolonisation qui a pris son élan en Asie. En 1947, après quarante ans de lutte, le mahatma Gandhi, l'apôtre de la non-violence, arrache au Royaume-Uni l'indépendance de l'Inde. L'ancienne colonie éclate presque aussitôt pour donner naissance à deux États, l'un à dominante hindoue (l'Union indienne), l'autre à dominante musulmane (le Pakistan). Cette partition entraîne de nombreux massacres et l'exode de millions de réfugiés.
À la différence des Britanniques, les Néerlandais et les Français s'accrochent à leurs possessions coloniales. L'Indonésie conquiert sa liberté en 1947, après une lutte armée contre les Pays-Bas. Et il faut une

guerre tragique pour que la France se retire d'Indochine, en 1954 [*voir page 17*].
Plus près de l'Europe, au Moyen-Orient, les Français quittent la Syrie et le Liban dès 1945. Mais la Palestine reste sous le contrôle des Britanniques. On assiste à la montée des violences entre la population arabe, soutenue par les États arabes voisins, et les Juifs qui, à la recherche d'un « foyer national », sont de plus en plus nombreux depuis la fin de la guerre à venir s'établir en Palestine.

La guerre d'Algérie

Après avoir balayé l'Asie et progressé au Moyen-Orient, la vague de la décolonisation atteint l'Afrique. Dans les possessions françaises, l'affaire s'engage de manière désastreuse. Le jour même de la capitulation allemande, le 8 mai 1945, la très violente répression de manifestations nationalistes dans l'Est algérien provoque des morts par milliers. En 1947, la France écrase dans le sang une révolte indépendantiste à Madagascar. Après plusieurs années de troubles en Afrique du Nord, elle admet en 1956 l'indépendance du Maroc et de la Tunisie. Mais à peine sortie des combats d'Indochine, elle s'engage dans une nouvelle guerre, en Algérie. La situation de celle-ci est particulière.
Un million de « pieds-noirs », pour la plupart d'origine française, vivent dans cette colonie de peuplement. En 1954, les indépendantistes algériens du Front de libération nationale (FLN) passent à l'insurrection armée. Le gou-

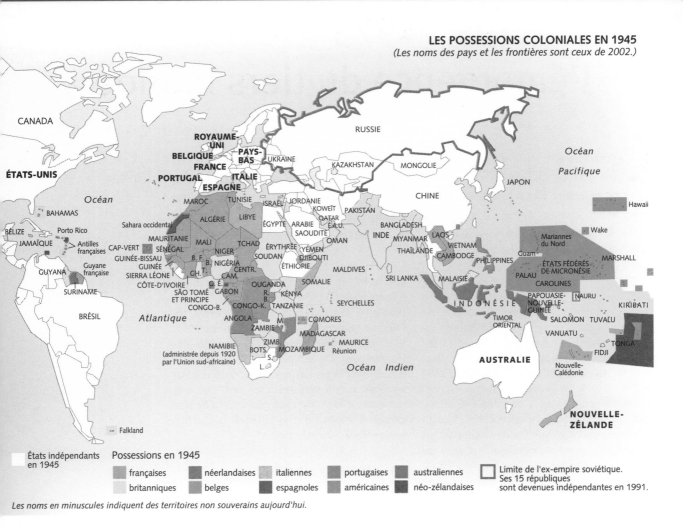

LES POSSESSIONS COLONIALES EN 1945
(Les noms des pays et les frontières sont ceux de 2002.)

	Possessions en 1945
États indépendants en 1945	françaises · néerlandaises · italiennes · portugaises · australiennes
	britanniques · belges · espagnoles · américaines · néo-zélandaises

Limite de l'ex-empire soviétique.
Ses 15 républiques sont devenues indépendantes en 1991.

Les noms en minuscules indiquent des territoires non souverains aujourd'hui.

vernement français envoie l'armée combattre la « rébellion ». La guerre dure plus de sept ans. Elle provoque entre 250 000 et 500 000 morts, en très grande majorité algériens musulmans, et suscite de graves troubles en France. Le général Charles de Gaulle, président de la République, y met fin en 1962 en signant les accords d'Évian qui reconnaissent l'indépendance de l'Algérie. La majorité des « pieds-noirs » se réfugie alors en France : on les appelle les « rapatriés ».

Les indépendances africaines

Les pays d'Afrique noire parviennent à l'indépendance par un chemin moins douloureux. De Gaulle a compris que la déco-lonisation était inévitable et il favorise une émancipation par étapes. Presque toutes les colonies françaises accèdent à l'indépendance en 1960, en même temps que le Congo belge (Congo-Kinshasa) et le Nigéria (qui était anglais). La décolonisation britannique, restée pacifique (sauf au Kénya et en Rhodésie), prend fin à son tour en 1965. Seul le Portugal essaiera de conserver jusqu'au bout son empire d'Afrique : l'Angola, le Mozambique et les autres possessions portugaises n'obtiendront leur liberté qu'en 1975, au prix de longues années de guerre. Il ne restera plus qu'à régler le conflit entre Blancs et Noirs en Rhodésie (qui deviendra le Zimbabwé indépendant en 1980) et à décoloniser la Namibie (qui obtien-dra l'indépendance en 1990). En Afrique du

Sud cependant, le système politique de l'apartheid, fondé sur la ségrégation raciale imposée par les Blancs se perpétuera jusqu'en 1991. L'Asie, le Moyen-Orient, puis l'Afrique. Seul l'Empire soviétique, tenu d'une poigne de fer, aura finalement échappé (jusqu'aux années 1980) au mouvement de libération nationale.

Le problème du développement

Avec la disparition des colonies, une page de l'histoire est tournée. Toutefois, la décolonisation est loin d'avoir réglé tous les problèmes. Dans beaucoup de pays, les coups d'État se succèdent, amenant au pouvoir des régimes autoritaires et des dictatures. Les frontières laissées par la décolonisation sont souvent artificielles, ce qui nourrit de terribles conflits : guerre du Katanga au Congo en 1960, guerre du Biafra au Nigéria en 1967, guerre au Pakistan oriental qui aboutit à la naissance du Bangladesh en 1971. Enfin et surtout, les nouveaux États sont en majorité très pauvres. Leurs économies sont sous-développées et restent dépendantes des pays occidentaux. Plusieurs « modèles » de développement s'affrontent. Certains se réclament du socialisme ou de la révolution. D'autres sont très liés aux anciennes métropoles coloniales. Quelques décennies plus tard, pour beaucoup de pays, le bilan de ces différents choix apparaîtra négatif. Leurs économies n'auront pas « décollé ».

Un « troisième monde »

Mais avec la décolonisation, un nouvel acteur fait son entrée sur la scène internationale : le tiers monde. Les jeunes États d'Afrique et d'Asie savent que leur vrai problème est celui du développement. Avec les pays d'Amérique latine, indépendants depuis le XIXe siècle, ils forment un « troisième monde » entre l'Est et l'Ouest. Ils entendent exister par eux-mêmes. Et ils peuvent jouer les trouble-fête à l'ONU où ils sont désormais les plus nombreux, même s'ils restent tenus à l'écart des grandes décisions prises par le Conseil de sécurité.

La conférence de Bandung

Afin d'éviter d'être soumis à l'un ou l'autre bloc, de nombreux pays du tiers monde essaient de s'unir pour refuser le partage de la planète entre l'Est et l'Ouest. En avril 1955 se tient dans la ville de Bandung, en Indonésie, une conférence où se rencontrent les chefs des gouvernements de vingt-neuf pays d'Asie, du Moyen-Orient et d'Afrique. Ces pays représentent au total 57 % de la population de la planète, mais seulement 8 % de sa richesse ! À Bandung, l'on parle de neutralisme et de « non-engagement ». Les participants affirment leur volonté de faire émerger une nouvelle morale internationale qui donnerait la priorité aux pays pauvres, pour les aider à sortir du sous-développement. L'« esprit de Bandung » a fait passer un souffle nouveau dans les relations internationales. Il a révélé la possibilité d'une troisième voie : ni vers l'Est ni vers l'Ouest, mais vers le Sud où se trouve principalement la misère du monde.

Le mouvement des non-alignés

En 1961, la conférence de Belgrade relance cette idée. Vingt-cinq pays d'Asie, du Moyen-Orient et d'Afrique déclarent qu'il refuseront à l'avenir de s'« aligner » sur l'un des deux blocs. Sous la conduite de Josip Broz Tito le Yougoslave, de Gamal Abdel Nasser l'Égyptien et du Premier ministre indien Jawaharlal Nehru, vient de naître le mouvement des non-alignés qui rassemblera de plus en plus d'États du tiers monde. L'unité du mouvement n'est pas très solide. Elle connaît vite des tiraillements qui vont s'accentuer avec le temps. D'innombrables querelles de frontières ou d'intérêts opposent entre eux les pays non alignés. Les uns veulent mettre l'accent sur le développement économique, les autres sur la lutte contre l'« impérialisme américain ». Certains, comme l'Égypte ou l'Inde, penchent plutôt vers l'Est ; d'autres, comme beaucoup d'États d'Afrique noire, vers l'Ouest. Malgré leurs divisions, les non-alignés représentent cependant une force réelle.

Le problème racial aux États-Unis

Aux États-Unis, entre 1965 et 1968, de violentes émeutes éclatent dans les ghettos noirs des grandes villes. La ségrégation raciale pratiquée envers les non-Blancs est devenue illégale en 1964 (loi sur les droits civiques). Il est désormais interdit de séparer les gens selon la couleur de leur peau à l'école et dans les établissements publics. Mais les inégalités et les injustices demeurent criantes. Les revendications des Noirs se radicalisent. Leur leader le plus respecté, le pasteur Martin Luther King, est assassiné à Memphis (Tennessee) en 1968.

À partir des années 1960, leur influence grandit à l'ONU. Les « grands » doivent se rendre à l'évidence : le monde redevient plus complexe. Pas seulement parce que le tiers monde cherche à parler d'une seule voix, mais aussi parce que les deux blocs commencent eux-mêmes à se fissurer.

Une coexistence pacifique Est-Ouest ?

Au moment où le tiers monde commence à se faire entendre, les relations entre les deux « grands » se décrispent. En 1956, le « numéro un » soviétique Nikita Khrouchtchev prône la coexistence pacifique. Pour lui, entre le capitalisme à l'américaine et le communisme soviétique, « c'est la compétition économique qui doit prouver quel est le meilleur système ». Khrouchtchev multiplie les gestes d'apaisement. Il dissout le Kominform et se rend aux États-Unis en 1959 pour rencontrer Dwight D. Eisenhower. Mais, comme pour mettre à l'épreuve cette fragile amélioration, deux nouveaux orages alourdissent brusquement l'atmosphère au début des années 1960.

Le Mur de Berlin

Le premier éclate à nouveau sur Berlin. Depuis la division du pays, des milliers d'Allemands fuient la RDA communiste en passant de Berlin-Est à Berlin-Ouest. Khrouchtchev veut remettre en question le statut de la ville. Le refus des Occidentaux le met en rage. À l'ONU, il frappe son pupitre avec son soulier en menaçant les Américains : « La course aux armements va connaître son dénouement, et dans cette guerre nous vous écraserons ! » En 1961, alors que le jeune président américain John F. Kennedy vient juste d'être élu, Khrouchtchev décide de construire le Mur de Berlin. En quelques heures, le passage est coupé entre l'est et l'ouest de la ville. Désormais, les Allemands de l'Est ne pourront franchir le « mur de la honte » (comme l'appellent les Occidentaux) qu'au péril de leur vie.

La crise des fusées à Cuba

Le second orage, beaucoup plus violent, se forme au-dessus de l'Amérique. En 1959, les guérilleros révolutionnaires de Fidel Castro ont pris le pouvoir dans l'île de Cuba, chassant le dictateur Batista protégé par les États-Unis. Pour les États-Unis, la révolution cubaine est un énorme affront : Cuba est en plein cœur de leur chasse gardée, près des côtes américaines. Kennedy tente de renverser Castro en aidant des contre-révolutionnaires à débarquer sur l'île, puis en organisant un blocus aérien et maritime. Cela pousse Fidel Castro dans les bras de l'Union soviétique. Celle-ci soutient Cuba en achetant sa production de sucre. En septembre 1962, les dirigeants américains découvrent que des fusées nucléaires soviétiques sont en cours d'installation sur l'île. Pointées sur les États-Unis, elles peuvent les atteindre en quelques minutes.

À nouveau, le monde frôle la catastrophe. Kennedy exige le retrait des fusées. Il affirme qu'il arrêtera par la force tout navire faisant route vers l'île révolutionnaire. Après quatre jours de tension absolue, Khrouchtchev finit par être persuadé de la détermination de son adversaire. Il cède et les fusées sont ramenées sur le sol soviétique. En échange, Kennedy lui a promis de ne plus s'attaquer à Castro.

Le « téléphone rouge »

Avec l'affaire de Cuba, les deux « grands » ont mesuré les limites à ne pas dépasser. Le risque d'une troisième guerre mondiale n'a jamais été aussi réel. Chacun réalise que la paix ne tient qu'à un fil – ou plutôt à un bouton : une mauvaise compréhension des intentions de l'autre ou un simple accident peuvent suffire à déclencher l'apocalypse. En 1963, l'installation du « téléphone rouge » entre Moscou et Washington est le premier vrai geste de ce qu'on a appelé la Détente. Grâce à lui, les deux « grands » peuvent se parler directement en cas de crise pour s'efforcer de conserver le contrôle de la situation. Ils ont d'autant plus besoin de revenir à une politique de détente que le reste de la planète semble de moins en moins prêt à les suivre les yeux fermés et apprécie de moins en moins leur bras de fer permanent.

La rupture Moscou-Pékin

Entre l'Union soviétique et la République populaire de Chine, c'est la rupture. Mao Zedong s'oppose à la « déstalinisation » et à la politique de coexistence pacifique. D'autre part, la Chine et l'URSS, qui ont en commun la plus longue frontière du monde, se contestent des territoires. Elles rivalisent pour dominer l'Asie. En 1960, la cassure est complète. Khrouchtchev coupe toute aide à la Chine, tandis que Mao dénonce l'« empire des nouveaux tsars ». L'Union soviétique devient pour les communistes chinois l'ennemi principal, bien avant les « tigres de papier » américains. Le ton monte à mesure que la Chine s'affirme comme un nouveau « grand ». En 1964, les Chinois disposent de la bombe « A » et, en 1967, de la bombe « H ». De 1966 à 1969, le pays connaît un très violent soubresaut : c'est la Révolution culturelle. Les dirigeants communistes s'affrontent sur la voie à suivre. Pour l'emporter, Mao appelle la jeunesse à se révolter contre ses adversaires. Une véritable guerre civile éclate, qui fait des millions de victimes. Pendant la Révolution culturelle, la tension reste extrême avec l'URSS. En 1969, soldats russes et soldats chinois s'affrontent par les armes sur leur frontière commune, le long des fleuves Amour et Oussouri. Il s'en faut de peu que les « frères ennemis » du communisme n'en viennent à la bataille généralisée. Peu après, les relations commencent à s'améliorer entre la Chine populaire et les Occidentaux qui voient en elle un frein à la puissance soviétique. Elle est admise en 1971 à l'ONU et dans le cercle fermé de son Conseil de sécurité (à la place de la Chine nationaliste – Taïwan – qui en est exclue).

L'année suivante, elle commence à se rapprocher des États-Unis à l'occasion du voyage du nouveau président américain Richard Nixon à Pékin.

LES ÉTAPES DE LA DÉCOLONISATION

▮ Colonies et possessions

Avant 1945

▮ États devenus indépendants dans la période

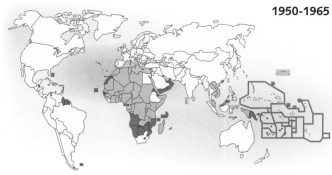

1945-1950

1950-1965

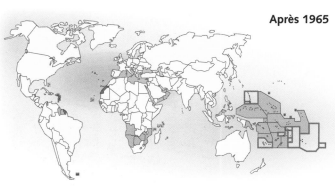

Après 1965

Les relations Nord-Sud

En 1963, 77 États du tiers monde, en réclamant à l'ONU la réunion d'une conférence sur le commerce mondial, situent les problèmes du tiers monde sur le plan économique. Ils mettent l'accent sur la nécessité d'échanges commerciaux plus justes entre pays riches du Nord et pays pauvres du Sud. En 1964 se tient la première Conférence des Nations unies pour le commerce et le développement (CNUCED), qui se donne pour objectif de mettre le commerce international au service du développement. En 1973 à Alger, au moment même où les pays de l'OPEP [*voir page 29*] décident d'une hausse brutale des prix du pétrole, les non-alignés soutiennent les revendications des « 77 ». Sous leur pression, l'ONU adopte en 1974 une déclaration en faveur de l'instauration d'un Nouvel ordre économique international (NOEI), qui donne le coup d'envoi à ce qu'on appellera le « dialogue Nord-Sud ». Cela concerne notamment l'organisation du marché mondial des matières premières, le financement du développement, le transfert des technologies vers le Sud, le contrôle de l'activité des entreprises multinationales. Le bilan de ce dialogue apparaîtra plus tard bien mince. Les riches pays industrialisés n'ont jamais accepté les réformes qui auraient pu produire des changements réels dans le paysage économique mondial. Dans les années 1980, on parlera de moins en moins du NOEI et de plus en plus de la dette des pays du tiers monde [*voir page 37*].

Le « printemps de Prague »

L'Union soviétique rencontre également des problèmes croissants en Europe de l'Est. Certains « pays frères » souhaitent voler de leur propres ailes. L'Albanie s'aligne sur la Chine et quitte le pacte de Varsovie. La Roumanie mène une politique étrangère de plus en plus indépendante. Mais surtout, le modèle du communisme soviétique commence à s'effriter de l'intérieur. L'absence de liberté, les difficultés économiques provoquent une grogne de moins en moins souterraine. Dans les démocraties populaires comme dans les partis communistes d'Europe de l'Ouest, des communistes prennent leurs distances avec le « grand frère ». La Hongrie libéralise son économie en douceur. En 1968, en Tchécoslovaquie, s'épanouit le « printemps de Prague ». Une nouvelle équipe de dirigeants, conduite par Alexandre Dubček, veut bâtir un « socialisme à visage humain » : les frontières s'ouvrent, la censure est levée, les prisonniers politiques sont libérés. Pour Moscou, tout cela est inadmissible. Leonid Brejnev, qui est devenu le nouveau « numéro un » après la mise à l'écart de Khrouchtchev en 1964, envoie les chars du pacte de Varsovie mettre brutalement fin à l'expérience. Le rêve tchécoslovaque n'aura pas duré plus d'un printemps.

Guérillas en Amérique latine

Dans leur camp, les États-Unis ont leurs propres soucis. Leur pouvoir est de plus en plus contesté en Amérique latine. Au cours des années 1960, des luttes armées se développent contre les gouvernements qu'ils protègent (Vénézuela, Guatémala, Pérou, Brésil, Colombie, Uruguay, Bolivie où le révolutionnaire Ernesto « Che » Guevara trouve la mort, etc.). Les Américains leur envoient des conseillers militaires et des moyens matériels pour les aider à écraser les guérillas. En 1965, ils expédient leur armée en République dominicaine pour sauver un régime proaméricain. En 1964 au Brésil, en 1973 au Chili (où le président Salvador Allende est renversé par un coup d'État), en 1976 en Argentine, ils n'hésitent pas à favoriser l'installation de dictatures militaires.

Le Marché commun européen

En Europe, l'aventure communautaire commence. En 1951, la Communauté européenne du charbon et de l'acier (CECA) est créée et regroupe six membres : la France et l'Allemagne – qui recherchent la voie d'une réconciliation –, l'Italie, la Belgique, le Luxembourg et les Pays-Bas. Le traité de Rome instaure en 1957 un Marché commun entre les « Six ». La Communauté économique européenne (CEE), nouvelle puissance économique, s'efforce de faire contrepoids aux deux « grands ».

Les choix de Charles de Gaulle

Le général de Gaulle, qui dirige la France à partir de 1958, critique la domination de l'Amérique sur l'Europe et celle du dollar sur le monde. Il crée la force nucléaire française (première bombe « A » en 1960) et fait sortir la France du commandement militaire de l'OTAN en 1966. Il développe les relations avec l'Union soviétique et la Chine. Sans abandonner le camp occidental et l'alliance avec les États-Unis, il veut affirmer l'autonomie de son pays et de l'Europe tout entière face aux États-Unis. De Gaulle veut que l'Europe se construise « de l'Atlantique jusqu'à l'Oural », et non dans le giron américain.

L'« Ostpolitik » de Willy Brandt

Les choses bougent aussi en Allemagne. La RFA sait que les retrouvailles avec la RDA ne pourront avoir lieu tant que dure le blocage Est-Ouest. Elle sait aussi que son territoire serait le plus exposé en cas de guerre en Europe. C'est pourquoi le chancelier (chef du gouvernement) de la RFA Willy Brandt lance en 1970 une politique d'ouverture vers l'Est, l'*Ostpolitik* : il normalise les relations avec la RDA, reconnaît les frontières de la Pologne, dialogue avec l'URSS.

La Détente

Conscients des risques que fait courir l'« équilibre de la terreur », préoccupés par le réveil du tiers monde, moins sûrs de la solidité de leur propre camp, les « grands » comprennent qu'il leur faut accepter de discuter pour trouver des terrains d'entente : c'est la Détente. En 1963, ceux que les médias nomment les « deux K », John F. Kennedy et Nikita Khrouchtchev, ouvrent des discussions qui vont conduire à la signature de plusieurs accords de limitation des armements. Cependant, il ne s'agit pas d'un vrai désarmement. Les stocks de bombes ne diminuent pas et les deux « grands » construisent des armes de plus en plus sophistiquées. Les États-Unis et l'URSS cherchent d'abord à empêcher l'entrée de nouveaux États dans le club des puissances qui ont la bombe atomique et à freiner l'escalade des dépenses militaires. Cela est devenu une nécessité, surtout pour les Soviétiques dont le retard économique sur les Américains s'accentue d'année en année.

Les accords d'Helsinki

Les relations des deux rivaux s'améliorent de façon spectaculaire sur beaucoup de plans. Leurs échanges commerciaux se développent.

Commencée comme une véritable révolte étudiante, le mouvement de Mai 68 en France touche rapidement toutes les universités. Il se double bientôt d'une grève nationale générale des usines. Des augmentations importantes de salaires sont obtenues, ainsi que de nouveaux droits sociaux. Plus tard, des réformes de société (droits des femmes notamment) traduiront des aspirations exprimées lors de Mai 68 : le refus d'un certain ordre moral et une révolte contre l'autorité, l'aspiration à plus de justice sociale. Avant ou après les « événements » français, d'importants mouvements apparaissent dans d'autres pays : sur les campus américains, dans le contexte de la contestation de la guerre du Vietnam, en Allemagne, au Japon, en Italie (l'« automne chaud » de 1969), au Mexique, tragiquement marqué par le massacre de manifestants par la police sur la place des Trois-Cultures de Mexico.

Ils coopèrent dans certains domaines techniques, comme la conquête de l'espace. En 1957, les Soviétiques lancent le premier satellite artificiel (Spoutnik) dans l'espace. Ils sont aussi les premiers à y envoyer un homme, Youri Gagarine, en 1961. Mais ce sont des Américains qui ont les premiers marché sur la Lune, en 1969. En 1975, dans l'espace, a lieu une première rencontre entre des vaisseaux spatiaux américain et soviétique. Cette même année est signé l'acte final de la Conférence sur la sécurité et la coopération en Europe (CSCE), encore appelé « accords d'Helsinki ». Les États-Unis, le Canada, l'URSS (qui en fera une interprétation très restrictive) et tous les pays d'Europe de l'Ouest et de l'Est (sauf l'Albanie) promettent de respecter chez eux les droits de l'homme et les libertés, et de ne plus remettre en question les frontières européennes dessinées en 1945.

Une « paix » armée

La Détente est une paix armée. Elle ne signifie pas la fin de la rivalité, mais celle-ci se déplace vers le tiers monde. Les « grands » profitent des difficultés et des troubles que connaissent la plupart des jeunes États nés de la décolonisation pour étendre leur influence. Protection politique, aide financière ou commerciale, vente d'armes, tout est bon pour se faire des amis, même si ces amitiés ne sont pas, de part et d'autre, très sincères. Leurs ambitions rivales conduisent les « grands » à soutenir des États en guerre dans l'une ou l'autre des régions de la planète. Ils s'efforcent en même temps d'éviter que les champs de bataille ne s'étendent et ne mettent en danger leur coexistence pacifique, et donc l'équilibre planétaire. Les États-Unis et l'URSS jouent ainsi un rôle actif dans les deux principaux théâtres de guerre des années 1960 et 1970, en Extrême-Orient et au Proche-Orient.

La guerre du Vietnam

Pour tenter de sauver le gouvernement anticommuniste du Sud-Vietnam, les États-Unis se laissent entraîner dans un terrible engrenage. Violemment réprimés par le régime, les opposants – dont les communistes (le Vietcong) – se sont regroupés dans le Front national de libération. Ils sont soutenus par le Nord-Vietnam communiste d'Ho Chi Minh. La guerre civile se développe bientôt. Après l'assassinat de John F. Kennedy (1963), son successeur Lyndon B. Johnson lance l'armée américaine dans la bataille à partir de 1965. Les avions bombardent le Nord-Vietnam avec des armes de plus en plus destructrices, qui font davantage de victimes dans la population civile que chez les combattants. Ils ne viennent pas à bout des insurgés et des Nord-Vietnamiens, qui reçoivent armes et matériel de l'URSS et de la Chine.

Défaite américaine

Richard Nixon, succédant à son tour à Johnson, ouvre des négociations en 1969. Mais les États-Unis continuent encore pendant quatre ans à s'enliser dans la guerre. Les batailles s'étendent au Cambodge et au Laos voisins. À travers le monde et aux États-Unis même, les protestations contre cette guerre se font de plus en plus fortes. En 1973, les accords de Paris conduisent enfin au cessez-le-feu. Les États-Unis quittent le Vietnam en abandonnant le gouvernement de Saigon. La guerre a fait 60 000 morts parmi les soldats américains et 1,6 million de morts chez les Vietnamiens. Les États-Unis resteront longtemps ébranlés par cette défaite infligée par un « petit » pays. La victoire des communistes vietnamiens donne en revanche de l'assurance à l'Union soviétique qui peut croire que le vent de l'histoire souffle dans son sens.

La question palestinienne

La rivalité entre l'Est et l'Ouest n'est pas, comme au Vietnam, à l'origine des guerres qui déchirent le Proche-Orient. Cependant, les « grands » ont pris parti dans le conflit israélo-arabe. Les États-Unis, suivis par la plupart des États occidentaux, soutiennent Israël. Ils lui prêtent de l'argent et l'aident à s'armer.

Appuyée par ses alliés, l'URSS fournit appui et matériel militaire à plusieurs États arabes. Les dirigeants de ces derniers se disent tous solidaires des Palestiniens mais défendent d'abord leurs propres intérêts. Les « grands » sont d'autant plus actifs que les ressources pétrolières de cette région sont immenses : c'est une zone stratégique que les grandes puissances ont toujours cherché à contrôler. En 1945, de nombreux Juifs d'Europe ayant survécu à l'extermination nazie ont rejoint la Palestine (à l'époque sous mandat britannique), considérée par eux comme un « foyer national ». Mais ce pays est peuplé d'Arabes (les Palestiniens). L'ONU vote en 1947 un plan de partage de la Palestine en deux États, l'un juif et l'autre arabe. L'État d'Israël proclame son indépendance en 1948, mais l'État arabe ne voit pas le jour. Les Palestiniens ont l'impression qu'on leur a « pris leur terre ».

Guerres israélo-arabes

Dès la proclamation de l'État israélien, les pays arabes déclenchent une première guerre (1948-1949). Israël, vainqueur, élargit ses frontières. C'est le début d'un exode massif de Palestiniens. Certains sont regroupés dans des camps de réfugiés, d'autres émigrent.
Tour à tour, les États-Unis et l'URSS bloquent les tentatives de l'ONU pour trouver une solution au conflit israélo-arabe. Les guerres israélo-arabes se succèdent. En 1967, l'Égypte, la Syrie et la Jordanie sont écrasées dans une guerre-éclair, la guerre des Six-Jours. La Cisjordanie, la bande de Gaza, le Sinaï égyptien et le Golan syrien sont occupés. La partie arabe de Jérusalem est annexée. L'ONU demande à Israël de se retirer des Territoires occupés et aux États arabes de reconnaître l'État hébreu et son droit à l'existence (résolution n° 242). Les organisations palestiniennes utilisent de plus en plus la Jordanie pour lancer leurs attaques contre Israël. En 1971, leurs troupes sont écrasées par l'armée jordanienne (« Septembre noir ») et se replient au Liban. En 1973 a lieu la guerre dite « du Kippour ». Cette fois, l'État hébreu l'emporte plus difficilement. L'Égypte et la Syrie

attaquent par surprise et atteignent les frontières de l'État hébreu, mais sont battues. Avec l'arme économique que représente le pétrole, les États arabes vont cependant prouver qu'ils disposent d'un formidable moyen de pression sur les puissances occidentales.

L'OPEP

C'est au Maghreb et au Moyen-Orient que sont situées 60 % des réserves mondiales de pétrole (en Libye, en Arabie saoudite, au Koweït et dans les émirats du golfe Arabique, en Irak, en Iran). À partir de 1960, ces États s'étaient regroupés avec d'autres pays (notamment le Vénézuela, le Nigéria, l'Équateur et le Gabon) au sein de l'Organisation des pays exportateurs de pétrole (OPEP) pour défendre leurs intérêts. L'« or noir » leur a permis de s'enrichir, de lancer de grands projets de développement, d'acheter des armes en quantité. Les pays industrialisés ont longtemps profité d'un pétrole bon marché : toute leur économie dépend de l'or noir.
En 1973, avec la « guerre du pétrole », les « grands » et le reste du monde découvrent brusquement la force de ces États pétroliers.

Le pétrole comme arme

Les pays arabes de l'OPEP décident soudain de fermer les robinets. Les amis d'Israël sont privés de pétrole : c'est l'embargo. Celui-ci sera bientôt levé. Mais ce premier « choc pétrolier » entraîne de graves conséquences. Les prix du pétrole sont multipliés par quatre. La crise économique qui sévit déjà dans le monde s'en trouve brutalement aggravée. Dans les pays industrialisés, beaucoup d'entreprises ferment, le chômage augmente. Pour les pays du tiers monde qui ne produisent pas de pétrole, les effets sont catastrophiques : la pauvreté déjà présente s'accroît considérablement.
Les États pétroliers, surtout ceux qui ont une population nombreuse comme l'Irak ou l'Iran, apparaissent désormais comme des puissances régionales tentées d'agir pour leur propre compte, et non plus de faire le jeu de l'Est ou de l'Ouest.

1975-1991
suite et fin du monde bipolaire

Entre 1975 et 1985, le monde connaît une nouvelle « guerre froide ». La course aux armements est relancée. La compétition entre les États-Unis et l'URSS se termine par le K.-O. de l'un des protagonistes : le bloc soviétique se désintègre dans la seconde moitié des années 1980.

L'Amérique est sous le choc de sa défaite dans la guerre du Vietnam et tous les pays occidentaux subissent la crise économique. Les Soviétiques et leurs alliés semblent en revanche avoir le vent en poupe.

Victoires communistes en Indochine

Après le départ des Américains en 1975, le nord et le sud du Vietnam sont réunifiés sous la direction d'un régime communiste soutenu par l'Union soviétique. Peu après, le Laos tombe lui aussi dans le camp communiste. Au Cambodge, ce sont des communistes soutenus par la Chine, les Khmers rouges, qui prennent le pouvoir. Prétendant édifier une société nouvelle, ils vident la capitale Phnom Penh de ses habitants et organisent une gigantesque « épuration sociale ». Il en résulte un véritable génocide responsable de 1,7 million de morts. En 1979, l'armée du Vietnam envahit le Cambodge et met fin au massacre en installant un régime provietnamien : le Vietnam domine dès lors toute l'Indochine. Mais cette intervention ne ramène pas la paix dans la région. Au Cambodge, plusieurs mouvements de résistance rivaux entrent en lutte contre les occupants vietnamiens. Au Vietnam même commence le drame des boat people : des centaines de milliers de personnes tentent de fuir par la mer, par tous les moyens, la misère et la répression qui règnent dans ce pays ravagé par quarante ans de guerre.

Afrique, Amérique centrale…

Moscou pousse également ses pions en Afrique. Les Soviétiques aident les régimes révolutionnaires parvenus au pouvoir en Éthiopie en 1974, puis en Angola et au Mozambique en 1975. Des milliers de soldats cubains viennent défendre le régime marxiste angolais contre un mouvement insurgé soutenu par l'Afrique du Sud de l'apartheid et certains pays occidentaux.
En Amérique centrale, l'URSS et Cuba appuient la révolution sandiniste du Nicaragua qui a abattu, en 1979, une dictature proaméricaine. Ils soutiennent aussi une insurrection armée au Salvador. Tous ces événements font croire à une forte expansion de l'Union soviétique dans le monde. L'avenir montrera que sa puissance avait été fortement surévaluée.

L'invasion de l'Afghanistan

Pour la première fois, l'armée soviétique intervient hors des frontières de son « empire ». En 1978, un coup d'État communiste renverse la monarchie en Afghanistan, pays situé à la frontière sud de l'Union soviétique. Soutenus par une grande partie de la population et par le Pakistan voisin, des Afghans qui se réclament de l'islam, les *modjahedin*, s'insurgent contre le nouveau régime. Pour secourir ses amis menacés, mais aussi parce que cela permet à l'URSS de se rapprocher des puits de pétrole du Moyen-Orient, le « numéro un » soviétique Leonid Brejnev

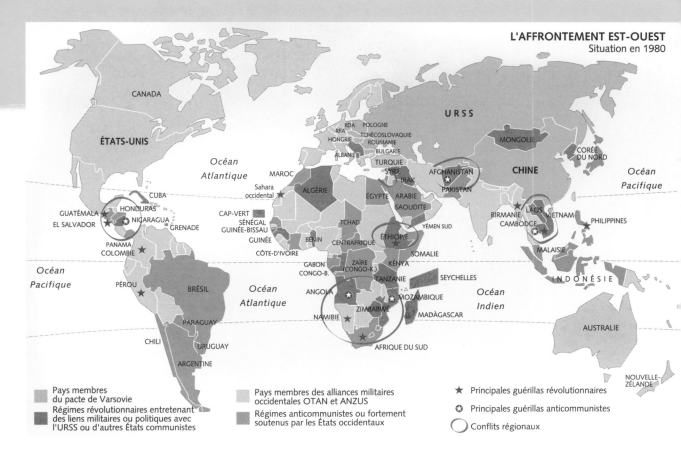

L'AFFRONTEMENT EST-OUEST
Situation en 1980

■ Pays membres
du pacte de Varsovie

■ Régimes révolutionnaires entretenant
des liens militaires ou politiques avec
l'URSS ou d'autres États communistes

■ Pays membres des alliances militaires
occidentales OTAN et ANZUS

■ Régimes anticommunistes ou fortement
soutenus par les États occidentaux

★ Principales guérillas révolutionnaires

✪ Principales guérillas anticommunistes

◯ Conflits régionaux

choisit la guerre. L'Armée rouge envahit le pays fin 1979. Elle s'y enlisera pendant dix ans et devra s'en retirer sans gloire.

« L'Amérique est de retour ! »

En 1980, l'élection de Ronald Reagan à la Maison-Blanche marque le réveil du géant américain. « L'Amérique est de retour ! » clame le nouveau président. Le moment est venu pour les États-Unis de relever le défi soviétique dans le tiers monde. En Afrique, R. Reagan appuie les régimes et mouvements anticommunistes. Il fait cesser l'aide économique aux pays qui ne sont pas favorables au camp occidental. Dans les Caraïbes, il monte une expédition militaire qui renverse le gouvernement révolutionnaire de l'île de Grenade en 1983. Il finance la Contra, la guérilla anticommuniste qui combat le régime au pouvoir au Nicaragua. Sur le champ de bataille d'Afghanistan, les Américains arment les *modjahedin* qui s'opposent à l'Armée rouge.

Solidarité, un syndicat libre

Alors que les foyers de guerre se multiplient sur les autres continents, les temps changent en Europe. En 1980, des grèves ouvrières éclatent en Pologne. Une grande partie de la population se regroupe derrière le syndicat libre Solidarité, conduit par l'ouvrier Lech Walesa. Le gouvernement polonais sera obligé de reconnaître le nouveau syndicat. En 1981, le général Jaruzelski prend le pouvoir et impose l'« état de guerre ». Solidarité, interdit, passe dans la clandestinité.

Après l'invasion de l'Afghanistan, la crise polonaise achève d'enterrer la Détente. Les États-Unis bloquent la coopération avec l'URSS. Mais c'est surtout la relance de la course aux armements qui glace l'atmosphère [*voir page 33*].

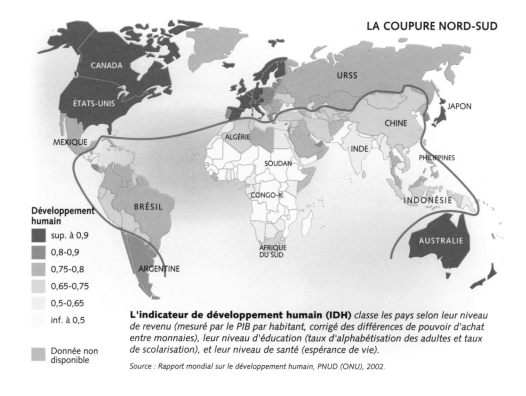

LA COUPURE NORD-SUD

Développement humain
- sup. à 0,9
- 0,8-0,9
- 0,75-0,8
- 0,65-0,75
- 0,5-0,65
- inf. à 0,5

Donnée non disponible

L'indicateur de développement humain (IDH) *classe les pays selon leur niveau de revenu (mesuré par le PIB par habitant, corrigé des différences de pouvoir d'achat entre monnaies), leur niveau d'éducation (taux d'alphabétisation des adultes et taux de scolarisation), et leur niveau de santé (espérance de vie).*

Source : Rapport mondial sur le développement humain, PNUD (ONU), 2002.

De nouvelles menaces

Parmi les conflits qui se déroulent aux quatre coins du monde au tournant des années 1980, beaucoup sortent du scénario habituel de la Guerre froide. Tout d'abord, certaines luttes pour l'indépendance perdurent. C'est le cas, en Afrique, de la Namibie et de l'Érythrée (le Zimbabwé, pour sa part, accède à la pleine souveraineté en 1980). C'est aussi le cas, en Asie du Sud-Est, de Timor oriental.

À Sri Lanka, au Soudan, en Éthiopie, en Ouganda, au Tchad et dans bien d'autres pays, on s'entretue le plus souvent avec des armes américaines ou soviétiques, mais ces conflits ne se réduisent pas à un affrontement Est-Ouest. Ces guerres ont d'autres racines : la misère, la rivalité pour le pouvoir, mais aussi le nationalisme ou le fanatisme religieux. Lorsque s'y ajoute l'ambition des puissances régionales qui rêvent d'être maîtresses de leur bout de planète, le mélange devient tout à fait détonant. Il explose, plus violemment que partout ailleurs, au Proche et au Moyen-Orient.

Le Liban déchiré

Au Proche-Orient, le président égyptien Anouar al-Sadate a signé en 1979 des accords de paix avec Menahem Begin, Premier ministre d'Israël. Conclus par l'intermédiaire des États-Unis, ces « accords de Camp David » vont permettre à l'Égypte de récupérer le territoire du Sinaï, occupé depuis 1967 par Israël. Mais, au sein du monde arabe, cette paix séparée est ressentie comme une trahison. La tension n'a pas baissé dans la région. En 1975, au Liban, la présence et les actions militaires des organisations palestiniennes de combat contribuent à déclencher une guerre civile, opposant certaines factions d'Arabes chrétiens à des milices musulmanes.

En 1982, l'armée israélienne profite des divisions existant entre pays arabes pour occuper le Liban-Sud et entrer à Beyrouth. La Syrie du président Assad contrôle elle aussi une partie du pays. Les réfugiés palestiniens sont chassés du Liban. Alors que l'État libanais se disloque, que la guerre civile redouble de violence, le problème palestinien reste entier.

La révolution des ayatollahs

La révolution islamique en Iran éclate en 1979. Le régime autoritaire du chah d'Iran, fidèle allié des Occidentaux, est renversé par une révolution menée par des ayatollahs (dignitaires religieux) au nom des pauvres et de l'islam. Elle soulève un immense espoir dans le pays. Une fois au pouvoir, l'ayatollah Ruhollah Khomeyni fonde cependant une république islamique qui, très vite, se révèle être une dictature. Le nouveau régime supprime les libertés et impose la loi religieuse (la *charia*). Pour lui, le monde musulman ne doit plus chercher ses modèles à l'Ouest ou à l'Est, mais dans un islam pur et dur, une voie « islamiste ». Le régime iranien est anticommuniste, et surtout anti-occidental. Ses ennemis principaux sont les États-Unis et Israël. Khomeyni veut également « exporter » la révolution dans les autres pays musulmans.

La guerre Iran-Irak

En 1980, l'armée irakienne attaque l'Iran. Saddam Hussein, le chef tout-puissant de l'Irak nationaliste, veut profiter des désordres et de l'isolement de l'Iran pour reconquérir une partie du territoire iranien et empêcher une « contagion » de la révolution islamiste dans le pays. La majorité des Irakiens sont en effet de tradition chiite (l'une des tendances de l'islam), comme les Iraniens. La plupart des pays arabes se rangent derrière l'Irak qui reçoit des armes de l'Ouest et de l'Est. Pourtant, l'Iran résiste (Khomeyni n'hésite pas à envoyer au combat des enfants et des adolescents) et repousse les Irakiens. La guerre dure huit ans et provoque des centaines de milliers de morts.

La « guerre des étoiles »

Depuis 1979, les discussions Est-Ouest sur la limitation des armements sont dans l'impasse. Au dernier moment, les États-Unis ont refusé de ratifier les accords SALT II (Discussions sur la limitation des armes stratégiques), qui proposaient de limiter définitivement le nombre des fusées nucléaires à longue portée. En 1983, pour riposter au déploiement en Europe de l'Est de nouveaux missiles soviétiques à portée intermédiaire (les SS-20), les États-Unis installent des missiles Pershing dans plusieurs pays d'Europe de l'Ouest, en particulier en Allemagne. De plus, ils défient les Soviétiques avec leur projet intitulé Initiative de défense stratégique (IDS), aussi appelé « guerre des étoiles » : ils annoncent qu'ils fabriqueront un bouclier spatial capable de détruire en vol les missiles nucléaires. La peur de la catastrophe

nucléaire plane à nouveau sur l'Europe. À l'Ouest, des centaines de milliers de pacifistes manifestent pour refuser les « euromissiles ».

« Glasnost » et « perestroïka »

En 1985, Mikhaïl Gorbatchev, succédant à des hommes âgés et malades, est désigné pour diriger l'Union soviétique. Il a cinquante-quatre ans et veut réformer le système. L'URSS est au bord de la faillite. Elle n'a plus les moyens de poursuivre la compétition économique, technologique et militaire avec les États-Unis.
À l'intérieur de l'Union soviétique, il s'efforce de « moderniser » le communisme. Il engage des réformes économiques : c'est la *perestroïka* (« restructuration »). Il favorise le retour d'une certaine liberté d'expression : c'est la *glasnost* (« transparence »). Et il encourage les dirigeants d'Europe de l'Est à suivre la même voie. Les libertés gagnent le terrain. De nouvelles organisations politiques apparaissent. Très vite cependant, le « père de la *perestroïka* » se trouve pris entre une opposition réformatrice, qui le pousse à aller plus loin, et la « vieille garde » des dirigeants communistes, qui voudraient revenir en arrière. De plus, les demi-réformes de la *perestroïka* n'améliorent pas l'état de l'économie soviétique qui sombre dans un désordre croissant. Cela suscite un mécontentement croissant parmi la population.

Début de désarmement

Dans le même temps, en abandonnant le bras de fer avec les États-Unis, Gorbatchev révolutionne les relations internationales. Il inspire confiance aux Occidentaux. En 1987, les Américains et les Soviétiques décident de s'engager dans de véritables accords de désarmement. Ils signent un traité sur les forces nucléaires intermédiaires (FNI) qui prévoit l'élimination de tous les « euromissiles ». Avec le soutien des deux « grands », l'ONU retrouve un rôle plus actif et parvient à apaiser les conflits dans de nombreuses régions du monde. En 1988-1989, les troupes soviétiques se retirent d'Afghanistan, les Cubains quittent

l'Angola. Les Vietnamiens commencent à évacuer le Cambodge. Au Proche-Orient, l'Organisation de libération de la Palestine (OLP) reconnaît indirectement le droit à l'existence d'Israël. En 1990, le Liban lui-même retrouve un semblant de paix.

La fin des guerres par procuration

Les changements intervenus en URSS conduisent également à un apaisement au Nicaragua et au Salvador, marqués par la guerre civile au cours des années 1980. Au Nicaragua, des élections démocratiques, organisées en 1990, voient les partisans du régime révolutionnaire mis en minorité. Ils conserveront une grande influence, notamment dans l'armée, mais l'alternance politique a lieu. Au Salvador (où la guerre a provoqué 80 000 morts en douze ans…), un accord de paix est signé le 16 janvier 1992.
Au Mozambique et surtout en Angola, le retour à la paix est plus difficile, mais inéluctable. La fin de la Guerre froide met ainsi fin aux « guerres par procuration » : Est et Ouest cessent de s'affronter par le biais de pays du tiers monde.

L'ouverture du « rideau de fer »

Avec la *perestroïka*, Gorbatchev a lancé une machine qui ne s'arrêtera plus. En février 1989, des élections sont organisées en Pologne : c'est la déroute pour les communistes. L'opposition est chargée en août de former un nouveau gouvernement. Au printemps 1989, en Hongrie, les nouveaux dirigeants ouvrent une première brèche dans le « rideau de fer » : ils permettent à des milliers d'Allemands de l'Est de traverser la frontière hongroise pour se réfugier à l'Ouest. Gorbatchev appuie le mouvement. Il déclare que « tout pays est libre de décider de son sort ». Cela est perçu comme un feu vert pour les peuples d'Europe de l'Est. En quelques mois, ils se débarrassent de quarante ans de communisme.

LA DISLOCATION DE L'EMPIRE SOVIÉTIQUE EN 1991
(Les populations indiquées sont celles de 1989.)

LITUANIE
3,7 millions
d'habitants

LETTONIE
2,5 millions
d'habitants

ESTONIE
1,6 million
d'habitants

MOLDAVIE
4,3 millions
d'habitants

BIÉLORUSSIE
10,2 millions d'habitants

UKRAINE
52 millions d'habitants

RUSSIE
147 millions d'habitants

GÉORGIE
5,4 millions d'habitants

ARMÉNIE
3,3 millions
d'habitants

KAZAKHSTAN
16 millions d'habitants

AZERBAÏDJAN
7 millions d'habitants

OUZBÉKISTAN
19 millions d'habitants

TURKMÉNISTAN
3,5 millions d'habitants

KIRGHIZSTAN
4,2 millions d'habitants

TADJIKISTAN
5 millions d'habitants

0   1000 km

La fin des « démocraties populaires »

L'ouverture du Mur de Berlin, le 9 novembre 1989, devient aux yeux du monde entier le symbole de la fin d'une époque. En Tchécoslovaquie, en RDA, en Bulgarie et en Hongrie, des élections libres sont organisées en 1990. La sortie du communisme se fait plus difficilement en Roumanie. C'est une révolution armée aux allures de coup d'État qui abat la dictature de Nicolae Ceausescu en décembre 1989. Le gouvernement restera dans un premier temps aux mains d'anciens communistes. En 1990, des élections pluralistes en Yougoslavie permettent à des non-communistes de parvenir au pouvoir dans toutes les républiques de cet État fédéral, sauf en Serbie et au Monténégro. En juin 1991, les républiques de Slovénie et de Croatie proclament leur indépendance : la Yougoslavie, en voie d'éclatement, va bientôt plonger dans des guerres nationalistes fratricides [*voir page 42*].

D'une manière générale, la sortie du communisme se fait de manière beaucoup plus difficile dans les pays des Balkans qu'en Europe centrale. Les réformes politiques et économiques seront beaucoup plus lentes. En Roumanie et en Bulgarie, les anciens communistes retardent longtemps toute évolution. L'Albanie connaît pour sa part un véritable effondrement. Ainsi, l'Europe de l'Est sort du glacis soviétique. Partout on renoue avec la liberté d'expression, mais aussi avec la libre entreprise et l'économie de marché. Partout se révèle aussi l'ampleur du désastre économique et écologique. Cette débâcle accélère la réunification de l'Allemagne qui se réalise en octobre 1990. La « nouvelle Allemagne » fera partie de l'OTAN. L'Armée rouge commence à plier bagage. Le retrait est achevé le 31 août 1994.

L'éclatement soviétique

Le retrait des Soviétiques d'Europe de l'Est était apparu indispensable à Gorbatchev pour que l'URSS renoue avec les Occidentaux. Cependant, l'homme de la *perestroïka* cherche à concilier le communisme et les réformes, et veut surtout éviter une dislocation de l'Union soviétique. Mais les événements se précipitent.

« L'URSS n'existe plus »

En août 1991, une poignée de chefs de la police politique de l'armée et du Parti tentent de renverser Mikhaïl Gorbatchev par un coup d'État. Des milliers de Soviétiques descendent dans la rue à l'appel de Boris Eltsine pour défendre la démocratie. En décembre, les dirigeants des trois républiques slaves (Russie, Ukraine et Biélorussie) déclarent que l'« URSS n'existe plus ». Ils invitent les autres républiques à les rejoindre dans une Communauté d'États indépendants (CEI). Ayant perdu ses derniers pouvoirs, Gorbatchev démissionne. Eltsine, le président de la Russie, fait figure de nouvel homme fort. La république de Russie, de loin la plus peuplée et la plus importante de l'Union soviétique, réapparaît ainsi sous son propre nom à la fin du XXe siècle. L'URSS, fondée en décembre 1922, aura existé 69 ans. C'est aussi la fin du monde bipolaire, ce monde qui a vu deux camps s'affronter pour sa domination pendant quarante années.

Sur le plan économique, la faillite est complète. L'affaiblissement du pouvoir central « libère » les revendications d'indépendance dans ce pays qui était, comme la Yougoslavie, une fédération de plusieurs nations.

Les rivalités nationalistes sont particulièrement vives dans les républiques d'Asie centrale et du Caucase. En Azerbaïdjan, les affrontements entre Arméniens et Azéris se multiplient à partir de 1988. Les États baltes, annexés par Staline en 1940, sont les premiers à affirmer leur volonté de quitter le « navire » soviétique : la Lituanie proclame son indépendance dès mars 1990, bientôt suivie par la Lettonie et l'Estonie. Les revendications nationales ne vont plus cesser de s'affirmer. Le président du nouveau Parlement russe, Boris Eltsine, annonce que la Russie, qui dominait les autres nations de l'URSS, va reprendre son indépendance. La Géorgie, l'Arménie, la Moldavie, l'Ukraine et bientôt toutes les autres républiques s'engagent à leur tour dans cette voie. En décembre 1991, l'URSS n'existe plus et Gorbatchev démissionne [*voir page 35*].

Cet éclatement de l'empire ressemble beaucoup à celui qui avait suivi la révolution russe de 1917. Mais alors, sauf pour les pays baltes, les indépendances de ces mêmes territoires avaient été brèves.

L'effritement du tiers monde

Les grandes transformations de l'ancien bloc soviétique ne doivent pas faire oublier les mutations que connaît le Sud, le tiers monde. À partir du milieu des années 1970, son unité s'est effritée. En plus des rivalités et des divergences politiques qui opposent certains pays, les différences économiques se sont fortement accentuées.

En Asie, quelques pays comme la Corée du Sud, Taïwan, Hong Kong ou Singapour ont réussi à prendre leur envol économique. D'autres sont en passe d'y parvenir. On les appelle les « dragons asiatiques » Le monde arabe est quant à lui marqué par un profond déséquilibre entre des États très peuplés mais pauvres et des États peu peuplés, devenus très riches grâce au pétrole (comme les émirats ou l'Arabie saoudite). Sur d'autres continents, la situation générale de nombre de pays s'est dégradée au cours des années 1980, notamment en Afrique et en

Amérique latine. En 1982, le Mexique, avec une dette de 85 millions de dollars, se place en cessation de paiement. La crise de la dette touche de nombreux pays du Sud.

La crise de la dette

La revendication d'un Nouvel ordre économique international (NOEI), qui symbolisait les aspirations du tiers monde dans les années 1970, a échoué. C'est le problème de la dette contractée auprès des pays occidentaux qui marque les années 1980 et 1990. Sous la pression du Fonds monétaire international (FMI), ces pays (où souvent la corruption des dirigeants est considérable) doivent adopter de nouvelles politiques économiques pour rembourser leurs emprunts. C'est ce qu'on appelle l'« ajustement structurel ». Le nombre des fonctionnaires est diminué, de même que les budgets des États et avec eux les dépenses de santé, d'éducation et d'aide sociale. Ce sont principalement les plus pauvres qui subissent les conséquences de cette « orthodoxie » économique libérale.

À partir de 1983, pour rembourser leurs emprunts, les pays du Sud versent plus d'argent aux pays du Nord qu'ils n'en reçoivent.

La relance des ambitions européennes

Un peu assoupie au début des années 1980, la CEE (Communauté économique européenne) s'élargit cependant vers le sud et devient l'Europe des « Douze » en accueillant la Grèce en 1981, l'Espagne et le Portugal en 1986, après la chute des dictatures qui régnaient dans ces trois pays jusqu'au milieu des années 1970.

Alors que les relations Est-Ouest se sont détendues, la Communauté semble pouvoir jouer un rôle majeur pour la stabilité du continent européen. À partir de 1987, sous l'impulsion du Français Jacques Delors, alors président de la Commission de Bruxelles, s'effectue une relance des ambitions communautaires. Toujours plus nombreux, les États candidats frappent aux portes du club communautaire. Mais les « Douze » ont choisi de le consolider avant d'accueillir de nouveaux membres. Avec l'adoption de l'Acte unique européen (1987), la CEE se transforme, à partir du 1er janvier 1993, en un Marché unique, « sans frontières », dans lequel les marchandises, l'argent et bientôt les hommes (du moins les citoyens des pays membres) pourront circuler librement. En février 1992, une nouvelle étape est franchie. Le traité de Maastricht jette les bases de l'Union européenne (UE) : les « Douze » décident de créer une Union économique et monétaire (UEM). Celle-ci doit conduire à adopter une monnaie unique avant le 1er janvier 1999 (ce sera l'euro), tout en avançant vers la définition d'une politique étrangère et de défense plus commune et vers l'ébauche d'une citoyenneté européenne.

Une Europe à plusieurs vitesses

Autour du noyau de la CEE, c'est une Europe à plusieurs niveaux qui se dessine au début des années 1990. Au-delà du premier cercle constitué par les États membres, sept États d'Europe occidentale restés à l'écart de la CEE (Autriche, Suède, Suisse, Liechtenstein, Norvège, Finlande, Islande) forment un deuxième cercle. La CEE signe avec eux un traité en mai 1992, créant des relations économiques spéciales, l'Espace économique européen (EEE). Le 1er janvier 1995, l'Autriche, la Suède et la Finlande rejoindront l'Union européenne. Le troisième cercle comprend les États de l'ancienne Europe de l'Est et en premier lieu la Pologne, la Hongrie, la République tchèque et la Slovaquie. À partir de 1991, la Communauté multiplie les accords d'association avec ces pays. Le dernier cercle inclut les États qui faisaient partie de l'Union soviétique. Ils se retrouvent avec les pays occidentaux au sein de la Conférence sur la sécurité et la coopération en Europe (CSCE), « forum de la paix » créé en 1975. Cette grande Europe compte près de cinquante États.

ACTE 5 depuis 1991
un seul monde

Après l'effondrement du bloc soviétique et la guerre du Golfe de 1991, on a annoncé l'instauration d'un « nouvel ordre mondial ». En fait, le monde a continué de connaître un grand désordre. Cependant, des négociations internationales ont montré qu'un monde plus civilisé était possible.

Depuis 1945, deux États (l'URSS et les États-Unis) disposaient de tous les atouts de la puissance : une armée forte, une économie puissante, une population nombreuse et une influence culturelle hors de leurs frontières. Cela faisait d'eux des « superpuissances », rivales dans un système à deux pôles. Avec l'éclatement du bloc soviétique, ce système a disparu, laissant place à une compétition beaucoup plus ouverte avec une seule superpuissance : les États-Unis.

Les années 1990 vont y être marquées par la présidence de Bill Clinton (1993-2001) et par une longue embellie économique. Derrière les États-Unis, on trouve les « puissances mondiales » : elles peuvent prétendre aux premières places sur certains plans (par exemple économique), mais ne possèdent pas l'ensemble des atouts de la superpuissance.

Le club des puissances mondiales

Le Japon, l'ancien vaincu de la Seconde Guerre mondiale, est devenu une très grande puissance économique, mais il joue un très faible rôle diplomatique et militaire. En outre, le « modèle de société » japonais ne fait pas beaucoup d'adeptes de par le monde. Ces éléments limitent considérablement son rayonnement extérieur.

L'Union européenne (UE), qui compte plusieurs « puissances majeures » parmi les plus riches (Allemagne, France, Royaume-Uni, Italie), pourrait accéder au rang de toute première puissance économique, financière et culturelle mondiale. Elle est cependant encore loin de parler d'une seule voix, car il lui faut réaliser le plus difficile : son unité politique. Elle doit par ailleurs réussir son élargissement aux pays d'Europe centrale et orientale.

Derrière ce trio de tête, suivent trois autres grands pays. La Russie a récupéré l'essentiel des moyens de l'Union soviétique, ainsi que son siège au Conseil de sécurité de l'ONU. Son territoire représente les trois quarts de celui de l'ex-URSS et elle compte les deux tiers de sa population, mais la catastrophe économique qu'elle a connue l'a beaucoup affaiblie.

Pour sa part, la Chine, puissance nucléaire et « poids lourd » démographique, demeure un pays pauvre. Mais elle a effectué un formidable décollage économique dans les décennies 1980 et 1990. Tout en ouvrant avec succès leur pays à l'économie de marché, les dirigeants chinois n'ont cependant instauré aucune liberté politique pour leurs citoyens. Jiang Zemin a remplacé Deng Xiaoping à la tête de l'État en 1993.

L'Inde est, quant à elle, devenue une grande puissance régionale, également membre du club des puissances nucléaires. Ses points forts sont nombreux : plus d'un milliard d'habitants, un immense territoire, une influence culturelle et politique, une tradition démocratique. Mais, malgré une rapide croissance économique, la grande majorité de la population souffre de la pauvreté.

Davantage de démocratie et de paix ?

Au-delà de la chute des régimes du bloc soviétique, les années 1980 et 1990 ont vu la démocratie progresser dans de nombreux pays. Du Paraguay à l'Argentine, et du Brésil au Chili, l'Amérique latine s'est débarrassée de ses dictatures militaires. Le système politique mexicain est pour sa part devenu plus démocratique, mais des situations de fortes injustices perdurent, qui motivent la mobilisation des Amérindiens et des « zapatistes » dans la région du Chiapas. Un vent de libéralisation a aussi soufflé sur le continent asiatique, dans des pays comme les Philippines, la Corée du Sud, Taïwan ou l'Indonésie. Dans ce dernier pays, la chute de la dictature a permis à Timor oriental d'accéder à l'indépendance, non sans massacres. Dans l'Afrique, longtemps dominée par les régimes militaires ou de parti unique, la revendication démocratique s'est également développée.

Corruption et injustices

Mais les potentats et leurs suppôts se sont le plus souvent accrochés à leurs pouvoirs, ne faisant que quelques concessions. En certains cas, ils n'ont pas hésité à susciter ou à laisser se développer des guerres civiles pour préserver leurs prébendes. C'est le cas, par exemple, en Algérie et au Congo-Brazzaville. En Europe, un processus de paix a été engagé en Irlande du Nord à partir de 1998. Au Pays basque et en Espagne, en revanche, les séparatistes ont poursuivi leurs attentats meurtriers. La démocratie est par ailleurs mise en péril, notamment dans les sociétés du tiers monde, par les conséquences de la formidable montée des inégalités entre riches et pauvres. Cela provoque régulièrement des émeutes que réprime

Les pays les plus grands
(superficie totale en milliers de km^2)

Russie	17 075	Inde	3 287
Canada	9 970	Argentine	2 780
États-Unis	9 629	Kazakhstan	2 725
Chine	9 598	Soudan	2 506
Brésil	8 547	Algérie	2 382
Australie	7 741	Congo-Kinsh.	2 345

La superficie totale est plus grande que la superficie terrestre car elle tient compte des étendues d'eau (grands lacs, etc.).

Les pays les plus peuplés
(en millions d'habitants, 2001)

Chine	1 285	Russie	145
Inde	1 025	Bangladesh	140
États-Unis	286	Japon	127
Indonésie	215	Nigéria	117
Brésil	173	Mexique	100
Pakistan	145	Allemagne	82

Les plus grandes puissances économiques
(part du pays dans la création de la richesse mondiale, en 2001)

États-Unis	21,4 %	Italie	3,1 %
Chine	12,1 %	Royaume-Uni	3,1 %
Japon	7,3 %	Brésil	2,7 %
Inde	4,7 %	Russie	2,6 %
Allemagne	4,5 %	Canada	2,0 %
France	3,2 %	Mexique	2,0 %

La richesse correspond ici au produit intérieur brut corrigé des différences de pouvoir d'achat entre monnaies (PIB-PPA).

Les pays les plus développés
(selon leur indicateur du développement humain, en 2000)

Norvège	0,942	Islande	0,936
Suède	0,941	Pays-Bas	0,935
Canada	0,940	Japon	0,933
Belgique	0,939	Finlande	0,930
Australie	0,939	Suisse	0,928
États-Unis	0,939	France	0,928

L'indicateur du développement humain (IDH) est calculé par le Programme des Nations unies pour le développement.

Les plus grands exportateurs
(part du pays dans les exportations mondiales, en 2001)

États-Unis	13,6 %	Italie	4,1 %
Allemagne	9,0 %	Chine*	4,0 %
Japon	6,1 %	Pays-Bas	3,5 %
Royaume-Uni	5,3 %	Hong Kong	3,2 %
France	5,1 %	Corée du Sud	2,5 %
Canada	4,1 %	Espagne	2,4 %

*sans Hong Kong

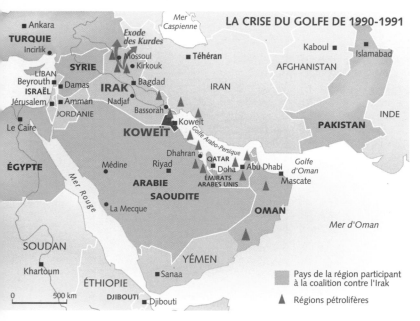

LA CRISE DU GOLFE DE 1990-1991

Mer Caspienne

Ankara ■
TURQUIE
Incirlik ■
Exode des Kurdes
Mossoul ●
Kirkouk ●
SYRIE
Bagdad ■
IRAK
Téhéran ■
IRAN
Kaboul ■
Islamabad ■
AFGHANISTAN
LIBAN
Beyrouth ■
Damas ■
ISRAËL
Jérusalem ■
Amman ■
JORDANIE
Nadjaf ●
Bassorah ●
Koweït ■
Golfe Arabo-Persique
PAKISTAN
INDE
Le Caire ■
ÉGYPTE
Mer Rouge
KOWEÏT
Dhahran ●
Riyad ●
QATAR
Doha ■
Abu Dhabi ■
ÉMIRATS ARABES UNIS
Golfe d'Oman
Médine ●
ARABIE SAOUDITE
Mascate ■
La Mecque ●
OMAN
Mer d'Oman
SOUDAN
Khartoum ■
ÉTHIOPIE
Sanaa ■
YÉMEN
DJIBOUTI
Djibouti ■

0   500 km

■ Pays de la région participant à la coalition contre l'Irak

▲ Régions pétrolifères

l'armée, alors tentée de prendre le pouvoir. La démocratie est aussi menacée par la corruption, les mafias, le terrorisme, les trafics de drogue.

Essor des nationalismes

Les transformations du monde à partir de la fin des années 1980 s'accompagnent d'une montée des nationalismes. De plus en plus nombreux, des groupes humains liés par une langue, une religion ou un passé historique communs revendiquent d'être reconnus comme « nation » et réclament leur souveraineté politique. Cette aspiration indépendantiste ou séparatiste peut être porteuse d'un projet constructif, lorsqu'il s'agit d'une minorité opprimée ou d'un peuple colonisé qui désire se libérer. Mais elle exprime aussi souvent la tentation de se replier sur ses particularismes et d'exister contre les autres groupes. Avec la fin de la Guerre froide, cet essor nationaliste gagne de nouveaux foyers. L'URSS, la Yougoslavie et la Tchécoslovaquie n'y survivront pas. La Russie elle-même s'est trouvée confrontée aux revendications indépendantistes de certaines « nations » qu'elle rassemble, comme au Tatarstan ou en Tchétchénie [*voir page 45*].

D'autres courants politiques utilisent la religion comme idéologie. À travers eux s'exprime la protestation de populations contre le fonctionnement de leur État « moderne », contre l'injustice sociale ou contre l'« ordre » mondial existant. Par exemple, dans le monde musulman, l'islamisme s'est fortement développé et affirme qu'il existe une « communauté islamique » supérieure aux États. Tous les courants islamistes ne sont cependant pas extrémistes, mais certains ont recours à l'action violente armée. Dans d'autres religions (judaïsme, christianisme, hindouisme) existent aussi des courants politiques extrémistes.

Dissémination et prolifération des armements

La décennie 1980 s'était achevée sous le signe du désarmement. À partir de 1987, les principales puissances de la planète avaient en effet entrepris de réduire leur arsenal militaire. Avec l'éclatement de l'empire soviétique, le mouvement s'est accéléré. Le monde de l'« après-communisme » ne s'est pourtant pas, loin s'en faut, débarrassé du problème des armements. Le risque de la guerre atomique continuera d'exister tant qu'existeront des armes nucléaires. Le désarmement amorcé au sein du club des puissances nucléaires ne remet en effet pas en cause le « droit » de conserver un arsenal « minimal » d'armes atomiques.

La question de la « dissémination » et de la prolifération des armes de destruction massive (non seulement nucléaires, mais aussi chimiques et biologiques) et des missiles apparaît bien comme un très grave problème pour l'avenir [*voir page 46*].

Débarrassé des blocs, le monde n'en est pas pour autant devenu équilibré. La guerre du Golfe de 1991, qui suit l'invasion du Koweït par l'Irak, en est une illustration.

La guerre du Golfe de 1991

Le 2 août 1990, l'armée irakienne envahit le Koweït voisin. Le dictateur nationaliste irakien Saddam Hussein compte faire main basse sur les trésors du petit mais richissime émirat pétrolier. Il veut ainsi renflouer les caisses de

son pays qui est sorti épuisé de la longue guerre menée contre l'Iran (1980-1988). Ce « racket » est aussitôt condamné par la communauté internationale. L'ONU autorise l'usage de la force si l'Irak ne se retire pas du Koweït avant la mi-janvier 1991. Les États-Unis veulent à la fois empêcher l'Irak de contrôler le pétrole koweïtien et réduire à zéro sa puissance militaire, qui menace Israël et la stabilité de toute la région. Ils veulent également montrer qu'avec la fin de la Guerre froide et la débâcle de l'Union soviétique est en train de naître un « nouvel ordre mondial » qui reposera désormais sur l'unique superpuissance américaine. L'intervention militaire est baptisée « Tempête du désert » [*voir ci-contre*].

Après avoir libéré le Koweït, les États-Unis ne cherchent pas à conquérir l'Irak et à renverser le régime de Bagdad. Ils ne font pas non plus le moindre geste pour empêcher Saddam Hussein de massacrer ses opposants chiites, puis les populations kurdes qui s'étaient insurgées, revendiquant un territoire autonome dans le nord de l'Irak. Il faut que ce drame soulève l'émotion internationale pour que les États-Unis se décident à protéger les Kurdes.

Échec américain en Somalie

Les États-Unis n'ont cependant pas vraiment le pouvoir (ni la volonté) de mettre fin à toutes les guerres. La démonstration en est faite avec l'opération *Restore Hope* (« redonner l'espoir »), menée en Somalie. En 1992, les États-Unis et l'ONU envoient, avec une couverture médiatique exceptionnelle, 20 000 soldats dans ce pays ravagé par la guerre civile et en proie à une famine notamment provoquée par les conflits. L'objectif est de distribuer de la nourriture à la population et de ramener la paix. C'est la première fois que des soldats débarquent pour une mission humanitaire de ce type. La distribution de médicaments et d'aliments a certes des effets positifs, mais cette opération ne peut faire cesser la guerre. Les « casques bleus » de l'ONU sont rapidement pris dans les affrontements. Les *marines* américains plient bagage sans gloire, en mars 1994, et les derniers « casques bleus » abandonnent le terrain aux seigneurs de guerre somaliens en mars 1995. Cet échec va conduire l'ONU à ne pas s'engager dans les conflits meurtrissant la Yougoslavie et le Rwanda.

« Tempête du désert »

Après l'invasion du Koweït par l'Irak, le 2 août 1990, le président George H. Bush obtient l'appui prudent d'une URSS « au bout du rouleau ». Il obtient aussi le soutien des pays occidentaux et des États arabes « modérés », ainsi que le « feu vert » de la Chine. Les États-Unis regroupent de considérables moyens miliaires en Arabie saoudite : face à l'armée irakienne sont réunis 750 000 soldats venus de trente pays, dont 400 000 Américains. L'opération *Tempête du désert* est déclenchée en janvier 1991, à la fin du délai laissé par l'ONU. En 42 jours d'intenses bombardements aériens et 100 heures de combats terrestres, l'armée irakienne est balayée et le Koweït est libéré. Saddam Hussein reste cependant au pouvoir.

RÉPARTITION DE LA POPULATION PAR NATIONALITÉ DANS L'ANCIENNE YOUGOSLAVIE (recensement de 1981)

Slovènes
Croates
Serbes
Monténégrins
Macédoniens
Slaves musulmans
||| majoritaires
/// en nombre important

Albanais
Magyars
Slovaques
Bulgares
Ruthènes
Turcs
|| Roumains

CROATIE Noms des républiques fédérées jusqu'en 1991-1992

Les Slaves musulmans étaient considérés comme une nation en Yougoslavie. Ne font pas partie de cette définition les Albanais et Turcs de confession musulmane.

0   100 km

Les guerres yougoslaves

En Europe, dans les Balkans, la République fédérative de Yougoslavie, formée en 1945 par le régime communiste de Josip Broz Tito, apparaissait comme une mosaïque de nations, composée de six républiques fédérées, de deux provinces et de nombreuses minorités ethniques [*voir ci-dessus*]. Carrefour des religions orthodoxe, catholique et musulmane, la Yougoslavie va se disloquer. Le 25 juin 1991, deux de ses républiques, la Slovénie et la Croatie, proclament leur indépendance. Commence alors un cycle de guerres meurtrières. Des affrontements ont tout d'abord lieu aux frontières slovènes, puis, à plus grande échelle, en Croatie (à partir de juillet) et en Bosnie-Herzégovine, après que

celle-ci eut décidé de devenir indépendante (à partir d'avril 1992).

La communauté internationale tarde à réagir, restant longtemps spectatrice des massacres. Ce n'est qu'à partir de mars 1992 que des « casques bleus » de l'ONU sont envoyés, sans parvenir à faire cesser les combats. Au nom d'une théorie baptisée par les dirigeants serbes « nettoyage ethnique », visant à séparer les populations selon leur « appartenance ethnique », les populations minoritaires sont chassées avec violence. Des comportements semblables sont le fait de milices croates. La Bosnie-Herzégovine est dépecée, non seulement par les Serbes, mais aussi par les Croates. Des massacres sont commis.

En Croatie et en Bosnie-Herzégovine, dans les

régions peuplées en majorité par des Serbes, les nationalistes proclament des « républiques serbes » et demandent leur rattachement à la Serbie. En Bosnie-Herzégovine, les nationalistes croates proclament une « république croate » sur les territoires qu'ils contrôlent.

Les accords de Dayton

Quand sont signés les accords de Dayton qui mettent fin à la guerre, en décembre 1995, la partition du pays est déjà effective. On compte 3,8 millions de personnes réfugiées ou déplacées. Le siège de la capitale de la Bosnie-Herzégovine, Sarajevo, de 1992 à 1995 a fait 10 000 morts. La Bosnie-Herzégovine comprend désormais une Fédération croato-musulmane et une République serbe.

Le dirigeant serbe Slobodan Milosevic, qui dirigeait la Yougoslavie avant son éclatement, reconstitue une « mini-Yougoslavie » avec la république du Monténégro. En Serbie même, deux provinces, la Voïvodine (où vit une forte minorité magyare) et surtout le Kosovo (majoritairement peuplé d'Albanais), aspirent fortement à une plus large autonomie.

La sixième république de l'ancienne fédération, la Macédoine, s'est quant à elle déclarée indépendante en 1991, mais la Grèce voisine s'oppose à sa reconnaissance internationale, prétextant que la seule vraie Macédoine est grecque. Les guerres yougoslaves ne se terminent pas en 1995. En 1998-1999, le Kosovo sera en effet à son tour l'objet d'une guerre [*voir page 45*] et des affrontements armés auront lieu en Macédoine en 2001.

L'Afrique des contrastes

Les années 1990 et le début de la décennie 2000 sont marqués en Afrique par des évolutions opposées. La fin de l'apartheid en Afrique du Sud est un événement considérable qui ouvre la voie à la démocratie [*voir ci-contre*]. Deux États accèdent à l'indépendance : la Namibie en 1990 et l'Érythrée en 1993. Il aura fallu à cette dernière trente ans de guérilla pour s'affranchir de la tutelle de l'Éthiopie. Ces émancipations tranchent avec les guerres qui ensanglantent le Libéria ou la Sierra Léone. Cependant, certains très longs conflits prennent fin, comme au Mozambique (1992) ou en Angola (2002). L'Afrique est par ailleurs le continent le plus touché par le sida, notamment dans sa partie australe, où la maladie apparaît comme un fléau décimant les générations et posant d'immenses problèmes à la société.

Le génocide rwandais

En 1994, au Rwanda (Afrique de l'Est), l'ONU et les grandes puissances se montrent incapables d'empêcher le génocide perpétré par les milices du dictateur Juvénal Habyarimana. Celui-ci, au pouvoir depuis

Le démantèlement de l'apartheid

L'apartheid désignait la politique de ségrégation raciale mise en œuvre à partir de 1948 en Afrique du Sud. Prônant le « développement séparé » des diverses « communautés raciales », il s'est traduit en fait par un ensemble de lois donnant un pouvoir exclusif à la population blanche et assurant sa domination sur les populations non blanches (Noirs et métis), qui représentaient pourtant plus de 80 % des habitants du pays. Restreignant sévèrement les libertés politiques, l'apartheid s'était étendu à l'ensemble de la vie quotidienne : interdiction des mariages et des relations sexuelles entre Blancs et Noirs, séparation des « races » dans les lieux publics, regroupement des populations noires dans des zones d'habitat réservées, relégation dans des emplois inférieurs, etc.

Cette politique répressive et raciste, à laquelle s'est opposé un nombre croissant de Blancs « éclairés », a suscité de multiples révoltes dans la population noire, dont la lutte s'est organisée principalement au sein de l'ANC (Congrès national africain). Elle a conduit à un isolement quasi total de l'Afrique du Sud, « boycottée » par la communauté internationale. L'année 1989 a constitué un tournant, avec l'élection du président Frederik De Klerk, qui a entrepris de créer une « nouvelle Afrique du Sud ». Le leader de l'ANC, Nelson Mandela (emprisonné pendant 27 ans !), a été libéré et la plupart des lois d'apartheid ont été abolies. L'élection de N. Mandela à la Présidence, en mai 1994, a permis la naissance d'une Afrique du Sud débarrassée des discriminations raciales.

1973, meurt dans un attentat le 6 avril 1994. Ses partisans, de l'ethnie hutue (majoritaire), entreprennent aussitôt le massacre systématique des membres de l'ethnie tutsie, ainsi que des Hutus modérés, faisant des centaines de milliers de victimes. Il s'agit d'un génocide, d'une tentative d'extermination systématique d'un groupe ethnique. La rébellion, en majorité tutsie, qui combattait le régime d'Habyarimana depuis l'Ouganda prend le pouvoir. Des centaines de milliers de Rwandais se réfugient dans les pays voisins.

« Gaza et Jéricho d'abord »

Au Proche-Orient, dans les Territoires palestiniens occupés de Cisjordanie et de Gaza, un soulèvement (*intifada*) se prolonge depuis décembre 1987. Aux armes à feu de l'armée israélienne, les Palestiniens opposent des pierres et des cocktails Molotov. En six ans, on dénombre 1 300 morts parmi les Palestiniens et 150 parmi les Israéliens.

Jusqu'alors, les tentatives de négociation et de recherche d'une solution politique avaient été très difficiles [*voir encadré*]. Un processus de paix est cependant engagé en 1993. Tandis que les travaux de la conférence de paix israélo-arabe – réunie à Madrid à l'initiative des États-Unis au lendemain de la guerre du Golfe – piétinent, un accord entre l'OLP (Organisation de libération de la Palestine) et Israël, parrainé par Washington, est secrètement négocié à Oslo (Norvège).

Les négociations ouvrent la voie à une autonomie palestinienne à Gaza et Jéricho. Bien que fragile, cet accord de septembre 1993, appelé « Gaza et Jéricho d'abord », marque une évolution importante, une reconnaissance mutuelle d'Israël et de l'OLP. L'autonomie accordée à la bande de Gaza et à la ville de Jéricho (en Cisjordanie) permet la mise en place d'institutions politiques : l'Autorité exécutive, présidée par Yasser Arafat, et le Conseil d'autonomie (Parlement). En 1995, l'autonomie est étendue aux principales villes palestiniennes, Naplouse, Ramallah, Bethléem, Hébron, Jénine, Qalqiliya, Tulkarm [*voir carte page 72*].

Un processus de paix fragile

Les discussions doivent se poursuivre par étapes pour les questions qui ne sont pas abordées dans ce premier accord : le problème des réfugiés palestiniens habitant dans des camps situés non seulement dans les Territoires occupés par Israël, mais aussi en Jordanie, au Liban et en Syrie [*voir carte ci-contre*], le statut de Jérusalem-Est (annexé par Israël depuis 1967), le problème posé par les colonies juives implantées dans les territoires palestiniens, et enfin le statut final des Territoires. Le processus de paix apparaît fragile et les négociations laborieuses. En 1995, le Premier ministre israélien Itzhak Rabin, qui avait parrainé les accords d'Oslo, est assassiné par un extrémiste juif. L'OLP est, pour sa part, de plus en plus concurrencée par des organisations palestiniennes islamistes plus radicales (le Hamas et le Jihad islamique).

Les négociations israélo-palestiniennes

Au plan diplomatique, la « question palestinienne » s'est d'abord résumée à un dialogue de sourds. Les États arabes et les organisations palestiniennes ont refusé le droit à l'existence d'Israël. Israël, quant à lui, n'a voulu voir dans l'Organisation de libération de la Palestine (OLP, dirigée à partir de 1969 par Yasser Arafat) qu'une organisation « terroriste ». Les accords de Camp David, signés entre Israël et l'Égypte en 1979, ont abouti à une paix séparée entre ces deux pays et à la restitution du Sinaï à l'Égypte. Le déclenchement de l'*intifada* (la « révolte des pierres ») dans les Territoires occupés, en décembre 1987, a permis aux Palestiniens de reprendre l'initiative tout en devenant plus réalistes. En 1988, l'OLP a accepté la résolution 242 de l'ONU (et a donc reconnu implicitement le droit d'Israël à exister) et rejeté le terrorisme international. Une conférence de paix sur le Proche-Orient s'est ouverte fin 1991 à Madrid. Mais ce sont des négociations secrètes, menées à Oslo, qui ont abouti, le 13 septembre 1993, à l'accord « Gaza et Jéricho d'abord » entre l'OLP et Israël.

La guerre de Tchétchénie

En décembre 1994, l'armée russe est engagée en Tchétchénie, territoire musulman situé au sud du pays, pour mater une tentative d'indépendance. Une véritable guerre commence dans cette région du Caucase, touchant particulièrement les populations civiles et détruisant la capitale, Grozny. La volonté de « faire un exemple », fût-ce au prix de dizaines de milliers de morts, est manifeste. Cette sanglante intervention russe ne fait l'objet que de réprobations internationales polies, étant considérée comme une « affaire intérieure » à la Russie. Un an et demi plus tard, la signature d'un accord semble mettre fin à la guerre. C'est une défaite humiliante pour les troupes russes. Les dirigeants russes relanceront cependant la guerre en octobre 1999, accusant les indépendantistes d'avoir commis des attentats en Russie.

Les guerres du Congo

En 1997, le Zaïre, dirigé par le dictateur Mobutu Sese Seko, est envahi par un mouvement rebelle conduit par Laurent-Désiré Kabila et appuyé par les armées du Rwanda et de l'Ouganda voisins. Mobutu s'enfuit et est remplacé par Kabila. Le Zaïre est rebaptisé « République démocratique du Congo » (il est également appelé « Congo-Kinshasa », du nom de sa capitale). En 1998, l'Ouganda et le Rwanda entrent en conflit avec le nouveau pouvoir. Ce dernier reçoit le soutien des armées de l'Angola, du Zimbabwé et de la Namibie. Une véritable « guerre d'Afrique » se déroule dans le pays. L.-D. Kabila est assassiné en 2001 et remplacé par son fils Joseph. Dans l'autre Congo (le Congo-Brazzaville), les années 1990 sont également marquées par des affrontements armés.

Une nouvelle « intifada »

En septembre 2000, alors que les négociations de paix israélo-palestiniennes s'enlisent, une nouvelle *intifada* éclate dans les

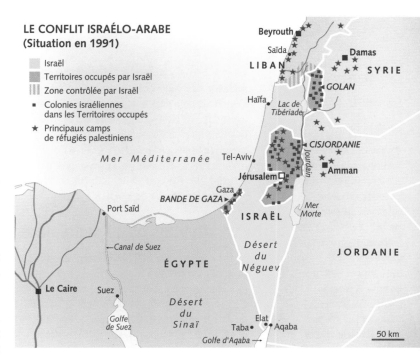

LE CONFLIT ISRAÉLO-ARABE
(Situation en 1991)

- Israël
- Territoires occupés par Israël
- Zone contrôlée par Israël
- ▪ Colonies israéliennes dans les Territoires occupés
- ★ Principaux camps de réfugiés palestiniens

Territoires occupés. Elle est baptisée « *intifada* Al-Aqsa », du nom de la mosquée de Jérusalem, troisième lieu saint de l'islam. À la différence du premier soulèvement, les Palestiniens utilisent des armes à feu et organisent des attentats-suicides, tandis que l'armée israélienne emploie des hélicoptères de combat, des chars, des missiles, et procède à des assassinats ciblés d'activistes palestiniens. Avec l'élection d'Ariel Sharon – hostile aux accords d'Oslo – au poste de Premier ministre d'Israël, en 2001, le conflit se durcit encore. Un mur de séparation est construit.

Opération « Allied Force » au Kosovo

La Constitution yougoslave de 1974 avait accordé à la province du Kosovo (région de Serbie très majoritairement peuplée d'Albanais) une large autonomie. Celle-ci lui est retirée en 1989. Les Albanais du Kosovo organisent une résistance sous la direction pacifiste d'Ibrahim Rugova. Une organisation clandestine, l'UCK (Armée de libération du Kosovo), refuse ce pacifisme et a recours, pour sa part, à des attentats.

Les armes de destruction massive

Beaucoup moins chères et plus faciles à produire que les armes nucléaires, les armes chimiques qui ont été utilisées dans plusieurs conflits régionaux (par exemple pendant la guerre entre l'Irak et l'Iran, entre 1980 et 1988) font partie de la panoplie guerrière de plusieurs dizaines d'États du Sud. Elles peuvent aussi être mises au service d'une action terroriste comme cela a été le cas lors des attentats perpétrés au Japon par la secte Aum avec du gaz sarin en 1995. Une quinzaine de pays fabriquent et exportent des missiles qui peuvent transporter des bombes classiques, chimiques ou nucléaires. Le même risque existe en ce qui concerne les armes biologiques capables de propager maladies et épidémies. Ainsi, dans l'attente d'un nouvel équilibre international qui reste à inventer, notre planète encourt de nouveaux dangers.

La réponse des autorités yougoslaves est très violente. L'armée s'en prend aux civils. Après l'échec de pourparlers visant à obtenir un retour à la paix, l'OTAN (Organisation du traité de l'Atlantique nord) bombarde massivement la région (24 mars-10 juin 1999). C'est l'opération *Allied Force*. Les militaires yougoslaves se retirent du Kosovo. Son administration est confiée à une force de l'ONU.

Les attentats du 11 septembre

Le 11 septembre 2001, des attentats-suicides sont commis aux États-Unis en « crashant » plusieurs avions de ligne contre le World Trade Centre de New York et le Pentagone (ministère de la Défense) à Washington. Simultanés et coordonnés, responsables de milliers de morts, ces attentats provoquent un choc considérable dans ce pays qui se croyait jusqu'alors hors d'atteinte d'une attaque sur son propre sol. Les autorités américaines accusent immédiatement l'organisation islamiste terroriste Al-Qaeda dirigée par Oussama ben Laden. Ce dernier, né en Arabie saoudite dans une famille y ayant fait fortune, est installé en Afghanistan avec ses partisans armés. Dans ce pays qui a été occupé de 1979 à 1989 par l'armée soviétique [*voir page 30*], les taliban (mouvement fondamentaliste d'ethnie pachtoune) ont pris le pouvoir dans la capitale Kaboul en 1996. Il ont été aidés par les services secrets pakistanais et ont reçu le soutien de l'Arabie saoudite. Ils contrôlent les quatre cinquièmes du territoire afghan et y ont instauré un régime islamiste particulièrement rétrograde.

La « lutte antiterroriste »

En réaction aux attentats du 11 septembre, le président George W. Bush dénonce un « axe du mal » et lance une « croisade contre le terrorisme ». Les alliés traditionnels des États-Unis, mais aussi la Russie et la Chine approuvent la volonté américaine. Il est vrai que leurs dirigeants entendent utiliser le même argument contre leurs adversaires intérieurs (les indépendantistes tchétchènes pour la Russie

[*voir page 45*], les nationalistes ouïgours pour la Chine).
Une opération militaire est engagée. L'Afghanistan est bombardé. Les taliban sont chassés du pouvoir dès novembre. Les États-Unis annoncent leur volonté de frapper d'autres « États voyous » et de continuer à faire de la « lutte antiterroriste » leur priorité.

La mondialisation

Dans les années 1990, on a pris l'habitude de parler de « mondialisation » [*voir page 138*]. Cela traduit l'idée que les humains vivent désormais dans un seul monde. Il n'y a, en effet, plus autant de cloisons qu'au temps de la Guerre froide. Les marchés financiers régissent désormais l'ensemble de la planète et les crises financières sont de moins en moins limitées au pays dans lequel elles éclatent. Elles se propagent souvent à toute une région du monde, comme cela a été le cas pour la crise asiatique de 1997 ou la crise argentine de 2001-2002. La mondialisation est aussi favorisée par la révolution de la communication, induite par l'informatique et Internet. Certains effets de la mondialisation sont cependant dénoncés, par exemple lors des rassemblements du Forum social mondial de Porto Alegre (Brésil), en 2001 et 2002. On reproche à la mondialisation de tout transformer en marchandise et de favoriser davantage les profits que la satisfaction des besoins humains.

Les accords économiques régionaux

Depuis les années 1950, la construction européenne permet non seulement de favoriser les échanges économiques entre les pays membres, mais aussi de prendre des décisions politiques communes. C'est le cas pour la politique agricole ou, depuis 1999, pour la politique monétaire, puisqu'une monnaie unique, l'euro, a désormais cours. Il s'agit d'une tentative de coopération entre des pays et des peuples à la fois ambitieuse et inédite. D'autres regroupe-

ments régionaux s'effectuent. C'est le cas de l'ALENA (Accord de libre-échange nord-américain) qui réunit, depuis le 1er janvier 1994, les États-Unis, le Canada et le Mexique. C'est aussi le cas du Mercosur (Marché commun du sud de l'Amérique) qui associe l'Argentine, le Brésil, le Paraguay et l'Uruguay. D'autres organisations régionales sont plus anciennes, comme l'ANSEA (Association des nations du Sud-Est asiatique), créée en 1967.

De nouvelles règles du jeu ?

Par ailleurs, la constitution par l'ONU, en 1993 et 1994, de tribunaux pénaux internationaux (TPI) pour les crimes commis en Yougoslavie et au Rwanda, et la mise en place de la CPI (Cour pénale internationale) en 2002 ont été d'incontestables progrès. Elles ont marqué des étapes importantes dans la mise en place d'une justice pénale internationale permettant de juger les crimes de guerre et les crimes contre l'humanité. Mais les États-Unis ont refusé de contribuer à la création de la CPI.

La prise de conscience des risques écologiques a également commencé à établir de nouvelles règles du jeu dans les relations internationales. C'est ainsi que la Conférence des Nations unies sur l'environnement et le développement (CNUED), réunie à Rio de Janeiro (Brésil) en 1992, a souligné l'urgence d'opter pour un « développement durable » qui rende compatibles développement et préservation de l'environnement. Cependant, certains pays, notamment les États-Unis, ont refusé de prendre leurs responsabilités. La conférence tenue dix ans plus tard, en 2002, à Johannesburg (Afrique du Sud) a été pour cela décevante [*voir page 140*]. Les États-Unis ont aussi refusé de s'engager sur les mesures concernant les risques climatiques adoptées en 1997 à Kyoto.

Questions pour le XXIe siècle

Avec ses espoirs et ses crises, ses guerres et ses paix, le monde est entré dans le XXIe siècle. Les années à venir seront-elles celles d'un « nouvel ordre mondial » fondé sur la paix et la démocratie, le droit international et l'économie de marché ? Ou bien le monde de l'après-Guerre froide verra-t-il se poursuivre les tensions et les conflits, nourris par les ambitions et l'arrogance des plus grandes puissances, l'aggravation des déséquilibres Nord-Sud, les catastrophes écologiques, le surarmement, la montée des fanatismes ? L'ampleur et la vitesse des bouleversements engagés incitent à la prudence. Une seule chose est certaine : l'Histoire n'est pas écrite d'avance, elle dépend de notre volonté collective d'agir sur le monde.

Chaque pays est représenté par un article qui en donne les caractéristiques historiques, géographiques, économiques et politiques. Cet article signale aussi les grandes questions auxquelles le pays est confronté. Pour les pays indépendants, un encadré donne les informations suivantes :

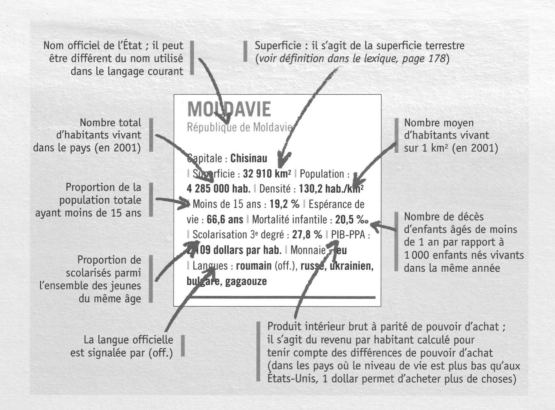

Nom officiel de l'État ; il peut être différent du nom utilisé dans le langage courant

Superficie : il s'agit de la superficie terrestre (*voir définition dans le lexique, page 178*)

Nombre total d'habitants vivant dans le pays (en 2001)

Nombre moyen d'habitants vivant sur 1 km² (en 2001)

Proportion de la population totale ayant moins de 15 ans

Proportion de scolarisés parmi l'ensemble des jeunes du même âge

Nombre de décès d'enfants âgés de moins de 1 an par rapport à 1 000 enfants nés vivants dans la même année

La langue officielle est signalée par (off.)

Produit intérieur brut à parité de pouvoir d'achat ; il s'agit du revenu par habitant calculé pour tenir compte des différences de pouvoir d'achat (dans les pays où le niveau de vie est plus bas qu'aux États-Unis, 1 dollar permet d'acheter plus de choses)

MOLDAVIE
République de Moldavie

Capitale : **Chisinau**
Superficie : **32 910 km²** I Population : **4 285 000 hab.** I Densité : **130,2 hab./km²**
Moins de 15 ans : **19,2 %** I Espérance de vie : **66,6 ans** I Mortalité infantile : **20,5 ‰**
Scolarisation 3e degré : **27,8 %** I PIB-PPA : **2 109 dollars par hab.** I Monnaie : leu
Langues : **roumain** (off.), **russe, ukrainien, bulgare, gagaouze**

TOUS LES PAYS DU MONDE

Les États et pays du monde sont classés en huit grandes régions, et par ordre alphabétique à l'intérieur de chacune d'elles.

- Afrique
- Proche et Moyen-Orient
- Asie
- Pacifique sud
- Amérique du Nord
- Amérique du Sud
- Europe
- Ex-Empire soviétique

La liste alphabétique de tous les pays se trouve en page 191.

L'AFRIQUE

Le Maghreb, au nord de l'Afrique, est constitué de populations berbères arabisées tardivement, à partir du milieu du VIIe siècle, en même temps qu'elles étaient converties à l'islam.

L'Afrique noire est séparée du Maghreb par le désert du Sahara. Pour cette raison, on l'appelle aussi « Afrique sub-saharienne ». On peut distinguer les États du Sahel, qui forment une ceinture au sud du désert : Mali, Niger, Burkina Faso, Tchad. Plus au sud encore se trouvent les États de l'Afrique tropicale. À l'extrême sud, l'Afrique australe comprend notamment l'Afrique du Sud et la Namibie. Enfin, au nord-est, les pays de la Corne de l'Afrique (Éthiopie, Érythrée, Somalie, Djibouti), ainsi que le Soudan forment une transition avec les pays arabes du Proche-Orient. L'Érythrée est le dernier État à être devenu indépendant, en 1993.

Au temps de la colonisation, l'Afrique avait été partagée entre les puissances européennes, surtout la France et l'Angleterre, mais aussi la Belgique, le Portugal et l'Espagne. Seule l'Éthiopie n'a jamais été colonisée, mais elle a été occupée par l'Italie de Mussolini. Un grand nombre d'États sont devenus indépendants vers 1960.

On dit souvent que l'Afrique est sinistrée. Certes, de nombreux motifs justifient ce diagnostic. Tout d'abord, le continent a été déchiré par de multiples guerres. Ensuite, la gravité des difficultés économiques et sociales est très réelle dans de nombreux pays et le continent noir est le plus gravement atteint par les ravages du sida. Enfin, sur le plan politique, si de nombreux régimes autoritaires ont été contestés à partir de 1989, la démocratisation est restée limitée. Il ne faut cependant pas sous-estimer les évolutions engagées.

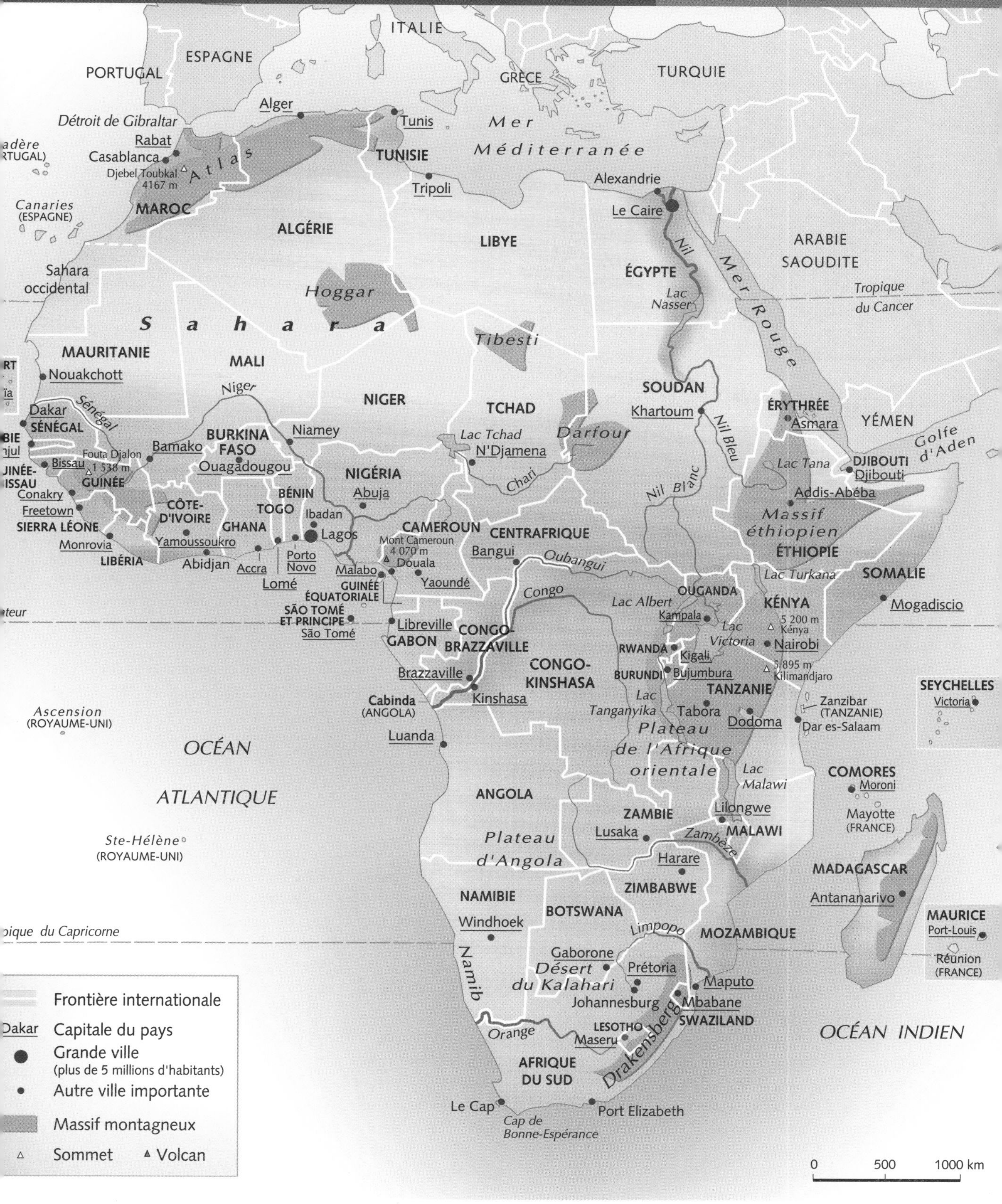

ITALIE

PORTUGAL   ESPAGNE

GRÈCE   TURQUIE

Alger
Détroit de Gibraltar   Tunis   Mer
adère   Rabat   TUNISIE   Méditerranée
(RTUGAL)   Casablanca   Tripoli   Alexandrie
Djebel Toubkal △   Atlas   Le Caire
4167 m
Canaries
(ESPAGNE)   MAROC   ALGÉRIE   LIBYE   ÉGYPTE   ARABIE
SAOUDITE
Nil
Sahara   Lac   Mer   Tropique
occidental   Hoggar   Nasser   Rouge   du Cancer

S a h a r a   Tibesti   SOUDAN   ÉRYTHRÉE   YÉMEN
RT   MAURITANIE   MALI   Khartoum   Asmara   Golfe
Ta   Nouakchott   Niger   NIGER   TCHAD   d'Aden
0   Niger   Lac Tchad   Darfour   Lac Tana   DJIBOUTI
Dakar   Sénégal   BURKINA   Niamey   N'Djamena   Djibouti
BIE   SÉNÉGAL   FASO   Nil Bleu
njul   Bamako   Chari   Addis-Abéba
Fouta Djalon   Ouagadougou   NIGÉRIA   Nil Blanc   Massif
Bissau   △ 1 538 m   Abuja   CAMEROUN   éthiopien
JINÉE-   GUINÉE   BÉNIN   Ibadan   Mont Cameroun   Lac Turkana   ÉTHIOPIE   SOMALIE
ISSAU   Conakry   CÔTE-   TOGO   4 070 m   CENTRAFRIQUE   SOMALIE
Freetown   D'IVOIRE   GHANA   Lagos   Douala   Bangui   Oubangui   Lac Albert   OUGANDA   Mogadiscio
SIERRA LÉONE   Yamoussoukro   Porto   Malabo   Yaoundé   Congo   Kampala   KÉNYA   5 200 m
Monrovia   Abidjan   Accra   Novo   GUINÉE   Lac   Kénya   Nairobi
LIBÉRIA   Lomé   ÉQUATORIALE   Congo   RWANDA   Victoria   5 895 m
teur   SÃO TOMÉ   Libreville   BRAZZAVILLE   Kigali   Kilimandjaro   SEYCHELLES
ET PRINCIPE   GABON   BURUNDI   Bujumbura   TANZANIE   Victoria
São Tomé   Brazzaville   CONGO-   Dodoma   Zanzibar
Ascension   KINSHASA   Lac   Tabora   (TANZANIE)
(ROYAUME-UNI)   Cabinda   Kinshasa   Tanganyika   Dar es-Salaam
(ANGOLA)   Plateau
OCÉAN   Luanda   de l'Afrique   COMORES
orientale   Lac   Moroni
ATLANTIQUE   ANGOLA   Malawi   Mayotte
(FRANCE)
Ste-Hélène   ZAMBIE   Lilongwe   MADAGASCAR
(ROYAUME-UNI)   Plateau   Lusaka   MALAWI
d'Angola   Zambèze   Antananarivo
Harare
NAMIBIE   ZIMBABWE   MOZAMBIQUE   MAURICE
BOTSWANA   Port-Louis
ique du Capricorne   Windhoek   Limpopo   Réunion
(FRANCE)
Gaborone   Maputo
Désert   Prétoria   OCÉAN INDIEN
du Kalahari   Johannesburg   Mbabane
Orange   LESOTHO   SWAZILAND
Maseru
AFRIQUE
DU SUD
Le Cap   Port Elizabeth
Cap de
Bonne-Espérance

0   500   1000 km

Légende

Frontière internationale

Dakar   Capitale du pays

● Grande ville
(plus de 5 millions d'habitants)

• Autre ville importante

Massif montagneux

△ Sommet   ▲ Volcan

AFRIQUE DU SUD
République d'Afrique du Sud

Capitale : **Prétoria**
ǀ Superficie : **1 221 040 km²** ǀ Population :
43 792 000 hab. ǀ Densité : **35,9 hab./km²**
ǀ Moins de 15 ans : **32,9 %** ǀ Espérance de
vie : **47,4 ans** ǀ Mortalité infantile : **59,2 ‰**
ǀ Scolarisation 3ᵉ degré : **17,2 %** ǀ PIB-PPA :
9 401 dollars par hab. ǀ Monnaie : **rand**
ǀ Langues : **zoulou, xhosa, afrikaans, sotho
du Nord, anglais, tswana, sotho du Sud,
tsonga, venda, swazi, ndebele**

Une sombre page de l'histoire de
l'Afrique du Sud a été tournée en
1990-1991. Le 2 février 1990, le chef de
l'État, Frederik De Klerk, annonça la
libération prochaine du leader noir
Nelson Mandela, emprisonné depuis
vingt-sept ans. L'interdiction qui pesait
sur son organisation, l'ANC (Congrès
national africain, créé en 1912) et sur
d'autres mouvements anti-apartheid, fut
levée. Un peu plus tard, en 1991, les
principales lois sur lesquelles reposait
l'apartheid étaient abolies [*voir page 43*].
Ce système, instauré en 1948, avait pour
but de réserver l'exclusivité du pouvoir
politique aux Blancs (18 % de la population totale), sur une base raciste. Les
partisans de l'apartheid prônaient le
« développement séparé » et la ségrégation des différentes catégories de population. Les Noirs (68 %), les métis
(11 %) et les Indiens (3 %) avaient ainsi

été en quelque sorte « dénationalisés »
dans leur propre pays. L'apartheid s'était
également traduit, à partir de 1959, par
la délimitation de territoires séparés à
peuplement noir, les bantoustans.
En mai 1994, N. Mandela devenait président du pays, au terme d'élections
démocratiques. L'ère de la « nouvelle
Afrique du Sud », multiraciale, com-
mençait. Le système raciste de l'apartheid, qui privait la majorité de la
population de ses droits élémentaires, ne
pouvait se maintenir que par la force la
plus brutale et un quadrillage policier
généralisé. Les opposants étaient pour-
chassés, emprisonnés, certains assassinés. à la résistance des mouvements
anti-apartheid et notamment celle de
l'ANC – qui eut recours aux armes – et
aux voix courageuses de certains Blancs
sud-africains qui dénoncèrent la ségrégation, s'ajouta la réprobation internationale. Le régime eut à subir un
boycottage économique et diplomatique. Les dernières décennies de l'apartheid furent marquées par des révoltes
et soulèvements, notamment en 1960
(à Sharpeville), 1976 (à Soweto, 700
morts), 1984-1985 (révolte des ghettos
noirs). La rupture avec l'apartheid n'a
pas résolu tous les problèmes. La violence n'a pas disparu : certaines villes,
comme Johannesburg, sont extrêmement dangereuses.
L'abandon de l'apartheid a permis à
l'Afrique du Sud de rétablir des relations
diplomatiques et commerciales avec les
autres pays. Cela lui permet de jouer un
plus grand rôle économique. Ses ressources et potentialités sont considérables : son sous-sol regorge de richesses
(or, diamants, chrome, nickel, uranium,
titane, cobalt, etc.). Son agriculture est
performante et ses capacités industrielles
et de recherche sont sans équivalent sur
le continent. Cependant, la population
est très gravement touchée par le sida. En
1999, Thabo Mbeki, président de l'ANC
et dauphin de N. Mandela, a été élu pour
lui succéder.

ALGÉRIE
République algérienne
démocratique et populaire

Capitale : **Alger**
ǀ Superficie : **2 381 740 km²** ǀ Population :
30 841 000 hab. ǀ Densité : **12,9 hab./km²**
ǀ Moins de 15 ans : **31,8 %** ǀ Espérance de
vie : **68,9 ans** ǀ Mortalité infantile : **50 ‰**
ǀ Scolarisation 12-17 ans : **59,3 %**
ǀ PIB-PPA : **5 308 dollars par hab.**
ǀ Monnaie : **dinar** ǀ Langues : **arabe** (off.),
tamazight (nat.), **français**

L'Algérie, par sa taille, est le deuxième
pays d'Afrique après le Soudan, mais
la plus grande partie de son territoire se
compose de vastes étendues désertiques.
Elle appartient au Maghreb. La majorité
de sa population se définit comme arabe,
mais une forte minorité est berbère,
notamment en Kabylie, dans les Aurès,
le M'zab et dans le Sud [*voir carte*]. Par
ailleurs, des centaines de milliers de travailleurs algériens ont émigré, principalement en France.
Le pays a été profondément marqué par
sa difficile décolonisation : il a fallu une
âpre guerre de plus de sept ans contre
l'armée française pour obtenir l'indépendance en 1962. Jusqu'en 1989, le Front
de libération nationale (FLN) est resté
l'unique parti autorisé, le vrai pouvoir
étant détenu par l'armée. Pendant toute
cette période, le régime s'était réclamé à
la fois du nationalisme et du socialisme.
Profitant de ses importantes ressources
en pétrole et en hydrocarbures (nationa-
lisées en 1971), le pays, sous Houari
Boumediene (1965-1978), s'était lancé
dans un ambitieux programme de
développement. De très grands investissements ont été consacrés à l'industrialisation et à l'équipement du pays. Mais
ces projets, enlisés dans la bureaucratie,
n'ont pas réussi à faire « décoller » le
pays. En 1988, des émeutes de jeunes
ont été réprimées dans le sang par
l'armée. Une période de forte instabilité
politique s'est alors ouverte. Le mouve-

ment islamiste s'est très rapidement développé, notamment à travers le Front islamique du salut (FIS). Des réformes politiques et économiques ont été engagées (nouvelle Constitution, autorisation des partis politiques, privatisation de l'agriculture, réduction des monopoles de l'État). L'agitation islamiste s'est poursuivie. L'armée est intervenue à nouveau en 1991 (état de siège) et en janvier 1992, pour interrompre le processus électoral (le FIS avait remporté le premier tour des législatives). Les chefs militaires ont demandé à Mohamed Boudiaf, l'un des chefs de la lutte pour l'indépendance, de prendre la tête de l'État. Il a bientôt été assassiné.

Les affrontements se sont multipliés, évoluant bientôt vers une forme de guerre civile. Les militaires ont conduit une répression aveugle, refusant toute recherche de solution politique. En 2002, on évoquait le chiffre de 200 000 victimes, dont de nombreux « disparus ». Par ailleurs, une région entière, la Kabylie, a connu, à partir de 2001, des émeutes prolongées contre le pouvoir.

ANGOLA
République d'Angola

Capitale : **Luanda**
❘ Superficie : **1 246 700 km²** ❘ Population : **13 527 000 hab.** ❘ Densité : **10,9 hab./km²** ❘ Moins de 15 ans : **48,5 %** ❘ Espérance de vie : **44,6 ans** ❘ Mortalité infantile : **126,2 ‰** ❘ Scolarisation 12-17 ans : **38,6 %** ❘ PIB-PPA : **2 187 dollars par hab.** ❘ Monnaie : **kwanza** ❘ Langues : **portugais** (off.), langues (nat.) du groupe bantou : **umbundu, kimbundu, kikongo, quioco, ganguela**

Ce pays situé au sud-ouest de l'Afrique a obtenu son indépendance en 1975, après une longue guerre de décolonisation menée contre l'armée portugaise. Il a ensuite été dirigé par le Mouvement populaire de libération de l'Angola (MPLA, parti unique, marxiste-léniniste), qui a écarté du pou-

voir les autres mouvements de guérilla. Une guerre civile de plus de vingt ans a opposé l'armée gouvernementale aux rebelles de l'UNITA (Union pour la libération totale de l'Angola), dirigée par Jonas Savimbi. Longtemps, cette guérilla a été soutenue par l'Afrique du Sud et les États-Unis. Les troupes gouvernementales avaient pour leur part reçu le renfort de soldats cubains venus « défendre la révolution ». Un accord de cessez-le-feu avait été signé en 1991, puis des élections organisées en 1992. L'UNITA ayant refusé de reconnaître la victoire du MPLA, le conflit a repris. Il n'a pris fin qu'après la mort de J. Savimbi (en 2002). Sans la guerre, ce pays dévasté aurait pu être l'un des plus riches d'Afrique.

BÉNIN
République du Bénin

Capitale : **Porto Novo**
❘ Superficie : **110 620 km²** ❘ Population : **6 446 000 hab.** ❘ Densité : **58,3 hab./km²** ❘ Moins de 15 ans : **44,8 %** ❘ Espérance de vie : **53,5 ans** ❘ Mortalité infantile : **87,7 ‰**

❘ Scolarisation 12-17 ans : **21,9 %** ❘ PIB-PPA : **990 dollars par hab.** ❘ Monnaie : **franc CFA** ❘ Langues : **français** (off.), **adja-fon, yorouba, pila-pila, goun, dendi, sonika**

En 1972, le colonel Mathieu Kérékou a pris le pouvoir par un coup d'État dans cette ancienne colonie française d'abord appelée Dahomey. Il a ensuite mis en place un régime marxiste-léniniste. Mais la faillite économique, le mécontentement populaire, la pression de l'opposition et celle de la France l'ont fait renoncer au parti unique en 1990 et organiser des élections libres en 1991.

LES LANGUES PARLÉES AU MAGHREB

Berbère
Langues africaines

Alger · Constantine
Oran · Fès · Kabylie · Tunis
Rabat · Rif · Aurès · Sfax
Casablanca · Atlas · Touggourt · TUNISIE
Marrakech · Ghardaïa · Tripoli
Mzab
MAROC · Ouargla · Djebel Nefousa
Béni-Abbès · ALGÉRIE · Ghadamès · Benghazi
El Aïoun
Gourara · In Salah · Ghât · LIBYE
Hoggar
Tamanrasset · Tibesti

Océan Atlantique
Mer Méditerranée

MAURITANIE
Nouakchott
Fl. Sénégal

0   500 km

L'arabe est la langue officielle dans les cinq pays du Maghreb. Le berbère est également parlé dans certaines régions, de même que des langues africaines plus au sud.

Son adversaire Nicéphore Soglo est sorti vainqueur du scrutin présidentiel. Sur le plan économique, le système bancaire était alors en totale faillite. M. Kérékou est redevenu président en 1996 et a été « réélu » en 2001 lors d'élections dont la régularité a été contestée.

BOTSWANA
République du Botswana

Capitale : **Gaborone**
| Superficie : **566 730 km²** | Population : **1 554 000 hab.** | Densité : **2,7 hab./km²** | Moins de 15 ans : **40,7 %** | Espérance de vie : **44,4 ans** | Mortalité infantile : **73,9 ‰** | Scolarisation 12-17 ans : **89,8 %** | PIB-PPA : **7 184 dollars par hab.** | Monnaie : **pula** | Langues : **setswana, anglais**

La majeure partie de ce pays sans accès à la mer est constituée par le désert du Kalahari. Anciennement britannique, il a accédé à l'indépendance en 1966. Il était alors très pauvre et très dépendant de l'Afrique du Sud, mais ses importantes exportations de diamants et de minerais, ainsi que l'élevage bovin lui ont apporté un mieux-être. La vie politique est stable, le même parti ayant dirigé le pays depuis l'indépendance (les autres partis sont autorisés). Le pays est gravement touché par le sida.

BURKINA FASO
République du Burkina Faso

Capitale : **Ouagadougou**
| Superficie : **273 600 km²** | Population : **11 856 000 hab.** | Densité : **43,3 hab./km²** | Moins de 15 ans : **48,3 %** | Espérance de vie : **45,3 ans** | Mortalité infantile : **99,1 ‰** | Scolarisation 12-17 ans : **12,7 %** | PIB-PPA : **976 dollars par hab.** | Monnaie : **franc CFA** | Langues : **français** (off.), **moré, dioula, gourmantché, foulfouldé**

Pays très pauvre du Sahel, enclavé de surcroît, le Burkina Faso (anciennement nommé Haute-Volta), bien que

longtemps dirigé par des militaires, a connu depuis l'indépendance (1960) une intense vie syndicale et politique, ponctuée de quatre coups d'État entre 1980 et 1983. Cette année-là, le capitaine Thomas Sankara a pris le pouvoir et engagé le pays dans une voie révolutionnaire, s'attaquant aux privilèges et à la corruption et portant son effort en direction de la population rurale, très majoritaire (82 %). T. Sankara, dont le régime avait progressivement été personnalisé et militarisé, fut renversé et assassiné en 1987 lors d'un putsch organisé par Blaise Compaoré, l'ancien « numéro deux » de la révolution. Ce dernier allait rechercher l'appui des institutions financières internationales et réorienter de nombreux choix politiques antérieurs, sans pour autant abandonner les méthodes de force. En 1998, un journaliste qui enquêtait sur une affaire impliquant le frère du chef de l'État a été assassiné.

BURUNDI
République du Burundi

Capitale : **Bujumbura**
| Superficie : **25 680 km²** | Population : **6 502 000 hab.** | Densité : **253,2 hab./km²** | Moins de 15 ans : **44,6 %** | Espérance de vie : **40,6 ans** | Mortalité infantile : **120,0 ‰** | Scolarisation 12-17 ans : **29,1 %** | PIB-PPA : **591 dollars par hab.** | Monnaie : **franc burundais** | Langues : **kirundi, français, swahili**

Comme son voisin le Rwanda, le Burundi est un petit pays enclavé, issu d'un ancien protectorat belge. Sa population est majoritairement composée de Hutus. Mais ce sont essentiellement les membres d'une autre ethnie, les Tutsis, qui dirigent l'économie et la politique du pays. À plusieurs reprises, des affrontements violents ont opposé les deux communautés. Après ceux de 1965, les massacres de 1972 ont sans doute fait 100 000 victimes. En 1988,

10 000 personnes ont encore été tuées. Le pouvoir s'est ensuite efforcé de favoriser une meilleure entente nationale. Cependant, en 1993, le Hutu Melchior Ndadaye, premier président à avoir été démocratiquement élu, a bientôt été assassiné, ainsi que les principaux responsables du pays. La guerre civile a repris. Un accord de paix a été laborieusement signé en 2000, sans mettre fin aux violences. Le pays est très pauvre.

CAMEROUN
République du Cameroun

Capitale : **Yaoundé**
| Superficie : **465 440 km²** | Population : **15 203 000 hab.** | Densité : **32,7 hab./km²** | Moins de 15 ans : **41,7 %** | Espérance de vie : **50,0 ans** | Mortalité infantile : **87,3 ‰** | Scolarisation 12-17 ans : **53,0 %** | PIB-PPA : **1 703 dollars par hab.** | Monnaie : **franc CFA** | Langues : **français et anglais** (off.), **bassa, douala, ewondo et boulou, feefée, medumba et ghomalu, mungaka, foulbé et arabe** (langues régionales et nationales)

Colonie allemande jusqu'à la Première Guerre mondiale, placé ensuite sous mandat français et britannique, le Cameroun est devenu en janvier 1961 une fédération bilingue. La République unie du Cameroun a été proclamée en juin 1972, sous la présidence d'Ahmadou Ahidjo qui s'est retiré en

1982, après plus de vingt ans d'un pouvoir sans partage et très répressif. Le successeur qu'il avait désigné, Paul Biya, le fit condamner à mort par contumace en février 1984, pour complot. Le multipartisme ne fut reconnu qu'en décembre 1990, sous la pression des manifestations et au prix de 300 morts, mais les élections présidentielles, en 1992, ont été truquées et l'opposition réprimée. En 1997, P. Biya a été « réélu », mais l'essentiel de l'opposition a boycotté le scrutin.

Cacao, café, banane, bois et pétrole sont les éléments moteurs d'une des plus dynamiques économies du continent. Mais celle-ci a connu à partir de 1988 une crise profonde, provoquée par la chute des cours des matières premières, mais aussi par les détournements dont se sont rendus coupables de nombreux responsables du pays.

CAP-VERT
République du Cap-Vert

Capitale : **Praïa**
❘ Superficie : **4 030 km²** ❘ Population :
436 000 hab. ❘ Densité : **108,3 hab./km²**
❘ Moins de 15 ans : **37,3 %** ❘ Espérance de
vie : **68,9 ans** ❘ Mortalité infantile : **55,6 ‰**
❘ Scolarisation 12-17 ans : **45,4 %** ❘ PIB-
PPA : **4 863 dollars par hab.** ❘ Monnaie :
escudo capverdien ❘ Langues : **portugais**
(off.), **créole**

Ancienne colonie portugaise, cet archipel est situé dans l'océan Atlantique à 500 kilomètres des côtes sénégalaises. Il a connu, à partir de son indépendance, en 1975, un régime socialiste de parti unique pendant quinze ans. La démocratisation, engagée dans le calme à la fin des années 1980, a abouti à la victoire présidentielle du candidat de l'opposition libérale aux élections de 1991. La densité de population est forte et deux tiers des Capverdiens vivent à l'étranger, contribuant à la survie économique de ce pays déshérité, très dépendant des

bailleurs de fonds. L'archipel est lié au trafic de cocaïne.

CENTRAFRIQUE
République centrafricaine

Capitale : **Bangui**
❘ Superficie : **622 980 km²** ❘ Population :
3 782 000 hab. ❘ Densité : **6,1 hab./km²**
❘ Moins de 15 ans : **42,8 %** ❘ Espérance de
vie : **44,3 ans** ❘ Mortalité infantile : **101,2 ‰**
❘ Scolarisation 12-17 ans : **25,0 %**
❘ PIB-PPA : **1 172 dollars par hab.**
❘ Monnaie : **franc CFA** ❘ Langues : **français,
sango**

L'image de ce pays avait été gravement ternie par la dictature sanguinaire de Jean Bédel Bokassa, qui s'était fait nommer président à vie et sacrer empereur en 1976 avec la caution de la France, avant d'être trahi et renversé en 1979. Des mutineries militaires ont eu lieu en 1996 et 1997 et une sanglante tentative de coup d'État, en 2001, a été fomentée par l'ancien chef de l'État (1981-1993) André Kolingba.

Bois, café, coton et surtout diamants sont les principales ressources de la République centrafricaine où la France a fermé ses deux bases militaires de Bangui et de Bouar en 1998.

COMORES
Union des Comores

Capitale : **Moroni**
❘ Superficie : **2 230 km²** ❘ Population :
727 000 hab. ❘ Densité : **326,0 hab./km²**
❘ Espérance de vie : **58,8 ans** ❘ Mortalité
infantile : **76,3 ‰** ❘ Scolarisation 12-
17 ans : **41,3 %** ❘ PIB-PPA : **1 588 dollars
par hab.** ❘ Monnaie : **franc comorien**
❘ Langues : **comorien** (voisin du swahili),
français

Cet archipel volcanique situé dans l'océan Indien, entre l'Afrique et Madagascar, est peuplé de musulmans. Il est devenu indépendant en 1975, à

l'exception de l'une de ses quatre îles, Mayotte, qui, artificiellement séparée de l'archipel comorien, a choisi par référendum de rester française. À partir de 1978, le pays a été dirigé par Ahmed Abdallah, soutenu par l'Afrique du Sud et une poignée de mercenaires européens. Ceux-ci l'ont cependant assassiné en 1989. Les pays finançant les Comores – dont la France – ont obtenu leur départ. Le nouveau pouvoir s'est montré très instable. L'île d'Anjouan a réclamé son indépendance en 1997, mais une nouvelle Constitution a été adoptée en 2001, qui a instauré un système fédéral.

CONGO-BRAZZAVILLE
République du Congo

Capitale : **Brazzaville**
❘ Superficie : **341 500 km²** ❘ Population :
3 110 000 hab. ❘ Densité : **9,1 hab./km²**
❘ Moins de 15 ans : **46,8 %** ❘ Espérance de
vie : **50,9 ans** ❘ Mortalité infantile : **72,1 ‰**
❘ PIB-PPA : **825 dollars par hab.** ❘ Monnaie :
franc CFA ❘ Langues : **français** (off.), **lingala
et kikongo** (nat.), **autres langues du groupe
bantou**

Le puissant fleuve Congo a donné son nom à ce pays équatorial bénéficiant de ressources pétrolières. La vie politique, traditionnellement très active, avait vu l'instauration en 1968 d'un régime militaire se réclamant du marxisme-léninisme. Le général Denis Sassou Nguesso, à la tête d'un État en faillite, a dû accepter, sous la pression de manifestations populaires, que soient organisées des élections libres, en août 1992. L'opposant Pascal Lissouba a été élu président, dans un climat politique instable. Des combats de rue se transforment en guerre civile. D. Sassou Nguesso, soutenu par des soldats angolais, l'emporte militairement en 1997 et redevient chef de l'État.

CONGO-KINSHASA
République démocratique du Congo

Capitale : **Kinshasa**
❘ Superficie : **2 267 050 km²** ❘ Population : **52 522 000 hab.** ❘ Densité : **23,2 hab./km²** ❘ Moins de 15 ans : **49,0 %** ❘ Espérance de vie : **50,5 ans** ❘ Mortalité infantile : **90,6 ‰** ❘ Scolarisation 12-17 ans : **37,9 %** ❘ PIB-PPA : **765 dollars par hab.** ❘ Monnaie : **franc congolais** ❘ Langues : **français** (off.), **lingala, swahili** (véhiculaires), **diverses langues locales**

Autrefois « Congo belge », ce pays d'Afrique équatoriale est immense, mais son débouché sur l'océan Atlantique est étroit. Son territoire est sillonné par les affluents du grand fleuve Congo. Une grande partie du Congo-Kinshasa est occupée par la forêt équatoriale. Son sous-sol est d'une exceptionnelle richesse : diamants (deuxième producteur mondial), cobalt, cuivre... Cependant, les filons les plus faciles à exploiter sont souvent épuisés.

L'indépendance a été acquise en 1960, mais le pays a bientôt sombré dans la guerre civile, notamment avec la tentative de sécession du Katanga. La « crise du Congo » s'est étendue à tout le pays. Des forces belges et des « casques bleus » de l'ONU sont intervenus. Le grand leader anticolonialiste Patrice Lumumba, qui prônait l'unité nationale, a été assassiné. Le général Mobutu s'est emparé du pouvoir en 1965. Son régime despotique a bénéficié durablement de l'appui de la Belgique, des États-Unis et surtout de la France. Cette collaboration était très intéressée : les matières premières congolaises sont d'un intérêt capital. En 1971, le Congo-Kinshasa a été rebaptisé « Zaïre ». L'impunité dont a longtemps bénéficié Mobutu Sese Seko lui a permis d'accumuler une immense fortune personnelle, détournée des fonds publics. En 1977 et 1978, puis en 1984 et 1985, le Katanga (alors rebaptisé « Shaba ») a encore été un théâtre de guerre.

Bien qu'ayant fini par autoriser le multipartisme en 1990, Mobutu s'est efforcé de préserver son pouvoir. En 1997, une rébellion menée par Laurent-Désiré Kabila a installé ce dernier au pouvoir, avec l'appui des armées du Rwanda et de l'Ouganda. Mobutu s'est enfui. Le pays a repris son nom d'origine. En 1998, une nouvelle rébellion s'est manifestée, soutenue par le Rwanda et l'Ouganda qui ont abandonné L.-D. Kabila. Ce dernier reçoit l'aide des armées de l'Angola, du Zimbabwé et de la Namibie. Il est assassiné en janvier 2001 et remplacé par son fils Joseph. Le conflit du Congo-Kinshasa a pu être comparé à une « guerre d'Afrique », tant il impliquait de pays.

CÔTE-D'IVOIRE
République de Côte-d'Ivoire

Capitale : **Yamoussoukro**
❘ Superficie : **318 000 km²** ❘ Population : **16 349 000 hab.** ❘ Densité : **51,4 hab./km²** Moins de 15 ans : **40,0 %** ❘ Espérance de vie : **47,7 ans** ❘ Mortalité infantile : **89,0 ‰** ❘ Scolarisation 12-17 ans : **45,7 %** ❘ PIB-PPA : **1 630 dollars par hab.** ❘ Monnaie : **franc CFA** ❘ Langues : **français** (off.), **baoulé, dioula, bété, sénoufo**

Longtemps présenté comme un « sage de l'Afrique », Félix Houphouët-Boigny, président du pays dès l'indépendance (1960) et mort en 1993, avait abordé la décennie 1990 comme un autocrate vieillissant soutenu par la France. Après avoir établi son pouvoir sans partage en déjouant des complots imaginaires, il a dû accepter le multipartisme en 1990 sous la pression populaire. La Côte-d'Ivoire, qui dispose d'infrastructures favorables, a vu son économie se dégrader. Celle-ci est fondée sur le cacao (premier producteur mondial), le café et le bois (80 % de la forêt tropicale détruits en trente ans). L'effondrement du marché du cacao et la gabegie ont eu raison des richesses du pays. À la mort d'Houphouët-Boigny, son « dauphin » Henri Konan Bedié, soutenu par la France, se proclame président. Le Premier ministre Alassane Ouattara, bien que né en Côte-d'Ivoire, est écarté sous prétexte qu'il ne serait pas ivoirien. Un coup d'État militaire, en 1999, confie le pouvoir au général Robert Gueï. Les élections présidentielles de 2000 sont remportées par le socialiste Laurent Gbagbo dans un contexte de violences ethniques. A. Ouattara est une fois encore écarté du scrutin. La situation est restée instable, favorisant les risques de mutineries militaires et de coups d'État.

DJIBOUTI
République de Djibouti

Capitale : **Djibouti**
❘ Superficie : **23 180 km²** ❘ Population : **644 000 hab.** ❘ Densité : **27,8 hab./km²** ❘ Espérance de vie : **45,5 ans** ❘ Mortalité infantile : **116,6 ‰** ❘ Scolarisation 12-17 ans : **23,2 %** ❘ PIB-PPA : **2 377 dollars par hab.** ❘ Monnaie : **franc Djibouti** ❘ Langues : **arabe, français, afar, issa**

Ancienne colonie française (Territoire des Afars et des Issas), ce petit pays aride occupe une position jugée stratégique. Il est situé à proximité des grands gisements pétroliers du Golfe et permet d'observer la circulation sur la mer Rouge, à travers le détroit de Bab el-Mandeb. La France, qui y a conservé

une base militaire, y est restée très influente. Le régime a marginalisé une part de la population, les Afars, qui a pris les armes contre lui entre 1991 et 1994.

ÉRYTHRÉE
État d'Érythrée

Capitale : **Asmara**
‖ Superficie : **101 000 km²** ‖ Population : **3 816 000 hab.** ‖ Densité : **37,8 hab./km²** ‖ Espérance de vie : **51,5 ans** ‖ Mortalité infantile : **89,3 ‰** ‖ PIB-PPA : **837 dollars par hab.** ‖ Monnaie : **nakfa** ‖ Langues : **tigrinya** (off.), **arabe** (off.), **tigré, afar, bilein, etc.**

Colonie italienne de 1890 à 1941, l'Érythrée fut placée sous mandat britannique de 1942 à 1952. Par une décision des Nations unies de 1952, elle aurait dû conserver son autonomie au sein d'une fédération avec l'Éthiopie. Mais celle-ci n'a pas respecté l'accord. La lutte armée contre le régime éthiopien a débuté en 1961 et a duré trente ans. Lorsque celui-ci s'est effondré en mai 1991, le Front populaire de libération de l'Érythrée (FPLE) a mis en place une administration indépendante en accord avec le nouveau pouvoir à Addis-Abéba. L'indépendance a été approuvée quasi unanimement par la population lors d'un référendum, en avril 1993. Une guerre avec l'Éthiopie, en 1998-2000, a affaibli ce pays pauvre.

ÉTHIOPIE
République démocratique fédérale d'Éthiopie

Capitale : **Addis-Abéba**
‖ Superficie : **1 000 000 km²** ‖ Population : **64 459 000 hab.** ‖ Densité : **64,5 hab./km²** ‖ Moins de 15 ans : **45,2 %** ‖ Espérance de vie : **44,5 ans** ‖ Mortalité infantile : **114,8 ‰** ‖ Scolarisation 12-17 ans : **21,1 %** ‖ PIB-PPA : **668 dollars par hab.** ‖ Monnaie : **berr** ‖ Langues : **amharique, oromo, tigrinya, guragé, afar, somali, wälayta, etc.**

Formée principalement de hauts plateaux, l'Éthiopie constitue avec l'Érythrée, le Soudan et la Somalie la « Corne de l'Afrique ». L'Éthiopie moderne est née à la fin du XIXᵉ siècle de la conquête par les Abyssins (Amharas et Tigréens) des territoires des Oromos (plus d'un tiers du pays), des Somalis, etc. Si les Abyssins sont chrétiens orthodoxes, les musulmans représentent plus de 40 % de la population ; la minorité juive (les Falashas) a émigré en Israël, principalement en 1984-1985. La culture amhara est politiquement dominante, les Amharas se voyant comme les héritiers directs d'un empire datant de l'Antiquité.
En 1974, une révolution a renversé l'empereur Hailé Sélassié (le négus) et son pouvoir sclérosé. En 1977, Mengistu Hailé Mariam s'est imposé à la tête du régime. Il a dû faire face à de multiples revendications sécessionnistes : au nord, à celles du Front populaire de libération de l'Érythrée (FPLE) ; à l'est, dans la région de l'Ogaden, à celles du Front de libération de la Somalie occidentale, très appuyé par l'armée somalienne (1977-1978). C'est lors de la guerre en Ogaden que le régime éthiopien a basculé dans le camp soviétique et la Somalie dans le camp américain. D'autres groupes armés comme le Front populaire de libération du Tigré (FPLT), le Front de libération oromo poursuivaient plusieurs objectifs : indépendance et/ou changement de régime... De plus en plus isolé, le régime s'est effondré en mai 1991. Le nouveau pouvoir, soutenu par les États-Unis, a fait une large place aux dirigeants du FPLT. L'Érythrée devient indépendante. L'Éthiopie n'a plus d'accès direct à la mer Rouge. En 1998-2000, une guerre oppose les deux pays. L'Éthiopie l'emporte.

GABON
République gabonaise

Capitale : **Libreville**
‖ Superficie : **257 670 km²** ‖ Population : **1 262 000 hab.** ‖ Densité : **4,9 hab./km²** ‖ Moins de 15 ans : **41,1 %** ‖ Espérance de vie : **52,4 ans** ‖ Mortalité infantile : **87,7 ‰** ‖ PIB-PPA : **6 237 dollars par hab.** ‖ Monnaie : **franc CFA** ‖ Langues : **français** (off.), **langues du groupe bantou**

Pétrole, manganèse, uranium et forêts riches en essences recherchées assurent à ce pays équatorial très faiblement peuplé un revenu moyen par habitant parmi les plus élevés d'Afrique. Pourtant, la majorité des Gabonais vit dans la pauvreté. Devenu chef de l'État en 1967, Omar Bongo a été vivement contesté lors des émeutes populaires qui ont éclaté en 1990 et qui ont entraîné une intervention militaire de la France. Il a dû se résoudre à un simulacre d'ouverture politique en faveur de l'opposition qu'il espérait contrôler. Il a été réélu lors d'élections douteuses en 1998.

GAMBIE
République de Gambie

Capitale : **Banjul**
| Superficie : **10 000 km²** | Population :
1 337 000 hab. | Densité : **133,7 hab./km²**
| Moins de 15 ans : **39,6 %** | Espérance de
vie : **45,4 ans** | Mortalité infantile : **125,3 ‰**
| Scolarisation 12-17 ans : **40,9 %** | PIB-
PPA : **1 649 dollars par hab.** | Monnaie :
dalasi | Langues : **anglais** (off.), **ouolof,
malinké, peul, etc.**

Située en Afrique de l'Ouest, la
Gambie s'étend comme un ruban, du
cœur du Sénégal à l'océan Atlantique.
Depuis son indépendance en 1965, le
pays est doté d'un régime démocratique.
À la suite d'une tentative de coup d'État
en 1981, une Confédération sénégam-
bienne avait été formée avec le Sénégal
en 1982. Mais la Gambie a repris son
autonomie en 1989 et les militaires sénégalais sont repartis. Dénonçant la corruption des dirigeants politiques, un
jeune lieutenant, Yaya Jammeh, a pris le
pouvoir en 1994.
L'arachide et le tourisme sont les principales ressources économiques.

GHANA
République du Ghana

Capitale : **Accra**
| Superficie : **227 540 km²** | Population :
19 734 000 hab. | Densité : **86,7 hab./km²**
| Moins de 15 ans : **39,0 %** | Espérance de
vie : **56,3 ans** | Mortalité infantile : **68,6 ‰**
| Scolarisation 12-17 ans : **53,0 %** | PIB-
PPA : **1 964 dollars par hab.** | Monnaie :
cedi | Langues : **anglais** (off.), **akan, ewe,
mossi, mamprusi, dagomba, gonja**

Pays du cacao, le Ghana est l'ancienne
Gold Coast britannique (Côte de
l'Or) à laquelle fut ajoutée la partie occidentale du Togo qui était sous mandat
britannique. Il a joué à son indépendance, acquise en 1957, un rôle politique important, de par le rayonnement

de son président Kwame Nkrumah,
défenseur de l'unité africaine. Ce dernier
était cependant contesté dans son pays.
À partir du 31 décembre 1981, le capitaine Jerry Rawlings, dénonçant la corruption, a voulu promouvoir une
révolution tout en satisfaisant aux exigences des institutions financières internationales concernant la politique
économique à suivre. Le multipartisme
a été réintroduit en 1992 et l'autorité et
la crédibilité de l'État ont été restaurées.
En décembre 2000, lors des troisièmes
élections pluralistes depuis 1992, a eu
lieu une alternance politique.

GUINÉE
République de Guinée

Capitale : **Conakry**
| Superficie : **245 720 km²** | Population :
8 274 000 hab. | Densité : **33,7 hab./km²**
| Moins de 15 ans : **43,4 %** | Espérance de
vie : **46,5 ans** | Mortalité infantile : **124,2 ‰**
| Scolarisation 12-17 ans : **18,8 %** | PIB-
PPA : **1 982 dollars par hab.** | Monnaie :
franc guinéen | Langues : **français** (off.),
malinké, peul, soussou, etc.

Après avoir rompu en 1958 avec l'ancienne puissance coloniale française,
la Guinée a longtemps fait figure de
« pays révolutionnaire ». Son leader,
Sékou Touré, prétendait y réaliser le
« socialisme guinéen ». Il est mort en
1984, après vingt-six ans d'une dictature
sanguinaire qui a contraint à l'exil deux
millions de personnes. Un régime militaire dirigé par Lansana Conté lui a succédé. Les rapports avec l'opposition ont
été conflictuels et parfois sanglants. En
2000, le pays s'est trouvé entraîné dans la
« guerre des diamants » qui ensanglan-
tait déjà le Libéria et la Sierra Léone.
Maritime, montagneuse, forestière, la
Guinée, bien que dotée d'atouts naturels
considérables (un tiers des réserves mondiales de bauxite, diamants), fait toujours partie des pays économiquement
les moins avancés.

GUINÉE-BISSAU
République de Guinée-Bissau

Capitale : **Bissau**
| Superficie : **28 120 km²** | Population :
1 227 000 hab. | Densité : **43,6 hab./km²**
| Moins de 15 ans : **43,9 %** | Espérance de
vie : **44,1 ans** | Mortalité infantile : **130,8 ‰**
| Scolarisation 12-17 ans : **25,5 %** | PIB-
PPA : **755 dollars par hab.** | Monnaie : **franc
CFA** | Langues : **portugais** (off.), **créole,
mandé, etc.**

Il a fallu onze ans de lutte armée pour
que cette ancienne colonie portugaise
de l'ouest de l'Afrique obtienne son
indépendance en 1974. Le régime politique a ensuite reposé sur un parti
unique qui voulait mener une « révolution socialiste ». Progressivement, la
politique économique a cependant évolué. À partir de 1998, le pays a traversé
une grave crise politique : coup d'État,
puis rébellion militaire. Le pays est l'un
des plus pauvres du monde.

GUINÉE ÉQUATORIALE
République de Guinée équatoriale

Capitale : **Malabo**
| Superficie : **28 050 km²** | Population :
470 000 hab. | Densité : **16,7 hab./km²**
| Moins de 15 ans : **44,1 %** | Espérance de
vie : **50,0 ans** | Mortalité infantile : **107,7 ‰**
| PIB-PPA : **5 600 dollars par hab.**
| Monnaie : **franc CFA** | Langues : **espagnol,
français** (off.), **langues du groupe bantou,
créole**

Cette ancienne petite colonie espagnole comprend une province continentale (Rio Muni) couverte par la forêt
équatoriale et deux îles volcaniques
(Bioko – ancienne Fernando Poo – et
Annobon). La Guinée équatoriale exporte
cacao et bois d'okoumé. À l'indépendance, en 1968, la terrible dictature de
Macias Nguema a contraint le tiers de la
population à l'exil et coupé le pays du
reste du monde. Un de ses neveux,

Teodoro Obiang, l'a renversé en 1979. Une nouvelle dictature s'est installée. À partir de 1996, la production pétrolière a fortement dynamisé l'économie.

KÉNYA
République du Kénya

Capitale : **Nairobi**
┃ Superficie : **569 140 km²** ┃ Population : **31 293 000 hab.** ┃ Densité : **55,0 hab./km²** ┃ Moins de 15 ans : **41,1 %** ┃ Espérance de vie : **52,2 ans** ┃ Mortalité infantile : **64,7 ‰** ┃ Scolarisation 12-17 ans : **62,6 %** ┃ PIB-PPA : **1 022 dollars par hab.** ┃ Monnaie : **shilling kényan** ┃ Langues : **anglais** (off.), **swahili** (nat.), **kikuyu, luo, luhya, kamba**

Après l'insurrection nationaliste des Mau-Mau (1952-1960), violemment réprimée par les Britanniques, ce pays d'Afrique de l'Est a obtenu son indépendance en 1963, puis a été dirigé jusqu'en 1978 par Jomo Kenyatta, qui s'appuie essentiellement sur l'ethnie kikuyu. Économiquement et politiquement, le Kénya a conservé ses liens avec l'Occident. Le pays est resté relativement stable jusqu'à la fin des années 1980. Une tentative de coup d'État en 1982 a mis en évidence l'affaiblissement du régime en place, qui devenait de plus en plus répressif. À partir de 1990, la contestation a été plus visible et violente (émeutes, assassinats d'hommes politiques...). Cette détérioration du climat politique est liée à la crise d'une économie qui repose surtout sur le tourisme, le thé, le café et l'industrie agroalimentaire.

LÉSOTHO
Royaume du Lésotho

Capitale : **Maseru**
┃ Superficie : **30 350 km²** ┃ Population : **2 057 000 hab.** ┃ Densité : **67,8 hab /km²** ┃ Moins de 15 ans : **38,7 %** ┃ Espérance de vie : **51,2 ans** ┃ Mortalité infantile : **108,1‰** ┃ Scolarisation 12-17 ans : **73,8%** ┃ PIB-PPA : **2 031 dollars par hab.** ┃ Monnaie : **loti** ┃ Langues : **sesotho, anglais**

Ancien protectorat britannique, le Lésotho est formellement indépendant depuis 1966. Mais ce petit royaume très pauvre est enclavé dans l'Afrique du Sud. Son économie est très dépendante de son puissant voisin. Elle souffre, comme la société, des ravages faits par le sida. Près de la moitié des travailleurs du Lésotho sont employés dans les mines sud-africaines. En 2002, la situation alimentaire était très préoccupante.

LIBÉRIA
République du Libéria

Capitale : **Monrovia**
┃ Superficie : **96 320 km²** ┃ Population : **3 108 000 hab.** ┃ Densité : **32,3 hab./km²** ┃ Moins de 15 ans : **45,2 %** ┃ Espérance de vie : **48,1 ans** ┃ Mortalité infantile : **111,4 ‰** ┃ Scolarisation 12-17 ans : **27,6 %** ┃ PIB-PPA : **1 150 dollars par hab.** ┃ Monnaie : **dollar libérien** ┃ Langues : **anglais** (off.), **bassa, kpellé, kru, etc.**

Premier État indépendant de la côte ouest de l'Afrique, le Libéria a été fondé par des esclaves noirs américains libérés (*freemen*). Les relations avec les États-Unis ont toujours été étroites. Bien que très minoritaires dans la population, ces Afro-Américains ont conservé le pouvoir jusqu'au coup d'État de 1980, organisé par des officiers *natives* (Africains autochtones). Une dictature s'est installée, dirigée par un sergent : Samuel K. Doe. À partir de 1989, une rébellion armée, dirigée par son ancien allié Charles Taylor, a plongé le pays dans la guerre civile. Samuel K. Doe a été exécuté par un autre chef de guerre, dissident de Charles Taylor. Malgré l'intervention des troupes des pays de la Communauté économique de l'Afrique de l'Ouest (CEDEAO), le conflit a duré sept ans, faisant 200 000 morts et chassant la moitié de la population de ses foyers. En 2001, des combats ont repris au nord du pays.

LIBYE
Jamahirya arabe libyenne populaire et socialiste

Capitale : **Tripoli**
┃ Superficie : **1 759 540 km²** ┃ Population : **5 408 000 hab.** ┃ Densité : **3,1 hab./km²** ┃ Moins de 15 ans : **32,3 %** ┃ Espérance de vie : **70,0 ans** ┃ Mortalité infantile : **27,8 ‰** ┃ Scolarisation 12-17 ans : **79,1 %** ┃ PIB-PPA : **8 583 dollars par hab.** ┃ Monnaie : **dinar libyen** ┃ Langue : **arabe**

Située entre Tunisie et Égypte, la Libye est une charnière entre le monde arabe de l'Ouest (le Maghreb) et celui de l'Est (le Machrek). Ancienne colonie italienne, elle est indépendante depuis 1951. Elle se compose de la Cyrénaïque, de la Tripolitaine et du Fezzan. Elle a commencé à tirer profit

de ses très importantes ressources pétrolières en 1961. En 1969, un coup d'État militaire a renversé le roi Idriss Senoussi et porté au pouvoir Mouammar Kadhafi. Il a fondé un régime socialiste révolutionnaire qui n'a toléré aucune opposition. La Libye a soutenu diverses rébellions armées dans les pays étrangers. Elle s'est fortement impliquée dans les guerres civiles du Tchad où elle a subi une défaite militaire en 1987. Accusé d'être un pivot du terrorisme international, le pays a subi un embargo de 1990 à 1999.

Les recettes du pétrole permettent un niveau de vie supérieur à celui des pays voisins, ainsi que le financement d'immenses projets d'irrigation. Le pays emploie de très nombreux travailleurs immigrés.

MADAGASCAR
République de Madagascar

Capitale : **Antananarivo**
❘ Superficie : **581 540 km²** ❘ Population : **16 437 000 hab.** ❘ Densité : **28,3 hab./km²**
❘ Moins de 15 ans : **44,3 %** ❘ Espérance de vie : **51,6 ans** ❘ Mortalité infantile : **100,2 ‰**
❘ Scolarisation 12-17 ans : **34,4 %** ❘ PIB-PPA : **840 dollars par hab.** ❘ Monnaie : **franc malgache** ❘ Langues : **malgache, français**

Ancienne colonie française, cette très grande île est située dans l'océan Indien. La population malgache mêle plusieurs origines : indonésienne, afri-

caine et arabe. Le milieu naturel, riche en espèces animales et végétales rares, est menacé par la déforestation.
En 1975, un coup d'État a porté Didier Ratsiraka au pouvoir. Il a bientôt proclamé que le pays devait suivre une voie « révolutionnaire et socialiste ». Le régime est devenu de plus en plus impopulaire, notamment à cause des pénuries alimentaires et de l'augmentation de la pauvreté. Il a cependant réorienté sa politique économique (privatisations, investissements étrangers). En 1991, des manifestations massives ont exigé le départ de D. Ratsiraka. Celui-ci a été battu aux élections libres de février 1993 par Albert Zafy. Il a été destitué en 1996 et D. Ratsiraka a été élu en 1997. L'élection suivante, en 2001, a débouché sur une grave crise politique. Officiellement, l'homme d'affaires Marc Ravalomanara était en tête au premier tour, devant D. Ratsiraka, mais les partisans de ce dernier ont contesté les résultats. Des affrontements ont fait craindre une guerre civile. D. Ratsiraka a fini par quitter le pays. Au cours des dernières décennies, la population s'est beaucoup appauvrie.

MALAWI
République du Malawi

Capitale : **Lilongwé**
❘ Superficie : **94 080 km²** ❘ Population : **11 572 000 hab.** ❘ Densité : **123,0 hab./km²**
❘ Moins de 15 ans : **45,8 %** ❘ Espérance de vie : **40,7 ans** ❘ Mortalité infantile : **139,8 ‰**
❘ Scolarisation 12-17 ans : **51,8 %** ❘ PIB-PPA : **615 dollars par hab.** ❘ Monnaie : **kwacha** ❘ Langues : **anglais, chichewa**

Ancienne possession britannique, le Malawi est un petit pays rural enclavé de l'Afrique de l'Est. Il a été dirigé dès son indépendance en 1964 et jusqu'en 1994 par le dictateur Kamuzu Hastings Banda, qui s'était proclamé président à vie en 1971. Après des émeutes en 1992, un référendum (1993)

et des élections générales (1994) ont mis fin à son régime. De nombreux travailleurs du Malawi sont employés dans les mines. Les ravages du sida se sont beaucoup étendus dans ce pays très pauvre.

MALI
République du Mali

Capitale : **Bamako**
❘ Superficie : **1 220 190 km²** ❘ Population : **11 677 000 hab.** ❘ Densité : **9,6 hab./km²**
❘ Moins de 15 ans : **46,4 %** ❘ Espérance de vie : **50,9 ans** ❘ Mortalité infantile : **130,3 ‰**
❘ Scolarisation 12-17 ans : **12,8 %** ❘ PIB-PPA : **797 dollars par hab.** ❘ Monnaie : **franc CFA** ❘ Langues : **français** (off.), **bambara, sénoufo, sarakolé, dogon, peul, tamachaq** (touareg), **arabe**

Traversé par le fleuve Niger, ce pays musulman du Sahel est enclavé. Il fut dans le passé le grenier de l'Afrique occidentale, mais il est aujourd'hui classé parmi les pays « les moins avancés ». Coton et or sont les principales exportations. En mars 1991, le général Moussa Traoré est tombé, après vingt-deux années d'un pouvoir marqué par la corruption et une répression parfois sanglante, renversé par le colonel Amadou Toumani Touré. Il aura bénéficié jusqu'au bout de la complaisance des bailleurs de fonds. A. T. Touré a rendu le pouvoir aux civils l'année suivante et une élection présidentielle démocratique a pu être organisée. Elle a été gagnée par Alpha Oumar Konaré. Les populations touarègues, marginalisées et maltraitées par l'armée, s'étaient révoltées en 1990. La répression a été meurtrière. En avril 1992, un « pacte de paix » a été signé. Mais cela ne suffisait pas à exclure le risque de nouvelles violences, l'armée étant difficilement contrôlable et de nombreuses armes circulant dans le pays. Un second accord de paix a été conclu en 1996. A. O. Konaré a été réélu en 1997 pour un second mandat.

MAROC
Royaume du Maroc

Capitale : **Rabat**
❙ Superficie : **446 300 km², sans le Sahara occidental** ❙ Population : **30 430 000 hab.**
❙ Densité : **68,2 hab./km²** ❙ Moins de 15 ans : **32,5 %** ❙ Espérance de vie : **66,6 ans**
❙ Mortalité infantile : **52,2 ‰** ❙ Scolarisation 12-17 ans : **38,2 %** ❙ PIB-PPA : **3 546 dollars par hab.** ❙ Monnaie : **dirham** ❙ Langues : **arabe** (off.), **berbère** (trois dialectes différents), **français**

Situé à l'extrême ouest du Maghreb, le royaume du Maroc possède une double façade maritime, méditerranéenne et atlantique. Ce pays est composé de plaines, de plateaux et de montagnes au nord ; il est désertique et saharien au sud. Ancien protectorat français, le Maroc est devenu indépendant en 1956. Au sud, le Sahara occidental était une colonie de l'Espagne, qui s'en est retirée en 1976. Le territoire a été envahi en novembre 1975 par 350 000 Marocains au cours de la « marche verte ». Les indépendantistes du Front Polisario ont riposté en proclamant unilatéralement une « République sahraouie ». Pendant quinze ans, les affrontements entre le Front Polisario et les Forces armées royales du Maroc n'ont pas cessé. L'Algérie et la Libye ont longtemps soutenu les indépendantistes. Le conflit a été théoriquement pris en charge par l'ONU, mais il n'était pas encore résolu en 2002.

Allié des pays occidentaux, Hassan II, roi de 1961 à 1999, aimait à donner une image moderne de son pays. Il existait des partis d'opposition légaux et un Parlement. Pourtant, le souverain, « Commandeur des croyants », se comportait souvent comme un autocrate. Les organisations de défense des droits de l'homme ont souvent dénoncé les traitements infligés à certains prisonniers politiques, notamment dans les années 1970 et 1980. Cette situation a connu des évolutions, et les prisonniers politiques ont été libérés au début des années 1990. Cette ouverture politique a débouché sur l'accession d'un socialiste à la tête du gouvernement en 1999. Mohammed VI, fils et successeur de Hassan II, a suscité des espoirs de réformes. Elles se sont fait attendre.

Sur le plan économique, le pays, qui ne dispose pas de pétrole, est le premier exportateur mondial de phosphates ; mais le marché n'est plus aussi favorable qu'autrefois. Les inégalités sociales sont restées grandes.

De nombreux travailleurs marocains ont émigré, en France et en Belgique notamment. Il existe aussi une importante émigration clandestine vers l'Espagne.

MAURICE

Capitale : **Port-Louis**
❙ Superficie : **2 030 km²** ❙ Population : **1 171 000 hab.** ❙ Densité : **576,7 hab./km²**
❙ Moins de 15 ans : **24,3 %** ❙ Espérance de vie : **70,7 ans** ❙ Mortalité infantile : **18,5 ‰**
❙ Scolarisation 12-17 ans : **57,9 %** ❙ PIB-PPA : **10 017 dollars par hab.** ❙ Monnaie : **roupie mauricienne** ❙ Langues : **anglais, créole, français, langues indiennes**

Cette île de l'océan Indien, proche de la Réunion, a été une possession française avant d'être une colonie britannique. Sa population, en partie francophone, est très métissée (origines africaine, indienne, chinoise...) Indépendante depuis 1968, c'est l'un des rares États d'Afrique à avoir connu un régime démocratique stable.

Le pays exporte principalement du sucre et de la confection, mais a aussi développé des activités dans le domaine de l'informatique.

MAURITANIE
République islamique de Mauritanie

Capitale : **Nouakchott**
❙ Superficie : **1 025 220 km²** ❙ Population : **2 747 000 hab.** ❙ Densité : **2,7 hab./km²**

Moins de 15 ans : **44,3 %** ❙ Espérance de vie : **50,5 ans** ❙ Mortalité infantile : **105,6 ‰**
❙ Scolarisation 12-17 ans : **20,1 %** ❙ PIB-PPA : **1 677 dollars par hab.** ❙ Monnaie : **ouguiya** ❙ Langues : **arabe** (off.) **et français, hassaniya, ouolof, pulaar, soninké**

Ce vaste territoire est un trait d'union entre le Maghreb et l'Afrique noire. C'est un pays du Sahel peuplé à la fois d'Arabo-Berbères (les Maures ou « beydanes » de tradition nomade) et de Noirs africains, de tradition sédentaire, surtout concentrés dans la vallée du fleuve Sénégal.

Depuis son indépendance, en 1960, le pays – ancienne possession française – a privilégié son identité arabe au détriment de sa dimension noire africaine. Cela a créé des frustrations d'autant plus grandes que l'esclavage n'a été officiellement aboli qu'en 1980 et que ses traces sont loin d'avoir totalement disparu. En avril 1989, les deux communautés se sont violemment affrontées dans la région du fleuve. Massacres et expulsions ont eu lieu à la fois en Mauritanie (à l'encontre des Sénégalais immigrés, mais aussi des Noirs africains de Mauritanie) et à Dakar, la capitale sénégalaise, à l'encontre des immigrés maures. La pêche est la principale source d'exportation du pays. De grands espoirs ont été placés dans les possibilités d'exploitation pétrolières *off shore*, mais les prévisions ont été revues à la baisse.

MOZAMBIQUE
République du Mozambique

Capitale : **Maputo**
| Superficie : **784 090 km²** | Population :
18 644 000 hab. | Densité : **23,8 hab./km²**
| Moins de 15 ans : **43,9 %** | Espérance de
vie : **40,6 ans** | Mortalité infantile : **136,7 ‰**
| Scolarisation 12-17 ans : **28,3 %** | PIB-
PPA : **854 dollars par hab.** | Monnaie :
metical | Langues : **portugais** (off.),
**macualomué, maconde, shona, tonga,
chicheua,** etc.

C e pays de l'Afrique de l'Est, situé
face à Madagascar, a connu une
longue période d'affrontements : en premier lieu une guerre contre les
Portugais, pour obtenir l'indépendance
en 1975, et ensuite une très longue
guerre civile. Le Front de libération du
Mozambique (Frelimo), qui avait dirigé
la lutte anticoloniale et voulait instaurer
un régime marxiste-léniniste a dû faire
face à la rébellion de la Renamo
(Résistance nationale du Mozambique).
Celle-ci, soutenue par les Rhodésiens
puis par l'Afrique du Sud, a systématiquement semé la terreur et saboté les
équipements du pays. En 1984, le
Mozambique a finalement négocié avec
l'Afrique du Sud pour obtenir sa neutralité (mais cet engagement n'a pas été
respecté). L'économie du pays, déjà affec-
tée par des réformes contestables, a été
détruite par la guerre civile, laquelle a
fait un million de morts.
Le Mozambique, rompant avec ses premiers choix, s'est tourné vers l'Occident,
obtenant des aides économiques des
États-Unis. En 1990, des discussions
ont été engagées avec la Renamo et un
accord a été signé le 4 octobre 1992. Le
Frelimo l'a emporté aux élections de
1994 et 1995, mais la Renamo a obtenu
de bons résultats. Les inégalités régionales se sont accentuées, à cause des
politiques économiques libérales appliquées. Les investissements se sont en
effet concentrés au sud du pays.

NAMIBIE
République de Namibie

Capitale : **Windhoek**
| Superficie : **823 290 km²** | Population :
1 788 000 hab. | Densité : **2,2 hab./km²**
| Moins de 15 ans : **42,6 %** | Espérance de
vie : **45,1 ans** | Mortalité infantile : **78,5 ‰**
| Scolarisation 12-17 ans : **83,4 %**
| PIB-PPA : **6 431 dollars par hab.**
| Monnaie : **dollar namibien** | Langues :
ovambo, afrikaans, anglais, khoi

S ituée à l'ouest de l'Afrique du Sud,
la Namibie a accédé tardivement
à l'indépendance, en 1990 seulement.
Ancienne colonie allemande, elle avait été
placée sous contrôle de l'Afrique du Sud
en 1920. Cette dernière en fit bientôt une
quasi-province. En 1966, la SWAPO
(Organisation du peuple du Sud-Ouest
africain) lança un mouvement de guérilla.
En 1989, elle remportait les élections
organisées sous surveillance internationale, avec 57 % des voix. L'indépendance
pouvait être proclamée. Le leader de la
SWAPO, Samuel Nujoma, est élu président et réélu en 1994 et 1999. Du fait des
ravages du sida, l'espérance de vie est pas-
sée de 60 ans à 45 ans entre 1990 et 2002.
Le sous-sol namibien est très riche (diamants, uranium) et les fonds de l'océan
offrent de grandes ressources.

NIGER
République du Niger

Capitale : **Niamey**
| Superficie : **1 266 700 km²** | Population :
11 227 000 hab. | Densité : **8,9 hab./km²**
| Moins de 15 ans : **50,2 %** | Espérance de
vie : **44,2 ans** | Mortalité infantile : **136,1 ‰**
| Scolarisation 12-17 ans : **13,2 %** | PIB-
PPA : **746 dollars par hab.** | Monnaie : **franc
CFA** | Langues : **français** (off.), **haoussa,
peul, zarma, kanuri, tamachaq** (touareg)

L e Niger est une ancienne possession
française. L'uranium a permis à ce pays
enclavé du Sahel, marqué par l'islam, de

se doter d'un minimum d'infrastructures
routières pendant le régime autoritaire
du général Seyni Kountché (1974-1987).
Une « conférence nationale » avec les
forces d'opposition, en 1991, a écarté les
militaires du pouvoir qu'ils occupaient
depuis 1974, en alliance avec les familles
des grands commerçants. Les Touaregs,
exclus et réprimés par l'armée, se sont
révoltés en 1990. La répression a fait
plusieurs centaines de morts. Le 27 mars
1993, pour la première fois de son histoire, le Niger a élu démocratiquement
son président, Mahamane Ousmane. En
1996 et 1997, deux coups d'État ont
ouvert une crise politique, mais de nouvelles institutions ont permis le retour à
un pouvoir civil en 1999.

NIGÉRIA
République fédérale du Nigéria

Capitale : **Abuja**
| Superficie : **910 770 km²** | Population :
116 929 000 hab. | Densité : **128,4 hab./km²**
| Moins de 15 ans : **44,0 %** | Espérance de
vie : **52,1 ans** | Mortalité infantile : **78,5 ‰**
| Scolarisation 12-17 ans : **32,0 %** | PIB-
PPA : **896 dollars par hab.** | Monnaie : **naira**
| Langues : **anglais** (off.), **haoussa** (Nord),
ibo (Sud-Est), **yorouba** (Sud-Ouest)

A vec plus de 115 millions d'habitants,
cet État de l'Ouest est le plus peuplé
d'Afrique : environ un Africain sur six
est nigérian. Le pays est vaste, s'étendant
du Sahel au golfe de Guinée. Ses pay-

sages sont très contrastés : savanes au nord, forêt équatoriale le long des fleuves Niger et Bénoué… Le Nigéria, indépendant depuis 1960, est né d'un assemblage colonial réalisé par les Britanniques. Il réunit des populations très différentes : Ibo au sud-est, Yorouba à l'ouest, Haoussa au nord, notamment. Entre 1967 et 1970, une tentative de sécession du Sud-Est a été réprimée de manière très sanglante, faisant plusieurs centaines de milliers de morts. C'est ce qu'on a appelé la « guerre du Biafra ». L'État est fédéral, mais l'organisation du territoire a sans cesse évolué, le partage du pouvoir entre groupes ethniques étant un enjeu politique permanent. Depuis 1991, le nombre d'États de la fédération nigériane est passé de 21 à 36. Le général Ibrahim Babangida, qui s'était imposé en 1985 par un coup d'État, avait promis le retour à un régime civil au début 1993 mais cette échéance a encore été repoussée. Le pouvoir militaire a voulu contrôler de près la transition. Pour retarder le retour à un régime civil, le général Babangida a interdit la publication des résultats des élections présidentielles de juin 1994. Il a dû démissionner.

Sani Abacha s'est peu après emparé du pouvoir. Son régime est vite devenu dictatorial. Il est mort en 1998. Une transition politique a permis l'élection démocratique, en 1999, d'Olesugun Obasanjo. Les tensions entre groupes ethniques n'ont toutefois pas disparu. Par ailleurs, l'application de la *charia* (législation islamique) dans onze États musulmans du Nord a continué d'inquiéter les chrétiens (45 % de la population sont musulmans et 38 % chrétiens). Sur le plan économique, le Nigéria dispose d'un grand atout : son pétrole, exploité depuis la fin des années 1950. Il représente l'essentiel des exportations (90 %), mais cela a conduit à négliger l'agriculture et à rendre le pays dépendant des importations de biens alimentaires. La politique économique du pays

a été nettement réorientée pour permettre le remboursement de la dette. Un programme d'austérité a été appliqué et il a été décidé de privatiser de nombreuses entreprises d'État.

OUGANDA
République de l'Ouganda

Capitale : **Kampala**
| Superficie : **197 100 km²** | Population : **24 022 000 hab.** | Densité : **121,9 hab./km²** | Moins de 15 ans : **49,8 %** | Espérance de vie : **41,9 ans** | Mortalité infantile : **106,5 ‰** | Scolarisation 12-17 ans : **45,5 %** | PIB-PPA : **1 208 dollars par hab.** | Monnaie : **shilling ougandais** | Langues : **anglais** (off.), **kiganda, kiswahili**

L'Ouganda, ancienne possession britannique, est situé dans la région des Grands Lacs, en Afrique de l'Est. Il n'a pas d'accès à la mer. L'expulsion des Indiens (cadres et commerçants du pays) et la dictature sanguinaire d'Idi Amin Dada de 1971 à 1979 ont précipité ce pays autrefois prospère dans le marasme économique et le chaos. Une guerre civile meurtrière, menée par plusieurs fronts armés a déchiré l'Ouganda dans la première moitié des années 1980. L'arrivée au pouvoir de Yoweri Museveni en 1986 a permis une normalisation dans une grande partie du pays ; les affrontements ont diminué en 1988 et 1990, grâce à de nouvelles amnisties, mais repris à partir de 1996. Le pays s'est de plus en plus mêlé des conflits se déroulant dans les pays voisins : au Soudan, au Rwanda, et surtout au Congo-Kinshasa. Les exportations reposent à 95 % sur le café, dont les cours sont très irréguliers. L'Ouganda est l'un des pays africains les plus touchés par le sida.

RÉUNION

Cette île volcanique de l'océan Indien a le statut de département français d'outre-mer (DOM). La population

(732 000 habitants) est très métissée, d'origines africaine, indienne, chinoise… La Réunion exporte principalement du sucre. Une proportion très importante de la population dépend des aides sociales versées par l'État pour venir en aide aux personnes sans ressources.

RWANDA
République du Rwanda

Capitale : **Kigali**
| Superficie : **24 670 km²** | Population : **7 949 000 hab.** | Densité : **322,2 hab./km²** | Moins de 15 ans : **43,5 %** | Espérance de vie : **39,4 ans** | Mortalité infantile : **121,9 ‰** | Scolarisation 12-17 ans : **36,4 %** | PIB-PPA : **943 dollars par hab.** | Monnaie : **franc rwandais** | Langues : **kinyarwanda, français, anglais, swahili**

Le Rwanda est un petit pays enclavé de la région des Grands Lacs issu d'un ancien protectorat belge. Il est, comme son voisin le Burundi, peuplé de Hutus (majoritaires) et de Tutsis. Avant l'indépendance (1962), des affrontements ont opposé les deux communautés, aboutissant à des massacres et à de nombreux départs en exil. Le Rwanda est l'un des pays les plus pauvres d'Afrique et dispose de peu de ressources ; il a une densité de population nettement plus forte que l'Ouganda, le Zaïre ou la Tanzanie, ses grands voisins où sont installés de nombreux Rwandais émigrés. À partir de 1990, le FPR (Front patriotique rwandais), composé d'opposants exilés en Ouganda, en majorité tutsis, a entretenu un climat de guerre larvée.

Le 6 avril 1994, le dictateur Juvénal Habyarimana, au pouvoir depuis 1973, était tué dans un attentat. Immédiatement, les milices extrémistes du régime déclenchaient un gigantesque massacre. Les Tutsis (minoritaires) et les Hutus modérés étaient systématiquement tués à la machette. Ce génocide a fait des centaines de milliers de morts. Parallèlement, les insurgés du FPR se sont emparés de la capitale et du pouvoir. Plus de deux millions de Hutus se sont enfuis à l'étranger. En 2002, sur 120 000 prisonniers accusés de génocide, moins de 7 000 avaient été jugés. Le Rwanda s'est engagé dans les conflits armés du Congo-Kinshasa voisin.

SÃO TOMÉ ET PRINCIPE
République démocratique de São Tomé et Principe

Capitale : **São Tomé**
▎Superficie : **960 km²** ▎Population : **140 000 hab.** ▎Densité : **146,0 hab./km²** ▎Espérance de vie : **64,0 ans** ▎Mortalité infantile : **50,0 ‰** ▎PIB-PPA : **1 792 dollars par hab.** ▎Monnaie : **dobra** ▎Langues : **portugais** (off.), **créole, ngola**

C ette ancienne colonie portugaise, indépendante depuis 1975, est formée de deux petites îles situées à 250 kilomètres au large du Gabon. L'économie repose essentiellement sur la pêche et le cacao. De grands espoirs sont placés dans l'exploration pétrolière. Le régime marxiste-léniniste avait nationalisé les plantations, mais une libéralisation de l'économie a eu lieu à partir de 1985. En 1990, des élections libres ont été organisées et le Parti de la convergence démocratique a battu l'ancien parti unique. Mais celui-ci a gagné les élections législatives de 1994 et 1998, ce qui a engendré une crise politique.

SÉNÉGAL
République du Sénégal

Capitale : **Dakar**
▎Superficie : **192 530 km²** ▎Population : **9 662 000 hab.** ▎Densité : **50,2 hab./km²** ▎Moins de 15 ans : **43,1 %** ▎Espérance de vie : **52,3 ans** ▎Mortalité infantile : **62,4 ‰** ▎Scolarisation 12-17 ans : **30,0 %** ▎PIB-PPA : **1 510 dollars par hab.** ▎Monnaie : **franc CFA** ▎Langues : **français** (off.), **ouolof, peul, sérère, dioula, etc.**

C e pays a été la base de départ, au début du siècle, de l'entreprise coloniale de la France en Afrique occidentale. Devenu indépendant en 1960, il a vite bénéficié d'une image de modèle démocratique. Cependant, la personnalité de son premier président, le poète Léopold Sédar Senghor, qui est resté au pouvoir jusqu'en 1980, ne doit pas faire oublier que l'opposition a longtemps été plus tolérée qu'acceptée. Son successeur, Abdou Diouf, a instauré le multipartisme intégral, tout en s'appuyant, comme L. S. Senghor, sur les influentes confréries musulmanes.

L'entrée d'une partie des dirigeants de l'opposition au gouvernement en 1991 avait détendu le climat politique et social. Dans le sud du pays, en Casamance, l'agitation séparatiste a repris. Au nord, les relations diplomatiques avec la Mauritanie ont été rompues entre 1989 et 1992 à la suite d'affrontements meurtriers à la frontière et dans les deux capitales entre les communautés des deux pays. En 2000, l'élection à la Présidence de l'opposant Abdoulaye Wade a mis fin à quarante ans de domination du Parti socialiste. Une nouvelle Constitution a été adoptée en 2001. Les partisans du président ont remporté les élections législatives, municipales et régionales qui ont suivi. L'économie, qui est fondée sur l'arachide, les phosphates et la pêche, doit faire face à une grave crise. Le Sénégal est l'un des pays les plus pauvres du monde.

SEYCHELLES
République des Seychelles

Capitale : **Victoria**
▎Superficie : **450 km²** ▎Population : **81 000 hab.** ▎Densité : **181,0 hab./km²** ▎Espérance de vie : **71,4 ans** ▎Mortalité infantile : **15,0 ‰** ▎PIB-PPA : **12 508 dollars par hab.** ▎Monnaie : **roupie seychelloise** ▎Langues : **créole, anglais, français**

S itué dans l'océan Indien, au nord-est de Madagascar, cet archipel de petites îles a été une possession française, puis anglaise, avant d'obtenir l'indépendance en 1976. France-Albert René a pris le pouvoir en 1977 par un coup d'État, et il a instauré un régime à parti unique. D'abord soutenus par l'URSS, les dirigeants se sont rapprochés à partir de 1991 des États-Unis et de l'Afrique du Sud. La pêche au thon et le tourisme sont les principales richesses de ce pays qui a dû faire face à une grave crise financière.

SIERRA LÉONE
République de Sierra Léone

Capitale : **Freetown**
▎Superficie : **71 620 km²** ▎Population : **4 587 000 hab.** ▎Densité : **64,1 hab./km²** ▎Moins de 15 ans : **45,0 %** ▎Espérance de vie : **37,3 ans** ▎Mortalité infantile : **165,4 ‰** ▎Scolarisation 12-17 ans : **26,6 %** ▎PIB-

PPA : **490 dollars par hab.** I Monnaie : **leone** I Langues : **anglais** (off.), **krio, mende, temne, etc.**

Terre d'accueil d'esclaves libérés au XVIIIᵉ siècle, cet ancien protectorat britannique a accédé à l'indépendance en 1961. Le conflit entre créoles et peuples de l'intérieur semblait apaisé. Après le règne autoritaire du général Joseph Saidu Momoh, qui avait écarté en 1985 Siaka Stevens, ancien syndicaliste devenu Premier ministre en 1968 et chef de l'État en 1971, de très jeunes officiers ont pris le pouvoir en avril 1992. Les commerçants libanais et indiens, mal aimés de la population, se sont rangés à leurs côtés. Le pays était au bord du gouffre économique (c'est aujourd'hui l'un des plus pauvres du monde). À compter de mai 1991, une rébellion armée, le Front révolutionnaire uni (RUF), a déclenché une insurrection qui a gravement désorganisé le poumon économique du pays, dans les régions agricoles et minières de l'Est proches du Libéria. Le RUF, mouvement qui tirait son butin de guerre de l'exploitation des diamants, s'est montré sanguinaire. Il a amputé plus d'un millier de personnes. Un accord de paix a été signé en 1999, mais il a fallu, en 2000, une intervention militaire britannique en renfort des « casques bleus » de l'ONU pour espérer mettre fin au conflit.

SOMALIE

Capitale : Mogadiscio
I **Superficie : 627 340 km²** I Population : **9 157 000 hab.** I Densité : **14,6 hab./km²** I Moins de 15 ans : **48,5 %** I Espérance de vie : **46,9 ans** I Mortalité infantile : **122,3 ‰** I Scolarisation 12-17 ans : **10,3 %** I PIB-PPA : **490 dollars par hab.** I Monnaie : **shilling somalien** I Langue : **somali**

Pays de la « Corne de l'Afrique », la Somalie borde la mer Rouge et l'océan Indien. Sa population est musulmane et nomade pour l'essentiel, et le pays est l'un des plus pauvres au monde. Elle est née en 1960 de la fusion de deux possessions : au nord-ouest, le Somaliland, ancien protectorat britannique ; au sud, la Somalia plus peuplée et plus fertile, qui était italienne. Siyad Barré qui avait pris le pouvoir en 1969, a d'abord demandé l'aide économique et militaire de l'Union soviétique pour appuyer ses ambitions ; puis, après 1977, lors du conflit de l'Ogaden, il a rompu et s'est rapproché de l'autre superpuissance, les États-Unis. Sa dictature a pris fin en janvier 1991, après le soulèvement de la capitale, Mogadiscio. L'opposition était cependant très divisée. Les différents chefs de guerre ont continué à se combattre tandis que la population subissait la famine. En décembre 1992, les États-Unis et l'ONU ont envoyé 20 000 « casques bleus » pour tenter de ramener la paix (opération *Restore Hope*). Ils ont pu apporter nourriture et médicaments à la population mais ont échoué pour le reste [*voir page 41*]. En mars 1994, les derniers « casques bleus » sont partis. Le Nord-Ouest a fait sécession en 1991 et a repris le nom de « Somaliland ». Au sud, un état de « ni paix, ni guerre » s'est installé, avec des affrontements épisodiques.

SOUDAN
République du Soudan

Capitale : Khartoum
I **Superficie : 2 376 000 km²** I Population : **31 809 000 hab.** I Densité : **13,4 hab./km²** I Moins de 15 ans : **39,1 %** I Espérance de vie : **55,0 ans** I Mortalité infantile : **85,9 ‰** I Scolarisation 12-17 ans : **28,3 %** I PIB-PPA : **1 797 dollars par hab.** I Monnaie : **livre soudanaise** I Langues : **arabe** (off.), **anglais, dinka, nuer, shilluck, etc.**

Situé en Afrique du Nord-Est, le Soudan est le plus grand pays du continent. Le Nil Blanc et le Nil Bleu (affluent du précédent), qui se rencontrent à Khartoum, constituent les véritables axes du pays et assurent la continuité entre les zones tropicales du Sud et le désert du Nord. Les principales exportations du pays sont le coton, le sésame, la gomme arabique et l'arachide. L'exploitation pétrolière, commencée en 1999, est apparue prometteuse. Condominium anglo-égyptien depuis 1899, le Soudan a obtenu son indépendance en 1956. La diversité des politiques coloniales et des populations (africaines et non-musulmanes au sud ; arabisées et musulmanes au nord) a été l'une des causes importantes d'une première guerre civile qui a duré dix-sept ans et s'est achevée en 1972. À partir de 1983, la guerre a repris. Elle a mis aux prises, d'une part, le pouvoir central contrôlé par une élite arabo-musulmane alliée à quelques politiciens du Sud et, d'autre part, l'Armée populaire de libération du Soudan (APLS) de John Garang soutenue par la majorité des Sudistes.

Ce conflit, en désorganisant la production économique au sud a déclenché disettes et famines. Celles-ci ont fait plusieurs centaines de milliers de morts et provoqué l'exode de près de trois millions de personnes vers le nord du pays ou vers l'Éthiopie. La vie politique du Soudan a été marquée par une alternance de régimes parlementaires (1956-1958, 1964-1969, 1986-1989) et de dictatures militaires (1958-1964, 1969-1985, et à partir de 1989).

Le groupe de militaires islamistes qui a pris le pouvoir en juin 1989 a instauré la *charia* (législation islamique) en 1991 et a poursuivi la guerre au sud, profitant de la division du mouvement de J. Garang. En 2001-2002, des contacts ont été repris en vue de négociations encouragées par les États-Unis.

SWAZILAND
Royaume du Swaziland (Ngwane)

Capitale : **Mbabane**
┃ Superficie : **17 200 km²** ┃ Population : **938 000 hab.** ┃ Densité : **54,5 hab./km²** ┃ Moins de 15 ans : **40,7 %** ┃ Espérance de vie : **50,8 ans** ┃ Mortalité infantile : **86,9 ‰** ┃ Scolarisation 12-17 ans : **73,7 %** ┃ PIB-PPA : **4 492 dollars par hab.** ┃ Monnaie : **lilangeni** ┃ Langues : **swazi, anglais**

Enclavé entre le Mozambique et l'Afrique du Sud, ce petit pays montagneux est totalement dépendant de cette dernière. Aussi doit-il en permanence se plier à ses exigences. En août 1982, la mort du roi a ouvert une longue période de luttes internes au sein de la famille royale. L'économie du Swaziland, indépendante depuis 1968, repose sur les agrumes, le bois et le sucre. Son équilibre démographique est remis en cause par les ravages du sida.

TANZANIE
République unie de Tanzanie

Capitale : **Dodoma**
┃ Superficie : **883 590 km²** ┃ Population : **35 965 000 hab.** ┃ Densité : **40,7 hab./km²** ┃ Moins de 15 ans : **43,7 %** ┃ Espérance de vie : **51,1 ans** ┃ Mortalité infantile : **81,3 ‰** ┃ Scolarisation 12-17 ans : **52,7 %** ┃ PIB-PPA : **523 dollars par hab.** ┃ Monnaie : **shilling tanzanien** ┃ Langues : **swahili** (nat.), **anglais**

La Tanzanie est située à l'est de l'Afrique, dans la région des Grands Lacs. Elle a été formée en 1964 par la réunion du Tanganyika et de deux îles :

Pemba et Zanzibar. Le pays est de culture chrétienne à 45 % et musulmane à 35 % (Zanzibar est de tradition exclusivement musulmane). Le Tanganyika a été une colonie allemande, puis britannique. Pendant plus de vingt ans, la Tanzanie a été dirigée par Julius Nyerere. Celui-ci avait voulu engager le pays dans une voie originale de développement socialiste fondé sur l'agriculture, en créant des villages communautaires (*ujamaa*). Cette politique a échoué. Les exportations agricoles ont chuté et la bureaucratie de l'État a paralysé l'économie.

J. Nyerere a abandonné la direction de l'État en 1985, puis du parti unique en 1990, alors que Zanzibar manifestait ses doutes quant à l'avenir de la fédération. Les tensions à ce propos ont été vives en 2001, mais un accord a semblé les apaiser. La politique économique a été réorientée : privatisation d'entreprises d'État, recherche d'investissements étrangers.

Les principales exportations sont le café, le coton et, pour Zanzibar, les clous de girofle.

TCHAD
République du Tchad

Capitale : **N'Djamena**
┃ Superficie : **1 259 200 km²** ┃ Population : **8 135 000 hab.** ┃ Densité : **6,5 hab./km²** ┃ Moins de 15 ans : **46,9 %** ┃ Espérance de vie : **45,2 ans** ┃ Mortalité infantile : **122,5 ‰** ┃ Scolarisation 12-17 ans : **26,4 %** ┃ PIB-PPA : **871 dollars par hab.** ┃ Monnaie : **franc CFA** ┃ Langues : **français et arabe** (off.), **sara, baguirmi, boulala, etc.**

Enclavé au centre du Sahel africain, le Tchad est une terre de transition très marquée par l'islam.

Les traditions culturelles de l'Afrique de l'Est et de l'Afrique de l'Ouest s'y mêlent, ainsi que l'influence arabe. Trop opposé à cette diversité naturelle, le système du parti unique imposé dès 1963 par le dictateur François Tombalbaye a

suscité des rébellions armées, actives ou larvées, qui ont déchiré le pays pendant un quart de siècle. L'interventionnisme militaire de la France, ancienne métropole coloniale, et l'expansionnisme du voisin libyen ont été des données permanentes de la politique tchadienne. À partir de 1979, des présidents originaires du Nord (faiblement peuplé de nomades), s'appuyant sur des ethnies très minoritaires, ont dirigé ce pays très appauvri dont l'économie repose sur la culture du coton dans les cinq provinces du Sud, les plus peuplées. En renversant Hissène Habré en 1990, le colonel Idriss Déby a mis un terme à huit années d'une dictature meurtrière, mais, en dépit de ses promesses, son régime a vite pris un tour très autoritaire.

TOGO
République du Togo

Capitale : **Lomé**
┃ Superficie : **54 390 km²** ┃ Population : **4 657 000 hab.** ┃ Densité : **85,6 hab./km²** ┃ Moins de 15 ans : **43,4 %** ┃ Espérance de vie : **51,3 ans** ┃ Mortalité infantile : **83,1 ‰** ┃ Scolarisation 12-17 ans : **59,7 %** ┃ PIB-PPA : **1 442 dollars par hab.** ┃ Monnaie : **franc CFA** ┃ Langues : **français** (off.), **éwe, kotokoli, kabiyé, moba**

Ancienne colonie allemande placée en 1919 sous mandat français, ce pays d'Afrique de l'Ouest a accédé à l'indépendance en 1960. En s'appuyant sur l'ethnie kabyé, minoritaire, dont il était originaire, le général Gnassingbé Eyadéma a maintenu pendant plus d'un quart de siècle une dictature féroce. En février 1993 encore, une manifestation pacifique a été mitraillée. G. Eyadéma est reconduit président en 1993 et 1998 lors d'élections contestées.

Les principales exportations, les phosphates, ne peuvent suffire à remédier aux difficultés financières qui ont été accrues par la corruption et les détournements de fonds.

TUNISIE
République tunisienne

Capitale : **Tunis**
❚ Superficie : **155 360 km²** ❚ Population :
9 562 000 hab. ❚ Densité : **61,5 hab./km²**
❚ Moins de 15 ans : **26,4 %** ❚ Espérance de
vie : **69,5 ans** ❚ Mortalité infantile : **30,3 ‰**
❚ Scolarisation 12-17 ans : **65,8 %** ❚ PIB-
PPA : **6 363 dollars par hab.** ❚ Monnaie :
dinar ❚ Langues : **arabe** (off.), **français**

Depuis son indépendance en 1956, le
plus petit des cinq États du
Maghreb a entretenu de bonnes relations avec les pays occidentaux et en particulier la France, ancienne puissance
coloniale. La Tunisie a opté dès le début
pour une économie libérale. Celle-ci
repose notamment sur les productions
agricoles méditerranéennes (huile d'olives, agrumes), le textile et le tourisme,
dont l'importance n'a fait que croître.
De tous les pays du Maghreb, la Tunisie
est celui où les droits des femmes sont le
mieux reconnus. Pendant trente ans,
l'État a été dirigé par Habib Bourguiba,
le « Combattant suprême ». Il a été destitué « en douceur » en 1987 par Zine
el-Abidine Ben Ali. Celui-ci a été réélu
en 1999 président pour un troisième
mandat avec officiellement 99,44 % des
voix… Le parti gouvernemental n'a pas
toléré de concurrents ; les islamistes du
mouvement Ennahdha, interdit, ont été
très violemment réprimés, de même que
toute forme d'opposition. Les violations
répétées des libertés ont été dénoncées
par les organisations de défense des
droits de l'homme.

ZAMBIE
République de Zambie

Capitale : **Lusaka**
❚ Superficie : **743 390 km²** ❚ Population :
10 649 000 hab. ❚ Densité : **14,3 hab./km²**
❚ Moins de 15 ans : **46,4 %** ❚ Espérance de
vie : **40,5 ans** ❚ Mortalité infantile : **93,6 ‰**
❚ Scolarisation 12-17 ans : **60,7 %** ❚ PIB-

PPA : **780 dollars par hab.** ❚ Monnaie :
kwacha ❚ Langues : **anglais** (off.), **langues
du groupe bantou**

Ce pays, situé entre l'Angola et le
Mozambique, n'a aucun accès à la
mer ; ancienne possession britannique
sous le nom de « Rhodésie du Nord », il
a été, de 1964 (année de son indépendance) à 1991, sous la férule de Kenneth
Kaunda et de son parti unique. En 1990,
des émeutes l'avaient obligé à autoriser
les partis d'opposition et à organiser des
élections. Il a été battu le 31 octobre
1991 par Frederick Chiluba qui incarnait
alors un immense espoir de changement,
bientôt suivi de désillusions. Ce dernier
a cependant été réélu en 1996 et l'un de
ses partisans lui a succédé en 2002.
Longtemps, le pays a pu tirer profit de son
cuivre, mais la chute des prix et l'épuisement des réserves a aggravé sa dette.

ZIMBABWÉ
République du Zimbabwé

Capitale : **Hararé**
❚ Superficie : **386 850 km²** ❚ Population :
12 852 000 hab. ❚ Densité : **33,2 hab./km²**
❚ Moins de 15 ans : **43,7 %** ❚ Espérance de
vie : **42,9 ans** ❚ Mortalité infantile : **65 ‰**
❚ Scolarisation 12-17 ans : **94,9 %**
❚ PIB-PPA : **2 635 dollars par hab.**
❚ Monnaie : **dollar Zimbabwé** ❚ Langues :
anglais, shona, ndebele

Ce pays voisin de l'Afrique du Sud
s'appelait la Rhodésie du Sud avant
son indépendance. En 1965, alors que les
Britanniques voulaient le décoloniser, les
dirigeants de la minorité blanche prirent
les devants et annoncèrent eux-mêmes
l'indépendance. Ils voulaient garder le
pouvoir et ne pas avoir à le partager avec
la majorité noire. Un long conflit s'est
ensuivi. Les pressions internationales et
surtout les mouvements de guérilla ont
abouti à une véritable indépendance en
1980 et à un accord constitutionnel avec
la minorité blanche. Le pays a dès lors été

dirigé par Robert Mugabe, le dirigeant
de la plus puissante organisation noire.
Beaucoup de Blancs sont restés. Pendant
toutes les années 1980, le pouvoir a tenté
en vain de former un parti unique, répri-
mant le principal parti rival avec une
grande violence. En 1990, le pays a
changé sa politique économique (privatisation d'entreprises d'État, réduction du
nombre des fonctionnaires). R. Mugabe
s'est maintenu au pouvoir en renforçant
le caractère autoritaire et répressif du
régime : intimidations, passages à tabac,
enlèvements, assassinats… Il a été frau-
duleusement réélu en 2002. Dans ce
contexte de vive tension, les invasions de
fermes tenues par des Blancs par d'anciens maquisards réclamant des terres se
sont multipliées, encouragées par le gouvernement.

Doté d'un bon potentiel agricole (exportations de tabac), le Zimbabwé dispose
également de ressources en minerais :
platine, or et chrome en particulier.

UKRAINE

Mer Noire

RUSSIE

GÉORGIE

Mer Caspienne

OUZBÉKISTA

ARMÉNIE

AZERBAÏDJAN

TURQUIE

Araxe

TURKMÉNISTAN

Mer

CHYPRE

Alep

Mossoul

Tabriz

Lac d'Ourmia

Machhad

H

Méditerranée

Tripoli

Homs

Arbil

Kirkouk

Elbrouz

Téhéran

Grand Désert salé

LIBAN

Beyrouth

SYRIE

Damas

IRAK

Hamadan

Bagdad

Qom

IRAN

ISRAËL

Tel Aviv

Désert de Syrie

Tigre

Mésopotamie

Ispahan

Lac Helmand

Alexandrie

Port-Saïd

Cisjordanie

Amman

Mer Morte

Karabala

An Nadjaf

Ahwaz

Monts Zagros

Désert du Lout

Plateau de Libye

Gizeh

Le Caire

Suez

Jérusalem

Gaza

JORDANIE

Euphrate

Bassorah

KOWEÏT

Koweït

Chiraz

IBYE

Sinaï

Aqaba

Désert du Nefoud

Al Hasa

Bandar Abbas

ÉGYPTE

Nil

Désert Arabique

Médine

Dammam

Dhahran

Manama

BAHREÏN

Doha

QATAR

Dubaï

Abu Dhabi

Détroit d'Ormuz

Golfe d'O

Mascat

Désert de Libye

El Kharga

Golfe Arabo-Persique

Barrage d'Assouan

Assouan

Jeddah

La Mecque

Taef

ARABIE SAOUDITE

ÉMIRATS ARABES UNIS

△Dj. Akhdar 3 019 m

Lac Nasser

Nedjed

Riyad

Mer Rouge

SOUDAN

OMAN

Asir

Roub al-Khali

Dhofar

Abha

ERYTHRÉE

Nil Bleu

3 760 m △

Sanaa

YÉMEN

Hodeïda

Taez

Mukalla

Nil Blanc

ÉTHIOPIE

DJIBOUTI

Bab el Mandeb

Aden

Golfe d'Aden

Socotra

(YÉMEN)

0   250   500 k

SOMALIE

LE PROCHE ET MOYEN-ORIENT

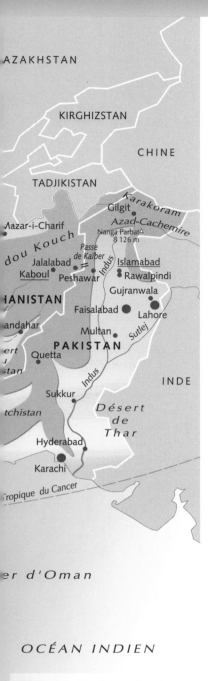

KAZAKHSTAN

KIRGHIZSTAN

CHINE

TADJIKISTAN

Karakoram

Gilgit

Azad-Cachemire

Mazar-i-Charif

dou Kouch

Nanga Parbat△
8 126 m

*Passe
de Kaïber*

Jalalabad Islamabad

Kaboul Peshawar Rawalpindi

Indus

AFGHANISTAN

Gujranwala

Faisalabad Lahore

Kandahar

Multan *Sutlej*

PAKISTAN

Quetta

Indus

INDE

Sukkur

*Désert
de
Thar*

tchistan

Hyderabad

Karachi

Tropique du Cancer

mer d'Oman

OCÉAN INDIEN

Frontière internationale

Sanaa Capitale du pays

● Grande ville
(plus de 5 millions d'habitants)

• Autre ville importante

Massif montagneux

△ Sommet ▲ Volcan

Cette partie du monde, berceau des trois grandes religions monothéistes (judaïsme, christianisme, islam), est une mosaïque de populations et de confessions.

Dans ce chapitre ont été regroupés l'Orient arabe (ou Machrek), Israël, l'Iran et l'Afghanistan (on parle majoritairement des langues de même origine dans ces deux pays), et enfin le Pakistan. Ce dernier, qui faisait partie des Indes britanniques, est en effet majoritairement musulman et les mêmes populations (Baloutches et Pachtounes) se trouvent de part et d'autre de la frontière avec l'Afghanistan. Et si, dans cet ouvrage, la Turquie est classée avec l'Europe, elle aurait également eu sa place ici ; la civilisation turque a été en effet l'une des trois grandes civilisations musulmanes de la région, avec l'arabe et l'iranienne. C'est dire que les contours du Proche et du Moyen-Orient sont à géométrie variable.

C'est une région stratégique, au carrefour de l'Asie, de l'Europe et de l'Afrique. Elle est dotée des deux tiers des réserves mondiales de pétrole. Les inégalités sociales entre certains pays sont extrêmes (par exemple entre les émirats et le Yémen). Par ailleurs, le dépeçage de l'Empire ottoman, après 1918, a donné naissance à des frontières arbitrairement tracées par les puissances européennes. Les tensions et guerres y ont été nombreuses : guerres israélo-arabes, guerres libanaises de 1975 à 1990, guerre Iran-Irak (1980-1988), guerres d'Afghanistan (à partir de 1979), guerre du Golfe, après l'invasion du Koweït par l'Irak en 1991, soulèvements palestiniens (1987, 2000), problème kurde notamment.

AFGHANISTAN
République d'Afghanistan

Capitale : **Kaboul**
⏐ Superficie : **652 090 km²** ⏐ Population :
22 474 000 hab. ⏐ Densité : **34,5 hab./km²**
⏐ Moins de 15 ans : **43,4 %** ⏐ Espérance de
vie : **42,5 ans** ⏐ Mortalité infantile : **164,7 ‰**
⏐ Scolarisation 12-17 ans : **15,5 %** ⏐ PIB-
PPA : **965 dollars par hab.** ⏐ Monnaie :
afghani ⏐ Langues : **pachtou, dari, ouzbek,**
etc.

Ce pays musulman a des frontières communes avec l'Iran et le Pakistan. La guerre d'Afghanistan a commencé en 1978. L'armée soviétique est intervenue massivement fin 1979 pour soutenir un pouvoir communiste contesté par les *modjahedin* (combattants) se réclamant de l'islam. Elle s'est enlisée et a dû se retirer en 1988-1989. Cela a préfiguré l'effondrement du régime soviétique. Le pouvoir communiste afghan s'est toutefois maintenu jusqu'au printemps 1992. À la fin de la guerre, chacun des deux camps était très divisé. De nouvelles alliances se sont dessinées, dont certaines sur une base ethnique et rassemblant d'anciens ennemis. Les Pachtounes (44 % de la population totale) craignaient de devoir partager le pouvoir avec l'alliance dirigée par le commandant Ahmed Shah Massoud et rassemblant des Tadjiks (26 % de la population), des Hazaras (9 %) et des Ouzbeks (9 %). En 1996, les

taliban, mouvement islamiste pachtoune soutenu par le Pakistan et l'Arabie saoudite, ont conquis la capitale, Kaboul. Ils ont bientôt contrôlé les quatre cinquièmes du territoire. Oussama ben Laden, soupçonné de diriger un réseau de terrorisme international, s'est installé dans le pays. On a soupçonné celui-ci d'avoir fait assassiner le commandant Massoud le 9 septembre 2001 et organisé les attentats du 11 septembre 2001 contre les États-Unis [*voir page 46*]. Ces attentats ont déclenché une intervention militaire américaine qui a renversé le régime des taliban en deux mois.

ARABIE SAOUDITE
Royaume d'Arabie saoudite

Capitale : **Riyad**
⏐ Superficie : **2 149 690 km²** ⏐ Population :
21 028 000 hab. ⏐ Densité : **9,8 hab./km²**
⏐ Moins de 15 ans : **41,0 %** ⏐ Espérance de
vie : **70,9 ans** ⏐ Mortalité infantile : **25,0 ‰**
⏐ Scolarisation 12-17 ans : **59,8 %** ⏐ PIB-
PPA : **11 367 dollars par hab.** ⏐ Monnaie :
riyal ⏐ Langue : **arabe**

Pays de tradition bédouine qui a vu naître le prophète Mahomet, l'Arabie saoudite est gardienne de deux villes saintes de l'islam, Médine et La Mecque. Cette dernière accueille chaque année des millions de pèlerins. L'État porte le nom de la famille qui y règne et y gouverne avec une poigne de fer, les Saoud. Ils appliquent une politique islamique intolérante et ultratraditionaliste appelée « wahhabisme ». L'Arabie saoudite soutient et finance de nombreux mouvements extrémistes à l'étranger, ce qui a suscité des inquiétudes de la part de son protecteur traditionnel, les États-Unis, après les attentats du 11 septembre 2001 [*voir page 46*]. Le destin de cet immense désert couvrant l'essentiel de la péninsule Arabique a été transformé par l'exploitation du pétrole, source de richesses considérables. Le pays détient en effet un quart des réserves mondiales d'or noir.

AUTONOMIE PALESTINIENNE

Les négociations israélo-palestiniennes menées à Oslo en 1993, puis à Washington en 1995 ont abouti à rendre autonome une partie des Territoires palestiniens occupés par Israël depuis 1967 [*voir page 44*]. Cette autonomie s'est d'abord appliquée à la bande de Gaza et à la ville de Jéricho (1994), puis aux autres villes palestiniennes : Jénine, Qalqiliya, Tulkarm, Naplouse, Ramallah (1995) et Hébron (1997). Au total, 18,2 % de la Cisjordanie ont été placés sous autorité palestinienne (administration civile, police et sécurité). Sur la carte, ces territoires autonomes ressemblent à des taches, comme une peau de léopard. Une institution politique, l'Autorité exécutive, présidée par Yasser Arafat, a été mise en place et un parlement (le Conseil d'autonomie) a été élu. Tout cela devait représenter les premières étapes d'un processus appelé à s'étendre. Cependant, les négociations se sont enlisées, laissant beaucoup de problèmes en suspens. En septembre 2000, un soulèvement palestinien (*intifada*), violemment réprimé, a débouché sur une longue période d'affrontements sanglants. Le processus de paix semblait en échec [*voir page 45*].

BAHREÏN
Royaume de Bahreïn

Capitale : **Manama**
⏐ Superficie : **690 km²** ⏐ Population :
652 000 hab. ⏐ Densité : **944,6 hab./km²**
⏐ Moins de 15 ans : **25,0 %** ⏐ Espérance de
vie : **72,9 ans** ⏐ Mortalité infantile : **16,4 ‰**
⏐ Scolarisation 12-17 ans : **59,8 %**
⏐ PIB-PPA : **15 084 dollars par hab.**
⏐ Monnaie : **dinar** ⏐ Langue : **arabe**

Cette île du golfe Arabo-Persique est devenue définitivement indépendante en 1971, après avoir choisi de ne pas participer à la fédération des Émirats

arabes unis, constituée à la même date. La majorité de la population est de tradition musulmane chiite. Bahreïn se distingue par le fait que sa production pétrolière est en voie d'épuisement. Manama, la capitale, est depuis 1975 la grande place financière du Golfe. Monarchie absolue, Bahreïn a entrepris de se transformer en monarchie constitutionnelle.

ÉGYPTE
République arabe d'Égypte

Capitale : Le Caire
I Superficie : **995 450 km²** I Population : **69 080 000 hab.** I Densité : **69,4 hab./km²** I Moins de 15 ans : **32,0 %** I Espérance de vie : **68,3 ans** I Mortalité infantile : **40,5 ‰** I Scolarisation 12-17 ans : **60,9 %** I PIB-PPA : **3 635 dollars par hab.** I Monnaie : **livre égyptienne** I Langue : **arabe**

Héritière d'une prestigieuse civilisation ancienne, l'Égypte est le plus peuplé des pays arabes. Elle est baignée au nord par la Méditerranée et à l'est par la mer Rouge. Les deux mers communiquent par le canal de Suez. Le territoire égyptien est presque totalement désertique, mais la vallée et le delta du Nil sont très fertiles. Presque un tiers des emplois sont encore agricoles.
Entre 1954 et 1970, du temps de Gamal Abdel Nasser, l'Égypte a mené une politique nationaliste et socialiste. Elle s'est ensuite progressivement rapprochée du camp occidental. En 1979, à la suite des accords de Camp David, le président Anouar al-Sadate a signé un traité de paix séparée avec Israël, ce qui lui a permis de récupérer le désert du Sinaï, occupé par l'État hébreu depuis la guerre des Six-Jours (1967). Les autres pays arabes ont dénoncé ce traité et ont isolé l'Égypte sur le plan diplomatique. Elle n'a été réintégrée dans la Ligue des États arabes qu'en 1989. En 1991, l'Égy-te a soutenu l'intervention militaire américaine contre l'Irak dans la

guerre du Golfe [*voir page 40*]. En « récompense », une partie des dettes égyptiennes a été annulée, à la fois par les États-Unis et par les riches monarchies pétrolières. Les islamistes – et en particulier les Frères musulmans – contestent vivement l'alliance du pays avec l'Occident. Des organisations ont été plus violentes. C'est ainsi que le président Anouar al-Sadate a été assassiné en 1981. Des attentats sanglants ont été perpétrés à partir de 1992.

ÉMIRATS ARABES UNIS
Émirats arabes unis (ÉAU)

Capitale : Abu Dhabi
I Superficie : **83 600 km²** I Population : **2 654 000 hab.** I Densité : **31,7 hab./km²** I Moins de 15 ans : **22,6 %** I Espérance de vie : **74,6 ans** I Mortalité infantile : **12,0 ‰** I Scolarisation 12-17 ans : **71,6 %** I PIB-PPA : **17 935 dollars par hab.** I Monnaie : **dirham** I Langue : **arabe**

Cette fédération est née en 1971. Elle rassemble sept émirats du golfe Arabo-Persique : Abu Dhabi (le plus important et le plus riche), Dubaï, Sharjah, Ajman, Umm al-Qaiwain, Ras al-Khaima, Fujairah. Grâce à l'exploitation pétrolière, le revenu par habitant y est l'un des plus élevés du monde. Les travailleurs émigrés (asiatiques et arabes) représentent les trois quarts de la population.

IRAK
République d'Irak

Capitale : Bagdad
I Superficie : **437 370 km²** I Population : **23 584 000 hab.** I Densité : **53,9 hab./km²** I Moins de 15 ans : **39,8 %** I Espérance de vie : **58,7 ans** I Mortalité infantile : **91,7 ‰** I Scolarisation 12-17 ans : **55,4 %** I PIB-PPA : **2 484 dollars par hab.** I Monnaie :

dinar I Langues : **arabe, kurde et syriaque** (off.), **turkmène, persan, sabéen**

Situé entre l'Iran, la Turquie, la Syrie et l'Arabie saoudite, l'Irak ne dispose que d'un étroit débouché maritime, dans le golfe Arabo-Persique. Saddam Hussein, chef de l'État à partir de 1979, a voulu faire de ce pays pétrolier une grande puissance politique et économique. Il a mis en place un pouvoir centralisé et fort et a acquis, avec la complicité des pays occidentaux et de l'Union soviétique, un arsenal militaire considérable, essayant même de se doter de la bombe atomique. Son régime, autoritaire et policier, s'est réclamé du baassisme, une idéologie nationaliste arabe qui influence également la Syrie voisine, pourtant considérée comme une dangereuse rivale. En 1980, l'Irak est entré en guerre contre l'Iran. Ce fut la « première guerre du Golfe » qui a duré jusqu'en 1988, provoquant une véritable hécatombe [*voir page 33*]. Beaucoup de pays occidentaux et arabes ont soutenu l'Irak – qui était pourtant l'agresseur – pour s'opposer à l'islamisme révolutionnaire de l'Iran de l'ayatollah Khomeyni.
Sorti financièrement épuisé de cette guerre en 1988, l'Irak avait accumulé une énorme dette militaire. Le 2 août 1990, il a envahi le riche Koweït voisin. La réaction internationale a été considérable : les États-Unis ont rassemblé une coalition de 32 pays et de 750 000 hommes. Ce fut la « seconde guerre du Golfe » [*voir page 40*]. Le Koweït fut rapidement libéré. L'Irak, ravagé par les bombardements, était à reconstruire.

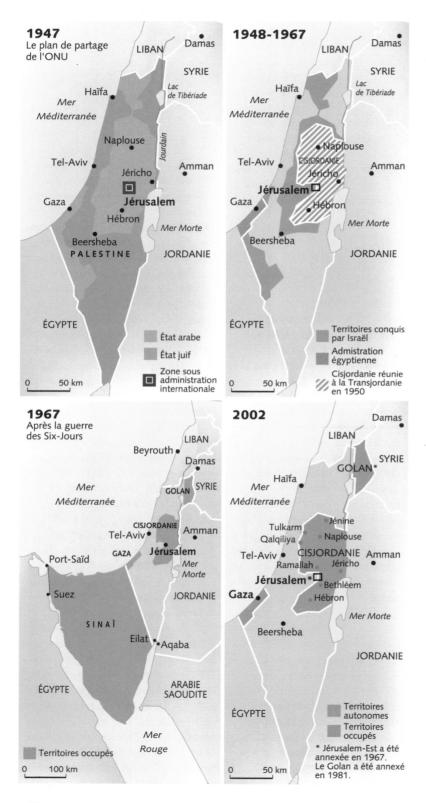

1947
Le plan de partage
de l'ONU

LIBAN
• Damas
SYRIE
Lac
de Tibériade
• Haïfa
Mer
Méditerranée
Naplouse
Jourdain
Tel-Aviv
Jéricho
• Amman
Gaza
▫ Jérusalem
Hébron
Mer Morte
Beersheba
PALESTINE
JORDANIE
ÉGYPTE

0 — 50 km

■ État arabe
■ État juif
▫ Zone sous
administration
internationale

1948-1967

LIBAN
• Damas
SYRIE
Lac
de Tibériade
Haïfa
Mer
Méditerranée
Naplouse
CISJORDANIE
Tel-Aviv
Jéricho
• Amman
Jérusalem ▫
Gaza
Hébron
Mer Morte
Beersheba
JORDANIE
ÉGYPTE

0 — 50 km

■ Territoires conquis
par Israël
■ Admistration
égyptienne
▨ Cisjordanie réunie
à la Transjordanie
en 1950

1967
Après la guerre
des Six-Jours

Beyrouth •
LIBAN
• Damas
GOLAN
SYRIE
Mer
Méditerranée
CISJORDANIE
Tel-Aviv •
• Amman
GAZA
Jérusalem
Port-Saïd •
Mer
Morte
• Suez
JORDANIE
SINAÏ
Eilat •
• Aqaba
ÉGYPTE
ARABIE
SAOUDITE
Mer
Rouge

■ Territoires occupés

0 — 100 km

2002

• Damas
LIBAN
SYRIE
GOLAN*
Haïfa •
Mer
Méditerranée
Jénine
Tulkarm
Qalqiliya
Naplouse
Tel-Aviv •
CISJORDANIE
Amman
Ramallah
Jéricho
Jérusalem*▫
Bethléem
Gaza
Hébron
Mer Morte
Beersheba •
JORDANIE
ÉGYPTE

■ Territoires
autonomes
■ Territoires
occupés

* Jérusalem-Est a été
annexée en 1967.
Le Golan a été annexé
en 1981.

0 — 50 km

Mais Saddam Hussein, malgré cette cuisante défaite et le soulèvement des Kurdes (au nord) et des musulmans chiites (au sud), est parvenu à se maintenir au pouvoir, au prix d'une sanglante répression. Une zone autonome kurde échappant au contrôle du régime a été créée [*voir carte page 75*]. Le pays s'est aussi vu imposer le contrôle de ses armements, un embargo commercial et le contrôle de ses ventes de pétrole. Dix ans plus tard, l'embargo était toujours appliqué, et continuait à faire souffrir la population civile. Les États-Unis ont continué à exiger le contrôle des armements du pays, menaçant de mener une nouvelle guerre.

IRAN
République islamique d'Iran

Capitale : **Téhéran**
| Superficie : **1 622 000 km²** | Population : **71 369 000 hab.** | Densité : **44,0 hab./km²** | Moins de 15 ans : **31,4 %** | Espérance de vie : **69,7 ans** | Mortalité infantile : **35,9 ‰** | Scolarisation 12-17 ans : **59,8 %** | PIB-PPA : **5 884 dollars par hab.** | Monnaie : **rial** | Langues : **persan** (off.), **kurde, turc, baloutche, arabe, arménien, etc.**

En 1979, une révolution menée au nom des déshérités a éclaté dans ce pays musulman de tradition chiite, les chefs religieux ont pris le pouvoir, dirigés par l'ayatollah Ruhollah Khomeyni. Le monde a redécouvert, étonné, la force subversive de l'islam utilisé comme idéologie politique. Les pays musulmans conservateurs allaient dès lors être hantés par le risque de contagion. La consolidation du régime s'est faite par la terreur et l'élimination des opposants. Les islamistes iraniens cherchèrent à étendre la révolution, n'hésitant pas à recourir au terrorisme international. De 1980 à 1988, les forces vives du pays ont été mobilisées pour faire face à une agression militaire de l'Irak voisin, qui fut mise en échec [*voir page 33*]. Des centaines de

milliers d'Iraniens ont laissé leur vie dans cette terrible guerre. La mort de l'imam Khomeyni, en 1989, a marqué le début d'une lente évolution. L'élection à la présidence de la République du réformateur Mohammad Khatami, en 1997, a marqué une autre étape. Il a été réélu en 2001. Dans le conflit qui a suivi l'invasion du Koweït par l'Irak, en 1990-1991 [*voir page 40*], l'Iran est resté prudemment neutre. Il a ainsi profité de la défaite de son grand ennemi et rival. Ce pays charnière du Moyen-Orient, héritier de la grande civilisation persane, dispose de nombreux atouts, parmi lesquels sa grande richesse pétrolière (80 % de ses exportations), et une population nombreuse. L'Iran peut par ailleurs ambitionner de développer ses liens avec les républiques musulmanes de l'ex-Union soviétique : l'Azerbaïdjan est chiite comme lui et l'on parle iranien au Tadjikistan. La population compte de nombreuses minorités non persanes, notamment azerie (20 %) et kurde (8 %).

ISRAËL
État d'Israël

Capitale : **Jérusalem** (état de fait, contesté sur le plan international)
❙ Superficie : **20 620 km²** ❙ Population :
6 172 000 hab. ❙ Densité : **299,3 hab./km²**
❙ Moins de 15 ans : **27,4 %** ❙ Espérance de vie : **78,3 ans** ❙ Mortalité infantile : **6,3 ‰**
❙ Scolarisation 2e degré : **88,5 %** ❙ PIB-PPA :
20 131 dollars par hab. ❙ Monnaie : **nouveau shekel** ❙ Langues : **hébreu et arabe** (off.),
anglais, f ais, russe

L'État d'Israël a été fondé en 1948 selon les principes du sionisme : donner un territoire national aux Juifs du monde entier. Cette création a été aussitôt contestée par les pays arabes. Cinq conflits militaires ont eu lieu : 1948, 1956 (crise du canal de Suez), 1967 (guerre des Six-Jours), 1973 (guerre du Kippour), 1982 (invasion du Liban), dispersant un peu plus les Palestiniens

qui vivaient sur ce territoire avant 1948 [*voir page 29*]. Les Arabes israéliens représentent environ 18 % de la population et les Juifs, 82 %. Ces derniers sont issus de deux courants d'immigration : les ashkénazes venus d'Europe centrale et les séfarades, ori-ginaires notamment du Maghreb. À partir de 1989, l'immigration en provenance de l'Union soviétique a augmenté pour atteindre 800 000 personnes.

Politiquement, Israël est une démocratie parlementaire. Deux grands partis dominent : le Likoud (droite nationaliste) et les travaillistes (socialistes). La pression des partis religieux et extrémistes est parfois très forte. L'histoire de ce pays est étroitement liée à l'évolution du problème palestinien. En effet, après la guerre des Six-Jours (1967), Israël a occupé la Cisjordanie, la bande de Gaza, le Golan syrien (qu'il a annexé) et la partie arabe de Jérusalem (qu'il a également annexée). Ces Territoires occupés ont été placés sous administration militaire. De 1987 à 1993, y a eu lieu un soulèvement (*intifada*) aussi appelé la « révolte des pierres », qui a modifié la situation politique.

En 1988, l'Organisation de libération de la Palestine (OLP) a reconnu de fait l'État d'Israël et a renoncé au terrorisme international. Cela n'a cependant pas suffi à convaincre le pouvoir israélien d'envisager la création d'un État palestinien. Après la guerre du Golfe de 1991, les États-Unis ont imposé l'ouverture d'une « conférence pour la paix au Proche-Orient ». Les discussions, commencées à Madrid – où l'OLP n'était pas directement présente – s'étaient annoncées difficiles. Cependant, des négociations directes ont été secrètement menées à Oslo (Norvège) entre l'OLP et Israël. Elles ont abouti en septembre 1993 à l'accord « Gaza et Jéricho d'abord ». La bande de Gaza et la ville de Jéricho sont devenues des territoires autonomes palestiniens. En 1995, l'autonomie a été étendue aux autres grandes villes palesti-

niennes. Tous les problèmes étaient cependant loin d'être résolus.

Une nouvelle *intifada* a été déclenchée en 2000. Cette fois, les affrontements ont été beaucoup plus violents et meurtriers. L'armée israélienne a employé des hélicoptères de combat, des chars et des missiles. Les organisations palestiniennes ont eu recours pour leur part aux attentats-suicides. Le processus de paix semblait ruiné [*voir page 45*].

JORDANIE
Royaume hachémite de Jordanie

Capitale : **Amman**
❙ Superficie : **88 930 km²** ❙ Population :
5 051 000 hab. ❙ Densité : **56,8 hab./km²**
❙ Moins de 15 ans : **39,4 %** ❙ Espérance de vie : **69,7 ans** ❙ Mortalité infantile : **26,6 ‰**
❙ PIB-PPA : **3 966 dollars par hab.**
❙ Monnaie : **dinar** ❙ Langues : **arabe** (off.),
anglais

Indépendant depuis 1946, ce pays arabe de tradition bédouine a été dirigé par le roi Hussein à partir de 1952. Frontalière d'Israël, la Jordanie communique avec la mer Rouge par le port d'Aqaba. La majorité de ses terres est désertique. Après la création d'Israël (1948), la Jordanie avait absorbé la Cisjordanie palestinienne, sur la rive droite du Jourdain. Après 1967, Israël a occupé ce territoire. Un traité de paix a été signé entre les deux pays le 26 octobre 1994. De nombreux Palestiniens vivent en Jordanie (environ la moitié de la population totale). En 1999, Abdallah a succédé à son père défunt.

KOWEÏT
État du Koweït

Capitale : **Koweït**
❙ Superficie : **17 820 km²** ❙ Population :
1 971 000 hab. ❙ Densité : **110,6 hab./km²**
❙ Moins de 15 ans : **24,0 %** ❙ Espérance de
vie : **75,9 ans** ❙ Mortalité infantile : **12,3 ‰**
❙ Scolarisation 12-17 ans : **75,9 %** ❙ PIB-
PPA : **15 799 dollars par hab.** ❙ Monnaie :
dinar ❙ Langue : **arabe**

L'invasion du Koweït par l'Irak, en
août 1990, a attiré l'attention du
monde entier sur cet émirat arabe du
golfe Arabo-Persique. Le puissant voisin
irakien espérait s'approprier ses importantes richesses pétrolières. Le Koweït a
été libéré, sept mois après, par l'opération *Tempête du désert* organisée par l'armée américaine [*voir page 41*]. L'émir
Jaber est rentré au pays et a dû accepter
quelques réformes, mais l'opposition
(islamiste et libérale) s'est opposée aux
projets économiques et sociaux.

LIBAN
République libanaise

Capitale : **Beyrouth**
❙ Superficie : **10 230 km²** ❙ Population :
3 556 000 hab. ❙ Densité : **347,6 hab./km²**
❙ Moins de 15 ans : **28,2 %** ❙ Espérance de
vie : **72,6 ans** ❙ Mortalité infantile : **20,0 ‰**
❙ Scolarisation 12-17 ans : **72,9 %**
❙ PIB-PPA : **4 308 dollars par hab.**

❙ Monnaie : **livre libanaise** ❙ Langues :
arabe, français

S itué au nord d'Israël et ouvert sur la
Méditerranée à l'ouest, le Liban est
encadré par la Syrie à l'est et au nord. Il a
été dévasté à partir de 1975 par une guerre
civile de quinze ans. C'est un pays arabe
multiconfessionnel : 40 % de chrétiens
et 60 % de musulmans (chiites : 32 %, sun-
nites : 21 %, druzes : 7 %). L'origine du
conflit n'était pas seulement religieuse,
mais aussi politique. En 1976, l'armée
syrienne est intervenue à la demande du
président libanais. En 1978, Israël a envahi
le Liban-Sud, sous prétexte de constituer
une « ceinture de sécurité » au nord de sa
frontière. En 1982, une nouvelle invasion israélienne a chassé les Palestiniens
du Liban. La Syrie est à nouveau intervenue en force en 1987. À la fin des années
1980, une situation de double pouvoir
s'est créée, sans chef de l'État et avec deux
gouvernements différents. Les accords de
Taef, passés en 1989, ont permis au conflit
de se calmer, sans régler certains problèmes de fond. La tutelle syrienne a été
officialisée par un « traité de fraternité »
signé en 1991. L'occupation israélienne
du Liban-Sud n'a pris fin qu'en 2000.

OMAN
Sultanat d'Oman

Capitale : **Mascate**
❙ Superficie : **212 460 km²** ❙ Population :
2 622 000 hab. ❙ Densité : **12,3 hab./km²**
❙ Moins de 15 ans : **42,1 %** ❙ Espérance de
vie : **70,5 ans** ❙ Mortalité infantile : **26,6 ‰**
❙ Scolarisation 12-17 ans : **72,3 %**
❙ PIB-PPA : **13 356 dollars par hab.**
❙ Monnaie : **riyal** ❙ Langue : **arabe**

A ncienne possession britannique, ce
pays est indépendant depuis 1971.
Situé au sud de la péninsule Arabique, il
occupe une position stratégique, au
débouché du détroit d'Ormuz. Les produits pétroliers représentent 80 % des
exportations du sultanat.

PAKISTAN
République islamique du Pakistan

Capitale : **Islamabad**
❙ Superficie : **770 880 km²** ❙ Population :
144 971 000 hab. ❙ Densité : **188,1 hab./km²**
❙ Moins de 15 ans : **40,8 %** ❙ Espérance de
vie : **61,0 ans** ❙ Mortalité infantile : **86,5 ‰**
❙ Scolarisation 12-17 ans : **17,0 %** ❙ PIB-
PPA : **1 928 dollars par hab.** ❙ Monnaie :
roupie pakistanaise ❙ Langues : **ourdou et
anglais** (off.), **pendjabi, sindhi, pachtou,
baloutche**

C e pays, très majoritairement musulman, s'est séparé de l'Inde (majoritairement hindouiste) lors de l'indépendance des Indes britanniques, en
1947, après des affrontements très sanglants. On distinguait alors le Pakistan
occidental et le Pakistan oriental, de
part et d'autre de l'Inde. En 1971, une
nouvelle guerre civile a abouti à la sécession du Pakistan oriental, lequel est
devenu le Bangladesh. En 1977, l'armée
a renversé le régime civil dirigé par Ali
Bhutto. Celui-ci fut pendu. Pendant
huit ans, Zia ul-Haq a appliqué la loi
martiale. Il a trouvé la mort dans l'explosion de son avion, en 1988, ce qui a
accéléré le retour à un régime civil.
Benazir Bhutto – la fille d'Ali Bhutto –
a été élue Premier ministre, mais le président Ghulam Ishaq Khan l'a démise
en 1990 sous l'accusation de corruption.
Ayant gagné les élections, elle est revenue au pouvoir en octobre 1993, mais a
été à nouveau renvoyée en 1996. Parce
qu'il a accordé son soutien à la résistance
anticommuniste afghane pendant les
années 1980, le Pakistan a bénéficié de
l'aide de la communauté islamique et a
été soutenu militairement par les États-
Unis. Cela lui a permis de poursuivre la
mise au point de l'arme atomique (il a
procédé à des essais nucléaires en 1998),
déjà en possession de l'Inde, sa rivale
(les deux pays se disputent des territoires du Cachemire). En 1999, un coup
d'État a porté au pouvoir le général

Pervez Musharraf. Après les attentats du 11 septembre 2001 aux États-Unis [*voir page 46*], le Pakistan, qui avait soutenu le régime islamiste des taliban en Afghanistan, a été obligé par les États-Unis de rompre avec celui-ci.

QATAR
État du Qatar

Capitale : **Doha**
| Superficie : **11 000 km²** | Population : **575 000 hab.** | Densité : **52,3 hab./km²** | Espérance de vie : **68,9 ans** | Mortalité infantile : **13,6 ‰** | Scolarisation 12-17 ans : **80,1%** | PIB-PPA : **18 789 dollars par hab.** | Monnaie : **riyal** | Langue : **arabe**

Indépendant depuis 1971, cet émirat arabe du golfe Arabo-Persique bénéficie de ressources en gaz naturel et en pétrole qui représentent 70 % de ses exportations.

SYRIE
République arabe syrienne

Capitale : **Damas**
| Superficie : **183 780 km²** | Population : **16 610 000 hab.** | Densité : **90,4 hab./km²** | Moins de 15 ans : **37,1 %** | Espérance de vie : **70,5 ans** | Mortalité infantile : **26,9 ‰** | Scolarisation 12-17 ans : **54,8 %** | PIB-PPA : **3 556 dollars par hab.** | Monnaie : **livre syrienne** | Langue : **arabe**

Dirigée de manière autoritaire par Hafez el-Assad, arrivé au pouvoir en 1970, la Syrie s'est efforcée d'élargir son influence au Proche-Orient. H. el-Assad, issu de la minorité musulmane alaouite, s'est appuyé sur le parti baassiste (natio-naliste arabe). L'armée syrienne est intervenue à partir de 1976 au Liban voisin, à la demande du président libanais. Certains dirigeants syriens souhaitaient placer ce pays sous leur tutelle. Dans la guerre du Golfe qui a suivi l'invasion du Koweït par l'Irak en 1990 [*voir page 41*], la Syrie, rivale de ce dernier, s'est associée à la coalition anti-ira-kienne. Elle a profité de la situation pour redorer son blason aux yeux des Occidentaux, en espérant obtenir le silence de ces derniers sur son ingérence au Liban. À sa mort en 2000, son fils Bachar a succédé à H. el-Assad.

YÉMEN
République du Yémen

Capitale : **Sanaa**
| Superficie : **527 970 km²** | Population : **19 114 000 hab.** | Densité : **36,2 hab./km²** | Moins de 15 ans : **51,1 %** | Espérance de vie : **59,4 ans** | Mortalité infantile : **73,8 ‰** | PIB-PPA : **893 dollars par hab.** | Monnaie : **riyal** | Langue : **arabe**

Ce pays arabe très pauvre de la péninsule Arabique a été partagé au XIXe siècle, après l'installation des Britanniques à Aden en 1839. Il existait donc deux Yémen, l'un au Nord, l'autre au Sud, avec des régimes politiques différents. Celui du Sud se réclamait du marxisme et était soutenu par l'Union soviétique En 1990, une réunification a été engagée et les autorités ont annoncé l'instauration de certaines libertés fondamentales. Le Yémen occupe une position stratégique, au débouché de la mer Rouge et dans l'océan Indien.

Zone de peuplement kurde
- nettement majoritaire
- densité significative
- forte présence citadine
- Limite du Kurdistan irakien autonome dans les faits après 1991

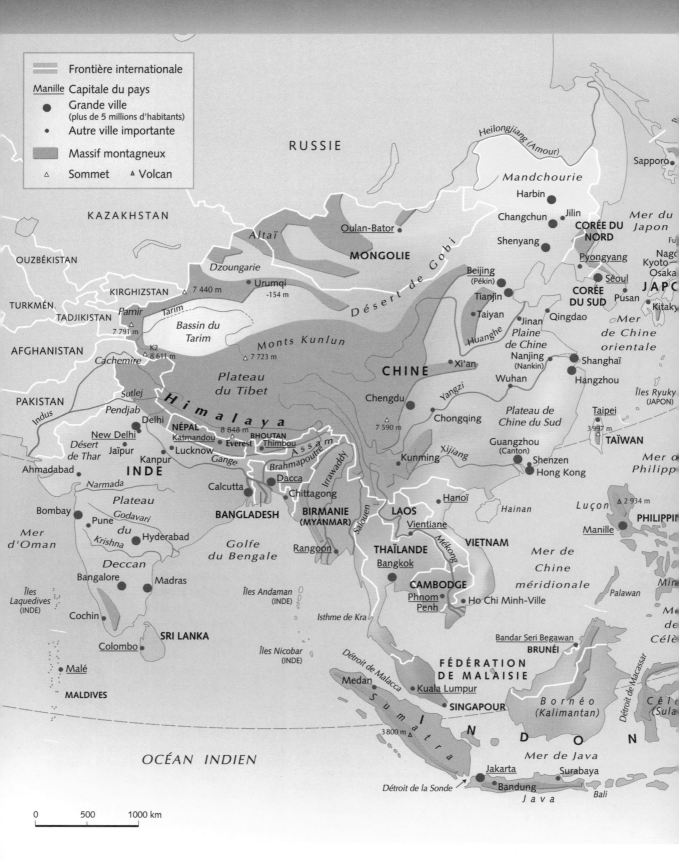

Frontière internationale

<u>Manille</u> Capitale du pays

● Grande ville
(plus de 5 millions d'habitants)

• Autre ville importante

Massif montagneux

△ Sommet   ▲ Volcan

RUSSIE

Heilongjiang (Amour)

Mandchourie

Sapporo

KAZAKHSTAN

Altaï

Oulan-Bator

Harbin

Jilin

Changchun

Mer du Japon

Fu

MONGOLIE

Shenyang

CORÉE DU NORD

Dzoungarie

Urumqi
-154 m

Beijing
(Pékin)

Pyongyang

Naga
Kyoto
Osaka

OUZBÉKISTAN

KIRGHIZSTAN

△ 7 440 m

Désert de Gobi

Tianjin

Séoul

JAPO

TURKMÉN.

TADJIKISTAN

Pamir
△
7 791 m

Tarim

Bassin du Tarim

Monts Kunlun

Taiyan

Jinan

Qingdao

CORÉE DU SUD

Púsan

Kitaky

Mer de Chine orientale

AFGHANISTAN

K2
△ 8 611 m

△ 7 723 m

CHINE

Xi'an

Huanghe

Plaine de Chine

Nanjing
(Nankin)

Shanghaï

Cachemire

Hangzhou

PAKISTAN

Sutlej

Plateau du Tibet

Chengdu

Yangzi

Wuhan

Îles Ryuky (JAPON)

Indus

Pendjab

H i m a l a y a

Delhi

Chongqing

Plateau de Chine du Sud

Taipei

3 997 m

TAÏWAN

New Delhi

NÉPAL

Katmandou

8 848 m
△

BHOUTAN

△ 7 590 m

Mer de Philipp

Désert de Thar

Jaïpur

Lucknow

Everest

Thimbou

A s s a m

Guangzhou
(Canton)

Kanpur

Gange

Brahmapoutre

Kunming

Xijiang

Shenzen

Ahmadabad

INDE

Narmada

Dacca

Calcutta

Chittagong

Irrawaddy

Hong Kong

Luçon

△ 2 934 m

PHILIPPI

Bombay

Plateau du Deccan

Pune

Godavari

Hyderabad

Krishna

Hanoï

BIRMANIE (MYANMAR)

Salouen

LAOS

Hainan

VIETNAM

Mer de Chine méridionale

Manille

Mer d'Oman

Golfe du Bengale

BANGLADESH

Vientiane

Bangalore

Madras

Îles Andaman (INDE)

Rangoon

THAÏLANDE

Bangkok

Mékong

Palawan

Mi

Mer de Célè

Îles Laquedives (INDE)

Cochin

Isthme de Kra

CAMBODGE

Phnom Penh

Ho Chi Minh-Ville

SRI LANKA

Îles Nicobar (INDE)

Colombo

Bandar Seri Begawan

BRUNÉI

Malé

Détroit de Malacca

FÉDÉRATION DE MALAISIE

Medan

Kuala Lumpur

B o r n é o (Kalimantan)

Cé

Sula

MALDIVES

S u m a t r a

SINGAPOUR

Détroit de Macassar

3 800 m

I   N   D   O   N

Mer de Java

OCÉAN INDIEN

Jakarta

Surabaya

Détroit de la Sonde

Bandung

Bali

J a v a

0   500   1000 km

L'ASIE

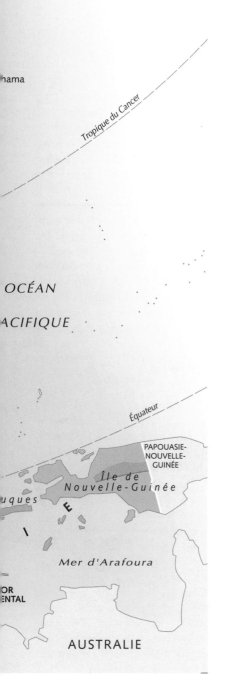

Ce qui distingue l'Asie, c'est l'immensité et la multitude. En 2001, on comptait près de 1,3 milliard de Chinois et plus de 1 milliard d'Indiens, mais aussi près de 215 millions d'Indonésiens et 140 millions de Bangladais.

La vitalité économique de certains pays est une autre donnée majeure de l'avenir : la puissance industrielle et financière japonaise et l'extraordinaire croissance de la Chine, bien sûr, mais également le dynamisme des « nouveaux pays industriels » : la Corée du Sud, Taïwan, Hong Kong et Singapour, et désormais aussi des pays d'Asie du Sud-Est comme la Malaisie, la Thaïlande et l'Indonésie.

On peut distinguer plusieurs unités géopolitiques. L'Asie continentale et paysanne d'abord, où socialisme autoritaire et communisme ont prolongé des traditions de bureaucratie d'État. Elle comprend la Chine, mais aussi la Corée du Nord, la Birmanie, le Vietnam, le Laos et le Cambodge.

Il existe aussi une Asie indo-musulmane, rassemblée autour de l'Inde et du Pakistan, avec notamment le Bangladesh, Sri Lanka et le Népal. L'hindouisme et l'islam ont également fortement influencéla civilisation de l'Asie du Sud-Est, notamment la Malaisie, l'Indonésie et Brunéi.

Le Japon est le seul pays, avec la Thaïlande, à n'avoir jamais été colonisé et le premier à avoir adopté les techniques et institutions occidentales.

Alors que la Guerre froide a cessé, les tensions héritées de cette période n'ont pas toutes disparu : la Corée, en particulier, est toujours divisée.

Bangladesh
République populaire du Bangladesh

Capitale : **Dacca**
| Superficie : **130 170 km²** | Population :
140 369 000 hab. | Densité :
1 078,4 hab./km² | Moins de 15 ans :
36,7 % | Espérance de vie : **58,1 ans**
| Mortalité infantile : **78,8 ‰** | Scolarisation
12-17 ans : **19,9 %** | PIB-PPA : **1 602 dollars
par hab.** | Monnaie : **taka** | Langues :
bengali, anglais (off.)

A près la décolonisation des Indes britanniques, ce territoire à population
principalement musulmane a fait partie
du Pakistan de 1947 à 1971. L'indépendance de 1971 a été acquise au terme
d'une guerre civile très sanglante.
Presque entièrement entouré par l'Inde,
le Bangladesh est formé d'une plaine
basse submergée, à la saison des mous-
sons, par les crues de deux très grands
fleuves, le Gange et le Brahmapoutre,
qui se jettent dans le même gigantesque
delta. Il est également victime des
terribles typhons qui, à la fin de l'été,
balaient les côtes du golfe du Bengale.
Ces difficultés climatiques ont des conséquences d'autant plus tragiques que le
pays est très densément peuplé. Depuis
son indépendance, le Bangladesh a ren-
contré des difficultés dans la démocratisation de la vie politique. Il a connu une
forte instabilité politique (coups d'État,
assassinat de chef d'État…). Il se classe
parmi les pays les plus pauvres de la planète. Son agriculture repose surtout sur
le riz et le jute.

Bhoutan
Royaume du Bhoutan

Capitale : **Thimbou**
| Superficie : **47 000 km²** | Population :
2 141 000 hab. | Densité : **45,6 hab./km²**
| Moins de 15 ans : **41,0 %** | Espérance de
vie : **60,7 ans** | Mortalité infantile : **62,9 ‰**
| Scolarisation 12-17 ans : **10,7 %** | PIB-
PPA : **1 412 dollars par hab.** | Monnaie :

ngultrum | Langues : **dzong-ka** (dialecte
tibétain), **népali**

C e petit royaume, dont le bouddhisme
est la religion d'État, se situe sur le
flanc sud de la chaîne de l'Himalaya.
D'accès difficile, il est enclavé entre les
deux géants que sont l'Inde et la Chine.
Il a été l'un des premiers protectorats
anglais dans cette partie du monde
(1774). Les moines bouddhistes y exercent une forte influence. C'est l'un des
plus pauvres pays du monde. Il est fortement dépendant de l'Inde voisine, dans
son économie comme dans ses relations
extérieures. Les relations avec le Népal
voisin se sont tendues dans les années
1980 : 100 000 Bhoutanais d'origine
népalaise ont été obligés de quitter le
pays.

Birmanie (Myanmar)
Union de Myanmar
(ou Union de Birmanie)

Capitale : **Rangoon**
| Superficie : **657 550 km²** | Population :
48 364 000 hab. | Densité : **73,6 hab./km²**
| Moins de 15 ans : **30,9 %** | Espérance de
vie : **55,8 ans** | Mortalité infantile : **92,2 ‰**
| Scolarisation 12-17 ans : **25,3 %** | PIB-
PPA : **1 027 dollars par hab.** | Monnaie :
kyat | Langues : **birman, anglais, dialectes
des diverses minorités ethniques**

C ette ancienne colonie britannique
est devenue indépendante en 1948
sous le nom de Birmanie. La majorité de
la population est bouddhiste. Les militaires ont pris le pouvoir en 1962, instituant une dictature très répressive et
fermant le pays aux échanges extérieurs,
ce qui a considérablement appauvri le
pays. Des minorités ethniques (Karen,
Kachin, Shan) ont organisé des mouvements de guérilla. Les montagnes bir-
manes font partie de la région du
« Triangle d'or » qui produit l'opium.
En 1988, puis en 1990, des émeutes
populaires ont été noyées dans le sang.

Le prix Nobel de la paix a été décerné en
1991 à la dirigeante de l'opposition
Aung San Suu Kyi alors qu'elle était
détenue. Dix ans plus tard, elle continue
à incarner la lutte non-violente pour la
démocratie.

Brunéi
Sultanat de Brunéi
(Negara Brunei Darussalam)

Capitale : **Bandar S. B.**
| Superficie : **5 270 km²** | Population :
335 000 hab. | Densité : **63,5 hab./km²**
| Espérance de vie : **75,5 ans** | Mortalité
infantile : **9,6 ‰** | Scolarisation 12-17 ans :
81,6 % | PIB-PPA : **16 779 dollars par hab.**
| Monnaie : **dollar de Brunéi** | Langue :
malais

C e sultanat islamique de la côte nord-
ouest de Kalimantan (Bornéo),
devenu indépendant en 1984, est l'un
des pays les plus riches du monde. Son
économie repose essentiellement sur le
pétrole et le gaz naturel. Dans ce pays
fermé, le pouvoir du monarque est
absolu et sa fortune immense.

Cambodge
Royaume du Cambodge

Capitale : **Phnom Penh**
| Superficie : **176 520 km²** | Population :
13 441 000 hab. | Densité : **76,1 hab./km²**
| Moins de 15 ans : **41,6 %** | Espérance de
vie : **56,5 ans** | Mortalité infantile : **83,4 ‰**
| PIB-PPA : **1 446 dollars par hab.**
| Monnaie : **riel** | Langues : **khmer, français,
anglais, vietnamien**

A ncien protectorat français, influencé
par la religion bouddhique, le
Cambodge est situé dans la péninsule
indochinoise. Il reste traumatisé par le
génocide qu'y ont perpétré les révolutionnaires « Khmers rouges » (communistes soutenus par la Chine), après leur
victoire de 1975 contre un régime installé avec l'appui des États-Unis pen-

dant la guerre du Vietnam. De 1975 à 1978, massacres et famines ont sans doute fait 1,7 million de victimes et ruiné durablement le pays. Fin 1978, l'armée vietnamienne a occupé le pays et mis en place un gouvernement provietnamien. Réfugiés sur la frontière thaïlandaise, les Khmers rouges ont alors repris le chemin des maquis et la guérilla, toujours soutenus par la Chine. Après le retrait de l'essentiel des troupes vietnamiennes (1989), les discussions intercambodgiennes ont abouti, le 23 octobre 1991, à la signature à Paris d'un accord international de paix. Pour mettre fin à la guerre, les Nations unies ont déployé 20 000 civils et militaires. Le roi Norodom Sihanouk retrouve son trône en 1993. Pauvre, le Cambodge fait peu à peu son retour dans la vie internationale. La question du jugement des dirigeants khmers rouges est restée en suspens.

Chine
République populaire de Chine

Capitale : **Pékin (Beijing)**
❙ Superficie : **9 327 420 km²** ❙ Population :
1 284 972 000 hab. ❙ Densité :
137,8 hab./km² ❙ Moins de 15 ans : **21,8 %**
❙ Espérance de vie : **71,2 ans** ❙ Mortalité
infantile : **36,5 ‰** ❙ Scolarisation 12-17
ans : **43,7 %** ❙ PIB-PPA : **3 976 dollars par
hab.** ❙ Monnaie : **renminbi** (*yuan*)
❙ Langues : **mandarin** (*putonghua*, langue
commune, off.), **huit dialectes avec de
nombreuses variantes, 55 minorités
nationales avec leur propre langue**

Dans cet immense pays où régnaient la misère et les inégalités sociales et où le chaos politique était grand, la prise du pouvoir par Mao Zedong, en 1949, a abouti à un contrôle complet du Parti communiste sur la société. Officiellement, le pays devait devenir égalitaire : toutes les entreprises devaient appartenir à l'État, l'agriculture être collectivisée, le profit interdit. La vie politique a connu

plusieurs soubresauts et des périodes de répression de masse.

L'un des plus importants de ces soubresauts a été le « Grand Bond en avant » lancé en 1958 par Mao. Il s'agissait notamment de collectiviser davantage l'agriculture en créant des « communes populaires ». Cette politique n'a pas apporté les résultats escomptés par les dirigeants. De 1959 à 1961, la famine a fait entre 13 et 30 millions de morts.

Des réformes ont été proposées, notamment par Deng Xiaoping, un autre dirigeant communiste historique. Mais Mao s'est entêté dans ses choix. Un conflit politique s'est alors déroulé à la tête de l'État, qui a pris le nom de « révolution culturelle » et a duré de 1966 à 1976. Mao a appelé le peuple et surtout la jeunesse à se révolter contre les « bureaucrates » du Parti communiste. Les jeunes qui ont répondu à son appel ont été appelés les « gardes rouges ». Ils ont voulu prendre le pouvoir. Une véritable guerre civile a éclaté, qui a fait des millions de victimes. Mao a réussi à écarter ses rivaux. Les gardes rouges ont ensuite été réprimés et envoyés par millions dans des camps de « rééducation » politique : une génération a ainsi été sacrifiée.

Après la mort de Mao, en 1976, le nouvel homme fort du pays a bientôt été Deng Xiaoping. Il a fait accepter au Parti son programme de modernisation et de réformes économiques. Certains fonctionnements capitalistes ont été

progressivement rétablis. Dans les campagnes, d'abord, la propriété individuelle des paysans a été autorisée. La production du riz a aussitôt très nettement augmenté. Dans l'industrie, ensuite, des sociétés mixtes ont été créées avec des entreprises étrangères et, dans les « zones économiques spéciales », un régime plus capitaliste encore a été instauré. L'économie chinoise a alors connu dix ans de croissance accélérée, et le niveau de vie moyen du pays s'est incontestablement amélioré. Dans le même temps cependant, des profiteurs et spéculateurs ont rapidement fait fortune, et la corruption s'est développée, tandis qu'une masse de déshérités, perdant les maigres avantages sociaux du régime communiste, ont quitté les campagnes pour tenter leur chance en ville.

Le pouvoir, qui avait engagé la réforme économique, se refusait cependant farouchement à toute réforme politique. Au printemps 1989, des manifestations d'étudiants et de jeunes qui réclamaient la démocratie et occupaient notamment la place Tian An Men, à Pékin, furent réprimées dans le sang.

L'ouverture de l'économie au capitalisme a cependant été poursuivie, avec des résultats spectaculaires en termes de croissance de la production et des exportations. L'urbanisation s'est accélérée. Les inégalités se sont encore creusées. En 2001, la Chine a été admise à l'OMC (Organisation mondiale du commerce)

LES LANGUES ET LES « NATIONALITÉS » EN CHINE

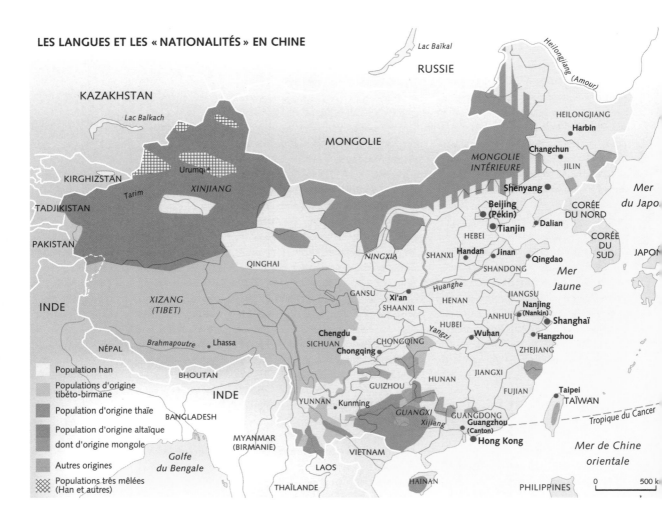

Légende :
- Population han
- Populations d'origine tibéto-birmane
- Population d'origine thaïe
- Population d'origine altaïque
  - dont d'origine mongole
- Autres origines
- Populations très mêlées (Han et autres)

et Pékin accueillera les jeux Olympiques en 2008.

Depuis la prise de pouvoir par les communistes en 1949, la population chinoise a plus que doublé, passant de 540 millions à plus de 1,3 milliard d'habitants. L'ethnie han (93 % de la population) domine, un peu à la manière coloniale, la cinquantaine d'autres peuples présents sur le territoire. La situation du Tibet, dans l'Himalaya, est particulière : il est occupé militairement par les Chinois depuis 1950 et une répression meurtrière y a été menée en 1959. Le chef spirituel des Tibétains (bouddhistes), le dalaï-lama, est réfugié en Inde. Il a obtenu le prix Nobel de la paix en 1989. Des tensions existent également dans le Xinjiang, le pays des Ouïgours (une population musulmane d'origine turque).

En 1997, le grand centre industriel et financier de Hong Kong, qui était une colonie britannique depuis 1843, a été rattaché à la Chine. Il en a été de même en 1999 pour l'ancien comptoir portugais de Macao. La Chine voudrait de la même manière « récupérer » Taïwan [*voir page 86*].

La Chine, aussi appelée l'« empire du Milieu », est héritière d'une civilisation très ancienne. Elle est influencée par plusieurs religions et philosophies, surtout le confucianisme (les enseignements de Confucius), mais aussi le bouddhisme, le taoïsme et l'islam (pratiqué notamment par les Ouïgours). Malgré le communisme, les traditions ont continué à beaucoup marquer les mentalités.

Enfin, on ne peut parler de la Chine sans évoquer les Chinois d'outre-mer (des dizaines de millions d'émigrés, surtout au sud-est de l'Asie, mais aussi aux États-Unis, en France, etc.).

Les Corées
République populaire démocratique de Corée (Corée du Nord)

Capitale ▌ **Pyongyang**

▌ Superficie : **120 410 km²** ▌ Population : **22 428 000 hab.** ▌ Densité : **186,3 hab./km²** ▌ Moins de 15 ans : **37,0 %** ▌ Espérance de vie : **63,1 ans** ▌ Mortalité infantile : **45,1 ‰**

| PIB-PPA : **765 dollars par hab.** | Monnaie :
won | Langue : **coréen**

République de Corée (Corée du Sud)

Capitale : Séoul
| Superficie : **98 730 km²** | Population :
47 069 000 hab. | Densité : **476,7 hab./km²**
| Moins de 15 ans : **25,1 %** | Espérance de
vie : **75,5 ans** | Mortalité infantile : **7,1 ‰**
| Scolarisation 12-17 ans : **84,0 %** | PIB-
PPA : **18 125 dollars par hab.** | Monnaie :
won | Langue : **coréen**

Annexée par le Japon en 1910, la Corée a été partagée en 1945, à la fin de la Seconde Guerre mondiale, en deux zones d'occupation : l'une soviétique, l'autre américaine ; elles formeront en 1948 la République populaire démocratique de Corée (communiste), au nord, et la République de Corée, au sud. De 1950 à 1953, ces deux États, le Sud étant soutenu par les États-Unis et l'Organisation des Nations unies (ONU), le Nord par l'armée chinoise et l'Union soviétique, se sont affrontés dans ce qu'on appela la « guerre de Corée » [*voir article p. 17*].

À la fin de cette guerre, le pays est resté divisé au niveau du 38ᵉ parallèle, et la tension est demeurée forte entre la Corée du Nord, sous régime communiste, et la Corée du Sud, anticommuniste et sous protection nord-américaine. Cependant, en 1991, la Corée du Nord a accepté l'adhésion simultanée des deux pays à l'ONU.

Le président de la Corée du Nord, Kim Il-sung – arrivé au pouvoir suprême en 1948 et mort en 1994 –, aura été l'un des derniers chefs d'État communistes de la planète ; il a jusqu'au bout continué à entretenir le culte obligatoire rendu à sa personne. Il a orienté le régime vers une dictature héréditaire en décidant que son fils Kim Jong-il lui succéderait. La Corée du Nord a continué à consacrer une part très importante de ses ressources au budget militaire et a

déployé beaucoup d'efforts en vue de se munir de la bombe atomique.

La Corée du Sud a longtemps connu des régimes de dictature militaire, ponctués d'émeutes sociales et de violentes répressions. Mais un processus de démocratisation a été engagé en 1988, avec la tenue d'élections libres. En 1993, pour la première fois, un civil, Kim Young-sam, a été élu chef de l'État. Puis, en 1997, c'était au tour d'un candidat de l'opposition, Kim Dae-jung, d'être élu. Ce dernier a mené une politique de rapprochement avec le Nord.

Dans les années 1960, le pays s'est engagé dans une ambitieuse politique d'industrialisation orientée vers les exportations. Cela a permis une forte croissance économique. La Corée du Sud est devenue ce qu'on appelle un « nouveau pays industriel » (NPI), comme Taïwan, Hong Kong et Singapour. Devant importer son énergie et ses matières premières, le pays s'était d'abord spécialisé dans les industries qui demandent beaucoup de main-d'œuvre : textile, habillement, chaussures, mais il produit désormais aussi automobiles, électronique, ordinateurs et autres technologies de pointe.

Inde
Union indienne

Capitale : New Delhi
| Superficie : **2 973 190 km²** | Population :
1 025 096 000 hab. | Densité :
344,8 hab./km² | Moins de 15 ans : **31,4 %**
| Espérance de vie : **64,2 ans** | Mortalité
infantile : **64,7 ‰** | Scolarisation 12-
17 ans : **43,8 %** | PIB-PPA : **2 358 dollars
par hab.** | Monnaie : **roupie indienne**
| Langues : **outre l'anglais, 15 langues
officielles** (assamais, bengali, gujarati,
hindi, kannada, cachemiri, malayalam,
marathi, oriya, pendjabi, sanscrit, sindhi,
tamoul, telugu et ourdou)

En mai 1991, en pleine campagne électorale, l'assassinat de l'ancien Premier ministre Rajiv Gandhi, moins

de sept ans après celui de sa mère Indira Gandhi, qui dirigeait alors le gouvernement, a montré combien pouvait être fragile la situation politique de ce grand pays, qui ressemble à une mosaïque. Dans cette fédération rassemblant vingt-huit États et sept territoires, on parle, en plus de l'anglais, quinze langues officielles dont l'hindi qui est pratiqué par environ 300 millions de personnes. Les religions sont également nombreuses : les hindous, adeptes de l'hindouisme, sont largement majoritaires (80 %), mais on compte aussi beaucoup de musulmans (11 %), des chrétiens (2,4 %), des sikhs (2 %), des bouddhistes (0,7 %), des adeptes du jaïnisme (0,7 %), etc.

L'immense territoire indien est régulièrement agité par des crises : dans certaines régions ont eu lieu des rébellions ayant pour objectif la séparation du pays ou une plus grande autonomie. Les affrontements les plus graves ont eu lieu en Assam, au Pendjab ou au Cachemire. Aux tensions entre communautés ethniques s'ajoutent régulièrement des conflits à la fois politiques et religieux, provoqués par des musulmans, des sikhs ou des « nationalistes hindous ». Enfin, ce pays présente également de très forts contrastes sociaux : la misère côtoie l'aisance et la grande richesse. En effet, le développement de l'Inde a été très inégal selon les régions. De plus, malgré son abolition officielle en 1947, le système des castes imprègne toujours les

LES LANGUES PARLÉES EN INDE ET DANS LES PAYS VOISINS

Langues
- indo-aryennes
- dravidiennes
- austro-asiatiques
- môn-khmères
- tibéto-birmanes
- iraniennes
- autres

Hindi Langue majoritairement parlée

···· Limite d'état

0   500 km

ment nucléaire s'est même engagée (les deux pays possèdent la bombe).

Dans ce pays soumis à la mousson, la population est aux deux tiers paysanne. La production industrielle est toutefois presque aussi importante que la production agricole. Elle est variée (textile, habillement, chimie, mécanique, etc.). La technologie est relativement diversifiée. La politique économique de l'Inde a longtemps été assez dirigiste (l'État jouait un grand rôle dans les choix). On parlait du « socialisme indien ». Cette situation a changé depuis la fin des années 1980. Les entreprises sont plus libres de leurs décisions.

Deuxième pays du monde par sa population, l'Inde, dont la civilisation influence beaucoup certains pays asiatiques voisins, a toujours mené une politique étrangère très active dans la région.

Indonésie
République d'Indonésie

Capitale : Jakarta
▎ Superficie : **1 811 570 km²** ▎ Population : **214 840 000 hab.** ▎ Densité : **118,6 hab./km²** ▎ Moins de 15 ans : **28,3 %** ▎ Espérance de vie : **67,3 ans** ▎ Mortalité infantile : **39,5 ‰** ▎ Scolarisation 12-17 ans : **60,1 %** ▎ PIB-PPA : **3 043 dollars par hab.** ▎ Monnaie : **roupie indonésienne** ▎ Langues : **bahasa Indonesia** (off.), **200 langues et dialectes régionaux**

A vec plus de 13 500 îles habitées dont les plus connues sont Java, Sumatra, Bornéo (partagée avec la Malaisie), les Célèbes, les Moluques, les îles de la Sonde (dont Bali), l'Indonésie forme un immense archipel au sud de l'Asie, dans cette région que l'on appelait autrefois « Insulinde ». Jadis célèbre pour ses épices, l'Indonésie est au quatrième rang mondial pour sa population (215 millions d'habitants, dont plus de 115 millions sur la seule île de Java), ce qui en fait le pays musulman le plus peuplé. L'histoire de cette ancienne colonie néer-

mentalités : l'organisation de la société repose traditionnellement sur l'appartenance héréditaire à différents groupes ; les brahmanes sont les plus nobles ; au bas de l'échelle sociale, les « intouchables » sont considérés comme de véritables parias.

Héritière d'une riche civilisation et marquée par la colonisation anglaise, l'Inde est indépendante depuis 1947. La décolonisation a donné lieu à des affrontements violents avec les Britanniques. Par ailleurs, l'opposition entre les communautés hindoue et musulmane a débouché sur de véritables massacres ; le Pakistan, peuplé en majorité de musulmans, s'est séparé de l'Inde dès 1947. De 1947 à 1989, le Parti du Congrès est

resté majoritaire au Parlement indien. Ses principales figures ont appartenu à une même « dynastie » : le pandit Nehru, sa fille Indira Gandhi (sans rapport familial avec le mahatma Gandhi, l'apôtre de la non-violence), et le fils de cette dernière, Rajiv. L'Inde fut l'un des leaders du tiers monde après la décolonisation en défendant une position neutre dans le conflit Est-Ouest. Cependant, à cause des tensions qui ont existé avec la Chine (notamment liées à l'occupation du Tibet par celle-ci), les rapports ont toujours été assez étroits avec l'autre grand voisin du Nord, l'Union soviétique. Avec le Pakistan, les relations sont restées tendues, notamment à propos du Cachemire. Une course à l'arme-

landaise, indépendante depuis 1947 après des affrontements armés, a connu un tournant majeur en 1965. Elle était alors gouvernée par Sukarno, l'un des pères du « non-alignement » des pays du tiers monde. Le Parti communiste indonésien était très fort. Il a été accusé d'une tentative de coup d'État et l'armée, sous la direction de Suharto, a organisé une très sanglante chasse « anticommuniste » qui a fait des centaines de milliers de victimes. Sukarno a été destitué en 1967. Suharto a installé une dictature qui s'est maintenue jusqu'en 1998.

Dotée de ressources en pétrole et gaz naturel, l'Indonésie exporte aussi du bois et du papier, des textiles et produits de confection, des minerais, du caoutchouc, de l'acier, du ciment... Son agriculture repose sur le riz, le café, le thé et le caoutchouc. La déforestation provoquée par les exportations de bois suscite l'inquiétude des écologistes. Le pays a par ailleurs été confronté à plusieurs problèmes territoriaux. Le principal concernait la moitié orientale de l'île de Timor, ancienne colonie portugaise occupée par l'Indonésie en 1975, puis annexée. Elle est devenue indépendante en 2002, au terme d'une longue lutte [*voir page 87*]. En Irian Jaya (moitié occidentale de la Nouvelle-Guinée), un mouvement séparatiste, l'OPM (Organisation pour l'indépendance de la Papouasie), combat toujours la présence indonésienne. (La moitié orientale de

cette même île, la Papouasie-Nouvelle-Guinée, indépendante depuis 1975, est peuplée en majorité de Papous.) Par ailleurs, de vives tensions se sont manifestées sur d'autres territoires, notamment à Aceh, sur l'île de Sumatra.

Japon

Capitale : **Tokyo**
❙ Superficie : **364 500 km²** ❙ Population : **127 335 000 hab.** ❙ Densité : **349,3 hab./km²** ❙ Moins de 15 ans : **14,1 %** ❙ Espérance de vie : **80,5 ans** ❙ Mortalité infantile : **3,5 ‰** ❙ Scolarisation 2ᵉ degré : **96,8 %** ❙ PIB-PPA : **27 303 dollars par hab.** ❙ Monnaie : **yen** ❙ Langue : **japonais**

En trente ans, l'économie japonaise a fait des progrès spectaculaires. Depuis que la compétition mondiale existe entre les nations, c'est la première fois qu'une puissance non occidentale parvient à se hisser ainsi au sommet de la hiérarchie mondiale du capitalisme. Extraordinaire résultat pour ce pays grand vaincu de la Seconde Guerre mondiale, dont l'industrie était, en 1945, détruite à 80 %. À cause de ses choix militaristes et expansionnistes d'avant 1945, le Japon a longtemps été tenu à l'écart des affaires politiques du monde, et son réarmement interdit. Il a aussi perdu toutes ses conquêtes militaires, et même certains territoires du nord du pays, devenus soviétiques, comme l'archipel des Kouriles.

Le pays a été reconstruit sous surveillance politique et militaire américaine. Bien que ne disposant pratiquement pas d'énergie ni de matières premières, il a su s'organiser efficacement. L'industrie est vite devenue conquérante, atteignant le deuxième rang mondial, derrière celle des États-Unis.

Les exportations ont gagné sans cesse en importance. La concurrence des produits *made in Japan* a inquiété de plus en plus les chefs d'entreprise et les hommes politiques américains et européens. Aux

États-Unis, une voiture sur quatre a bientôt été nipponne. Les exportations japonaises ont également été massives dans l'électronique (magnétoscopes, chaînes hi-fi, etc.), l'informatique et les produits de haute technologie. On a d'abord accusé les Japonais de copier les technologies occidentales. Puis, on leur a reproché de ne pas être loyaux et de fermer leurs frontières aux produits étrangers. Par la suite, on a cru que ce pays avait inventé un nouveau modèle de production et qu'il avait pris de l'avance sur ses concurrents en matière d'organisation du travail. En fait, des entreprises concurrentes sont devenues aussi efficaces que les firmes japonaises, notamment dans la construction automobile.

Avec l'industrie et les exportations, le troisième point fort de l'économie japonaise a été la finance : la Bourse de Tokyo a vertigineusement grimpé dans les années 1980. La monnaie (le yen) s'est mise à concurrencer le dollar et les investissements japonais à l'étranger se sont multipliés (installations d'usines, acquisitions d'immeubles).

L'effondrement de l'Union soviétique a fait naître de grands espoirs à Tokyo, de même que les possibilités d'évolution de la situation en Chine communiste : le Japon rêve d'étendre encore sa zone d'influence économique. Ses relations avec les États-Unis se sont tendues du fait de leur rivalité commerciale.

Jusqu'à la fin des années 1980, le Japon

a semblé suivre une évolution économique triomphante et était même devenu créancier des États-Unis. Dans les années 1990, en revanche, les difficultés économiques se sont accumulées. Cela a résulté de l'éclatement de la « bulle financière ». La spéculation avait fait monter artificiellement la Bourse et le marché immobilier. De nombreuses banques, entreprises et grands magasins ont fait faillite. Le chômage s'est développé. Mais l'économie japonaise est restée la deuxième au monde, derrière les États-Unis. Cependant, le vieillissement de la population posera à terme un problème de main-d'œuvre.

La vie politique japonaise a été dominée pendant des décennies par le Parti libéral-démocrate (PLD), conservateur, qui a souvent été éclaboussé par des scandales financiers. L'empereur ne joue qu'un rôle symbolique.

Laos
République démocratique populaire lao

Capitale : **Vientiane**
| Superficie : **230 800 km²** | Population :
5 403 000 hab. | Densité : **23,4 hab./km²**
| Moins de 15 ans : **40,8 %** | Espérance de vie : **52,5 ans** | Mortalité infantile : **96,6 ‰**
| Scolarisation 12-17 ans : **47,8 %** | PIB-PPA : **1 575 dollars par hab.** | Monnaie : **kip**
| Langues : **lao, dialectes** (taï, phoutheung, hmong)

Petit pays influencé par le bouddhisme, le Laos est situé entre la Thaïlande et le Vietnam. Devenu indépendant en 1953, après soixante ans de protectorat français, il a connu une longue guerre civile jusqu'en 1975, année de la prise de pouvoir par les communistes du parti Pathet Lao. Au même moment, après la défaite américaine dans la guerre du Vietnam, les communistes sont parvenus au pouvoir au Vietnam et au Cambodge. Dès lors, l'influence vietnamienne a été prépondérante. Se classant parmi les pays les plus pauvres du monde, le Laos est longtemps resté fermé aux influences économiques étrangères.

Malaisie
Fédération de Malaisie

Capitale : **Kuala Lumpur**
| Superficie : **328 550 km²** | Population : **22 633 000 hab**. | Densité : **68,9 hab./km²**
| Moins de 15 ans : **32,4 %** | Espérance de vie : **71,9 ans** | Mortalité infantile : **11,6 ‰**
Scolarisation 12-17 ans : **67,7 %** | PIB-PPA : **9 068 dollars par hab.** | Monnaie : **ringgit**
| Langues : **malais, chinois, anglais, tamoul**

Indépendante depuis 1957, la Malaisie est une fédération de deux territoires distants de près de 1 000 kilomètres, de part et d'autre de la mer de Chine : l'un est l'extrémité sud de la longue presqu'île de Malaisie (le nord de celle-ci appartient à la Thaïlande), l'autre est le nord de l'île de Bornéo (le sud de cette île appartient à l'Indonésie). Toute l'histoire de la Malaisie a été marquée par son rôle de carrefour. Sa population est très diverse. La majorité (60 %) est malaise. Les Chinois (30 %) jouent un rôle économique prépondérant. On compte aussi 8 % d'Indiens. Les musulmans représentent un peu plus de la moitié de la population. Ils sont pour la plupart peu favorisés économiquement, mais monopolisent le pouvoir politique. Bénéficiant de beaucoup de ressources naturelles (étain, caoutchouc, pétrole, gaz

naturel, forêts), la Malaisie s'est orientée vers une politique d'industrialisation dynamique, privilégiant l'exportation. Sa croissance économique a été rapide à partir des années 1970 et les investissements étrangers y ont été importants.

Maldives
République des Maldives

Capitale : **Male**
| Superficie : **300 km²** | Population : **300 000 hab**. | Densité : **999,5 hab./km²**
Espérance de vie : **65,4 ans** | Mortalité infantile : **46,4 ‰** | Scolarisation 12-17 ans : **70,3 %** | PIB-PPA : **4 485 dollars par hab.** | Monnaie : **rufiyaa** | Langues : **divehi, anglais**

Ancienne possession britannique ayant acquis l'indépendance en 1965, cet archipel regroupe environ 2 000 îlots, dont 200 sont habités. Il est situé à 1 000 kilomètres au sud-ouest de l'Inde. L'économie de ce pays musulman dépend essentiellement de la pêche et du tourisme.

Mongolie

Capitale : **Oulan-Bator**
| Superficie : **1 566 500 km²** | Population : **2 559 000 hab**. | Densité : **1,6 hab./km²**
| Moins de 15 ans : **30,2 %** | Espérance de vie : **61,9 ans** | Mortalité infantile : **65,8 ‰**
| Scolarisation 12-17 ans : **85,5 %** | PIB-PPA : **1 783 dollars par hab.** | Monnaie : **tugrik** | Langues : **mongol** (off.), **dialecte kazakh, russe, chinois**

Située entre les deux géants chinois et russe qui, dans l'histoire, s'en sont disputé le contrôle, la Mongolie est la lointaine héritière de l'« empire des steppes » de Gengis Khan. Elle est devenue indépendante en 1911, et communiste en 1924, étroitement liée à l'Union soviétique. Un processus de démocratisation a été engagé à partir de 1989. Dans ce pays au climat rude, l'économie repose essentiellement sur l'élevage.

Népal
Royaume du Népal

Capitale : **Katmandou**
┃ Superficie : **143 000 km²** ┃ Population :
23 593 000 hab. ┃ Densité : **165,0 hab./km²**
┃ Moins de 15 ans : **40,3 %** ┃ Espérance de
vie : **57,3 ans** ┃ Mortalité infantile : **82,6 ‰**
┃ Scolarisation 12-17 ans : **33,4 %** ┃ PIB-
PPA : **1 327 dollars par hab.** ┃ Monnaie :
roupie népalaise ┃ Langue : **népali** (off.),
maithili, bhojpuri (dialectes hindi), **néwari,
tamang, etc.**

Situé dans l'Himalaya, entre l'Inde et
la Chine, le Népal est un État-tam-
pon qui est le dernier royaume hindou
de la planète. En 1990, après des manifestations violemment réprimées, une
Constitution a été proclamée et les partis autorisés. En 1996, un mouvement
communiste se réclamant du maoïsme
a lancé une insurrection contre le pouvoir. En 2001, le roi et neuf autres
membres de sa famille ont été tués lors
d'une fusillade déclenchée par le prince
héritier.
Totalement dépendant de l'Inde sur le
plan économique, mais bénéficiant du
tourisme, le Népal est l'un des pays les
plus pauvres du monde.

Philippines
République des Philippines

Capitale : **Manille**
┃ Superficie : **298 170 km²** ┃ Population :
77 131 000 hab. ┃ Densité : **258,7 hab./km²**
┃ Moins de 15 ans : **35,3 %** ┃ Espérance de
vie : **68,6 ans** ┃ Mortalité infantile : **34,4 ‰**
┃ Scolarisation 12-17 ans : **71,9 %** ┃ PIB-
PPA : **3 971 dollars par hab.** ┃ Monnaie :
peso philippin ┃ Langues : **tagalog, anglais**

Occupé pendant trois siècles par les
Espagnols, l'archipel des Philippines, dont la population est principalement de religion chrétienne, a été
ensuite contrôlé par les États-Unis. La
République a été proclamée en 1946,

mais les Américains ont conservé une
influence politique considérable et ont
disposé, jusqu'en 1992, de bases aérona-
vales à Subic Bay. L'histoire des dernières
décennies a été marquée par la longue
dictature de Ferdinand Marcos (chef de
l'État à partir de 1965), par la guérilla
des communistes de la Nouvelle armée
du peuple (NAP) à partir de 1969, et
par celle des musulmans du Front moro
de libération nationale. Lâché par les
États-Unis, F. Marcos s'est enfui en
1986 et une démocratisation fragile a
été engagée sous la présidence d'une
femme, Corazon Aquino. Les élections
présidentielles de 1992 ont été remportées par Fidel Ramos. Celui-ci a légalisé
le Parti communiste et rétabli des rapports apaisés avec l'armée. Son successeur, Joseph Estrada a été accusé d'avoir
détourné des fonds. Il a été chassé en
2001 par un soulèvement populaire.
Plusieurs mouvements séparatistes
musulmans continuent à être actifs,
dont le groupe Abu Sayyaf.
L'économie philippine repose sur une
agriculture faisant appel à une importante main-d'œuvre (sucre, maïs, riz,
noix de coco), sur l'exploitation des
forêts – qui inquiète les défenseurs de
l'environnement –, ainsi que sur une
industrie spécialisée notamment dans
les produits électroniques. Par ailleurs,
l'industrie du sexe y reste importante.

Singapour
République de Singapour

Capitale : **Singapour (cité-État)**
┃ Superficie : **610 km²** ┃ Population :
4 108 000 hab. ┃ Densité : **6 734,3 hab./km²**
┃ Moins de 15 ans : **19,9 %** ┃ Espérance de
vie : **77,1 ans** ┃ Mortalité infantile : **4,9 ‰**
┃ Scolarisation 12-17 ans : **87,4 %** ┃ PIB-
PPA : **23 356 dollars par hab.** ┃ Monnaie :
dollar de Singapour ┃ Langues : **anglais,
chinois, malais, tamoul**

Cette cité a fait partie de la Malaisie
jusqu'en 1965. Elle s'est ensuite

constituée en État indépendant. La
population est aux trois quarts chinoise,
à 15 % malaise, et partagée entre de
nombreuses religions (bouddhisme,
taoïsme, islam, etc.).
Pendant un quart de siècle, de 1965 à
1990, le gouvernement a été dirigé par
Lee Kuan Yew, à la tête d'un parti quasi
unique. Le développement industriel,
commercial et financier de Singapour
lui a valu d'être nommé « dragon économique ».

Sri Lanka
République démocratique socialiste
de Sri Lanka

Capitale : **Colombo** (Parlement
et centre administratif à Kotte)
┃ Superficie : **64 630 km²** ┃ Population :
19 104 000 hab. ┃ Densité : **295,6 hab./km²**
┃ Moins de 15 ans : **24,4 %** ┃ Espérance de
vie : **71,6 ans** ┃ Mortalité infantile : **22,9 ‰**
┃ Scolarisation 12-17 ans : **62,3 %** ┃ PIB-
PPA : **3 530 dollars par hab.** ┃ Monnaie :
roupie sri-lankaise ┃ Langues : **cingalais et
tamoul** (off.), **anglais** (semi-off.)

Très proche de la pointe sud de l'Inde,
cette île fut autrefois la perle de
l'empire des Indes britanniques. On
l'appelait alors « Ceylan ». Après l'indépendance (1948), les relations se sont
vite tendues entre les Cinghalais (en
majorité bouddhistes) qui forment les
trois quarts de la population et les

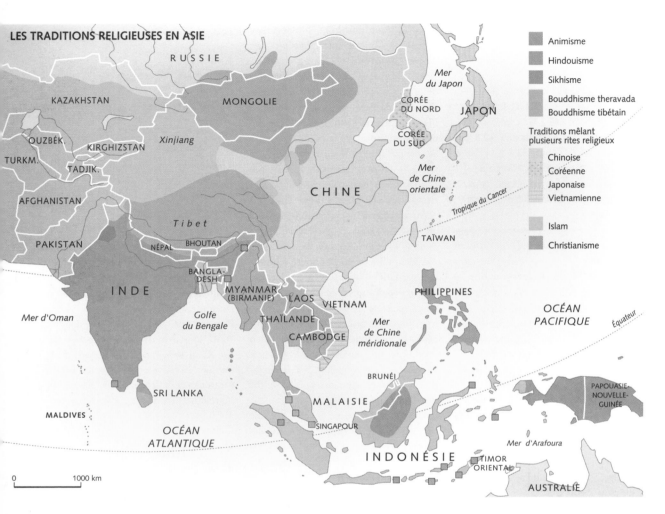

LES TRADITIONS RELIGIEUSES EN ASIE

Légende :
- Animisme
- Hindouisme
- Sikhisme
- Bouddhisme theravada
- Bouddhisme tibétain
- Traditions mêlant plusieurs rites religieux
  - Chinoise
  - Coréenne
  - Japonaise
  - Vietnamienne
- Islam
- Christianisme

0   1000 km

Tamouls (en majorité hindouistes). À partir de 1984, ce conflit s'est transformé en une terrible guerre civile. À la demande du gouvernement, l'armée indienne est intervenue en 1987. Elle a affronté les séparatistes tamouls, mais n'est pas venue à bout de leur résistance. Elle s'est retirée fin 1989. Des négociations entre le gouvernement et les séparatistes ont ensuite échoué et la violence n'a pas disparu.

En 1993, le chef de l'État Ranasinghe Premadasa a été assassiné, ce qui a accentué l'instabilité politique. En février 2002, un accord de cessez-le-feu a été signé en vue de négociations. Le coût humain et économique du conflit entre les deux communautés est considérable.

Taïwan
« République de Chine »

Capitale : **Taipei**

❙ Superficie : **36 236 km²** ❙ Population : ❙ **22 370 000 hab.** ❙ Densité : **617,4 hab./km²** ❙ Espérance de vie : **75,6 ans** ❙ Mortalité infantile : **5,9 ‰** ❙ Scolarisation 12-17 ans : **99,4 %** ❙ PIB-PPA : **17 394 dollars par hab.** ❙ Monnaie : **dollar de Taïwan** ❙ Langue : **chinois** (mandarin, taïwanais, hakka)

C'est sur cette île autrefois appelée « Formose » que se sont repliés les dirigeants nationalistes chinois en 1949, lorsque les communistes qu'ils combattaient ont pris le pouvoir en Chine continentale.

Soutenu par les États-Unis, le régime fut longtemps dictatorial, et la loi martiale a été appliquée jusqu'en 1987. Un processus de démocratisation s'est engagé par la suite. À partir des années 1960, l'île a connu une industrialisation dynamique tournée vers les exportations (textile, électronique, informatique, machines, chaussures). Avec la Corée du Sud, Hong Kong et Singapour, c'est l'un des quatre « dragons économiques asiatiques ».

La démocratisation s'est poursuivie, de même que les tensions avec la Chine continentale qui ne cache pas sa volonté de réintégrer Taïwan à son territoire. L'île, pour sa part, s'efforce de réduire son isolement diplomatique.

Thaïlande
Royaume de Thaïlande

Capitale : Bangkok
❙ Superficie : **510 890 km²** ❙ Population :
63 584 000 hab. ❙ Densité : **124,5 hab./km²**
❙ Moins de 15 ans : **25,2 %** ❙ Espérance de
vie : **70,8 ans** ❙ Mortalité infantile : **20,8 ‰**
❙ Scolarisation 12-17 ans : **37,0 %** ❙ PIB-
PPA : **6 402 dollars par hab.** ❙ Monnaie :
baht ❙ Langues : **thaï** (off.), **chinois, anglais**

Depuis la fin de la monarchie absolue, en 1932, les militaires avaient
presque toujours exercé le pouvoir dans
ce pays allié des États-Unis pendant la
Guerre froide. En 1973, un soulèvement étudiant a renversé la dictature au
prix de 300 morts. En mai 1992, de
graves émeutes ont à nouveau eu lieu
contre les généraux. Leur répression a
fait 450 morts, des jeunes pour la
plupart. Les élections ont abouti à un
gouvernement civil. La situation est
cependant restée assez instable à cause
des changements d'alliances entre partis politiques.

Pays de tradition bouddhique ayant
échappé à la colonisation, la Thaïlande a
connu, à partir des années 1980, un fort
développement industriel grâce à des
investissements étrangers. 80 % de la
population est néanmoins rurale. Une
partie de la récolte de riz est exportée,
ainsi que du manioc. L'exploitation
intensive de la forêt est peu soucieuse
des équilibres écologiques. Une autre
activité est très lucrative dans ce pays
aux inégalités et aux injustices criantes :
c'est l'industrie du sexe. La prostitution,
de jeunes surtout, y est en effet massive
et attire les touristes étrangers. Cela
donne une triste réputation au pays.

Timor oriental

Capitale : Dili
❙ Superficie : **14 609 km²** ❙ Population :
750 000 hab. ❙ Densité : **51,3 hab./km²**
❙ Espérance de vie : **47,5 ans** ❙ Mortalité

infantile : **135 ‰** ❙ PIB-PPA : **528 dollars/hab.**
❙ Monnaie : **dollar É.-U.** ❙ Langues : **tetun,
portugais** (off.), **indonésien**

Cette ancienne colonie portugaise a
proclamé son indépendance en
1975. Aussitôt, l'armée indonésienne l'a
envahie. La répression des indépendantistes a fait 200 000 morts en un quart
de siècle. En 1999, après la chute de la
dictature indonésienne, un référendum a
été organisé par l'ONU. Près de 80 %
des Est-Timorais ont voté en faveur de
l'indépendance. En « punition », l'armée indonésienne a déclenché massacres
et destructions. Le pays, qui allait devenir souverain, était à reconstruire. Le 30
août 2001, 91 % des électeurs ont élu
dans le calme une Assemblée consti-
tuante. José Alexandre dit « Xanana »
Gusmao a été élu chef de l'État.

Vietnam
République socialiste du Vietnam

Capitale : Hanoi
❙ Superficie : **325 490 km²** ❙ Population :
79 175 000 hab. ❙ Densité : **243,2 hab./km²**
❙ Moins de 15 ans : **29,2 %** ❙ Espérance de
vie : **69,2 ans** ❙ Mortalité infantile : **33,6 ‰**
Scolarisation 12-17 ans : **47,0 %** ❙ PIB-PPA :
1 996 dollars par hab. ❙ Monnaie : **dong**
❙ Langues : **vietnamien** (nat.), **langues des
ethnies minoritaires** (khmer, cham, thai,
sedang, mia-yao, chinois)

Après huit années de guerre contre le
régime colonial, conclues par la
défaite militaire française de Dien Bien
Phu (1954) et les accords de Genève, ce
pays de tradition majoritairement bouddhique avait été coupé en deux : le
Nord-Vietnam, sous contrôle communiste, et le Sud-Vietnam où les
Américains avaient pris le relais des
Français dans la lutte anticommuniste.
Une guerre civile a été déclenchée en
1960 dans le Sud. L'appui américain au
régime s'est fait de plus en plus important. L'armée des États-Unis a été direc-

tement et massivement engagée à partir
de 1965, mais elle a connu la défaite et a
dû quitter le pays en 1973. Les communistes vietnamiens ont ensuite conquis
le Sud. Le pays a été réunifié sous leur
contrôle. Des centaines de milliers d'habitants qui refusaient le nouveau régime
et fuyaient la répression ont cherché à
quitter le pays, souvent sur des embarca-
tions de fortune. On les a surnommés,
pour cette raison, « boat people ».

Les guerres indochinoises n'étaient
pourtant pas finies : en 1978, le
Vietnam a envahi le Cambodge voisin
pour chasser les Khmers rouges du pouvoir et y installer un régime provietnamien, tandis que les troupes chinoises
lançaient une offensive antivietna-
mienne au nord du Vietnam. Le
Vietnam est alors devenu de plus en plus
dépendant de l'aide soviétique.

À la tête d'un pays meurtri par près de
cinquante ans de conflits successifs, isolé
économiquement, la « vieille garde »
des dirigeants communistes a vu avec
inquiétude s'effondrer le « grand frère »
soviétique. Elle s'est efforcée d'améliorer
avec la Chine voisine des relations qui
étaient tendues depuis une quinzaine
d'années. Les relations diplomatiques
avec les États-Unis ont été restaurées en
1995. Peu à peu, l'économie a pour sa
part commencé à s'ouvrir au monde
capitaliste et les exportations se sont
nettement développées. Le système politique est en revanche resté fermé à de
réelles évolutions.

CHINE

JAPON

PHILIPPINES

MALAISIE

INDONÉSIE

Mer
des
Philippines

Îles
Mariannes du Nord
(É.-U.)

Guam (É.-U.)

OCÉAN

ÎLES MARSHALL

Dalap-Uliga-Darrit

ÉTATS FÉDÉRÉS
DE MICRONÉSIE

Koror

Îles
Carolines

Palikir

PALAU

Micronésie

Bairiki

Yaren

NAURU

Îles Gilbert

Îles
Phoenix

KIRIBATI

Îles Hawaii
(É.-U.)

Îles

Po

PAPOUASIE-
NOUVELLE-GUINÉE

Nouvelle-Guinée

△ 4 694m

Mélanésie

ÎLES
SALOMON

TUVALU

Fongafale

Tokelau (N.-Z.)

TIMOR
ORIENTAL

Mer
de Timor

Mer
d'Arafoura

Détroit de Torres

Port-
Moresby

Honiara

Wallis et
Futuna
(FRANCE)

SAMOA

Apia

Samoa
américaines
(É.-U.)

Îles Cook
(N.-Z.)

Plateau
de Kimberley

Grand Désert
de Sable

Désert
de Gibson

AUSTRALIE

Grand Désert
de Victoria

Lac Eyre

Cordillère australienne

Grande Barrière de Corail

Mer de
Corail

VANUATU

Port-Vila

Nouvelle-
Calédonie
(FRANCE)

Suva

FIDJI

TONGA

Nuku'alofa

Niue (N.-Z.)

Arc
la

Perth

Adélaïde

Darling

Murray

Melbourne

Brisbane

Sydney

Canberra
△ Mt. Kosciusco
2 228 m

PACIFIQUE

Mer de
Tasman

Île du Nord

Auckland

NOUVELLE-
ZÉLANDE

Détroit de Bass

Tasmanie

Hobart

Île du Sud

Mt. Cook
3 764 m

Wellington

Christchurch

Île Chatham
(N.-Z.)

OCÉAN
INDIEN

Dunedin

Échelle à l'équateur

0   1 000   2 000 km

Îles Macquarie
(AUSTRALIE)

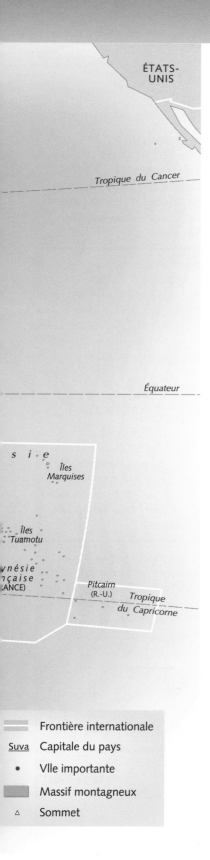

ÉTATS-UNIS

Tropique du Cancer

Équateur

s i e

Îles Marquises

Îles Tuamotu

ynésie
çaise
LANCE)

Pitcairn
(R.-U.)

Tropique du Capricorne

▬▬ Frontière internationale

<u>Suva</u> Capitale du pays

• Vlle importante

▬ Massif montagneux

△ Sommet

LE PACIFIQUE SUD

Aux antipodes, le Pacifique sud (aussi appelé « Océanie ») est formé d'un ensemble d'îles et d'archipels. L'une de ces îles est un continent : l'Australie. Au sud-est, la Nouvelle-Zélande présente avec elle de nombreux points communs. Les autres îles – à l'exception de la Nouvelle-Guinée, très étendue – sont de dimensions modestes et le plus souvent regroupées en archipels. On distingue la Mélanésie (« îles noires »), qui compte la Papouasie-Nouvelle-Guinée, les Salomon, Vanuatu, Fidji, la Nouvelle-Calédonie, etc., la Micronésie (« îles petites ») située au nord de l'équateur et regroupant les archipels des Mariannes du Nord, des Marshall, les États fédérés de Micronésie, Kiribati, et la Polynésie (« îles nombreuses ») de Hawaii au nord jusqu'à Pitcairn au sud, en passant par Tahiti, les îles Cook, Tonga, Tuvalu, les Samoa, etc.

L'Océanie a été tardivement explorée par les Occidentaux. Elle fut partagée selon les appétits coloniaux et les intérêts militaires. Au nord de l'équateur, c'est une sorte de « lac américain » : Hawaii est le cinquantième État des États-Unis et les archipels de Micronésie sont sous influence ou tutelle américaine. Les archipels de Mélanésie et de Polynésie ont été partagés à l'origine entre la France et l'Angleterre. Tous les archipels ayant appartenu au Royaume-Uni sont devenus indépendants. La France, en revanche, a maintenu sa souveraineté sur trois territoires : la Nouvelle-Calédonie, où existe un fort mouvement indépendantiste, la Polynésie française et Wallis et Futuna. La conquête occidentale a bouleversé des équilibres sociaux et écologiques millénaires.

AUSTRALIE
Commonwealth d'Australie

Capitale : **Canberra**
| Superficie : **7 682 300 km²** | Population : **19 338 000 hab.** | Densité : **2,5 hab./km²** | Moins de 15 ans : **19,5 %** | Espérance de vie : **78,7 ans** | Mortalité infantile : **5,4 ‰** | Scolarisation 2ᵉ degré : **88,9 %** | PIB-PPA : **25 949 dollars par hab.** | Monnaie : **dollar australien** | Langue : **anglais** (off.)

Cette gigantesque île est à elle seule un vrai continent. Les grandes villes de l'Australie, Melbourne, Sydney ou Brisbane, contrastent avec d'immenses régions désertiques ou inhabitées. La population est aujourd'hui aux trois quarts d'origine britannique. Les premiers habitants, les Aborigènes, ne représentent plus que 2 % de la population totale. Marginalisés par le développement à l'occidentale dans lequel leurs valeurs n'ont pas été prises en compte, ils ont (difficilement) obtenu par une loi de 1993 que soient reconnus leurs droits ancestraux sur les terres appartenant à l'État. L'Australie est une fédération formée de six États et de deux territoires, tous largement autonomes. Elle possède différents « territoires extérieurs » dont l'île de Norfolk et le Territoire des îles de la mer de Corail, Lord Howe, les îles Christmas et les îles Cocos. Jusqu'à une époque récente, les Australiens avaient tendance à se considérer comme des Européens des antipodes. Jusqu'en 1974, l'immigration était d'ailleurs interdite aux Asiatiques. Désormais, le pays cherche davantage à passer des accords diplomatiques et économiques avec les pays d'Asie et du Pacifique. C'est ainsi qu'il a joué un rôle actif dans la création de l'APEC (Coopération économique Asie-Pacifique).

Le sous-sol de l'Australie est très riche en diamants et pierres précieuses (premier producteur mondial) et en minerais : bauxite, titane, plomb (premier producteur), uranium, nickel, zinc (deuxième producteur), fer, argent, or, cobalt, manganèse...

Une part importante de l'économie repose sur une riche agriculture (exportation de laine, de viande, de céréales et de produits agro-alimentaires), sur le bois et la pêche. Dans les années 1990, les gouvernements ont mené une politique ultralibérale. Les jeux Olympiques de l'an 2000 ont été organisés à Sydney.

FIDJI
République des Fidji

Capitale : **Suva**
| Superficie : **18 270 km²** | Population : **823 000 hab.** | Densité : **45,0 hab./km²** | Espérance de vie : **68,4 ans** | Mortalité infantile : **19,6 ‰** | Scolarisation 12-17 ans : **74,0 %** | PIB-PPA : **4 668 dollars par hab.** | Monnaie : **dollar fidjien** | Langues : **fidjien, anglais, hindi**

La population de cet archipel indépendant compte désormais plus d'Indiens (50 %) que de Mélanésiens (45 %). Ces derniers dominent pourtant la vie politique. Ils sont propriétaires de 80 % des terres. On a fait venir les Indiens au XIXᵉ siècle pour travailler dans les plantations. En 1987, la formation d'un gouvernement comprenant une majorité de ministres indiens avait provoqué un coup d'État. Les relations entre les deux communautés se sont dégradées.

KIRIBATI
République de Kiribati

Capitale : **Bairiki**
| Superficie : **730 km²** | Population : **84 000 hab.** | Densité : **115,1 hab./km²** | Espérance de vie : **60,4 ans** | Mortalité infantile : **60,0 ‰** | PIB-PPA : **916 dollars par hab.** | Monnaie : **dollar australien** | Langue : **anglais**

Composé de trente-trois atolls, situés en Micronésie, Kiribati (autrefois nommé « îles Gilbert ») est situé à l'écart des grands axes de communication. C'est une république indépendante depuis 1979. Les gisements de phosphates sont désormais épuisés.

MARSHALL
République des îles Marshall

Capitale : **Dalap-Uliga-Darrit**
| Superficie : **171 km²** | Population : **52 000 hab.** | Densité : **303,0 hab./km²** | Espérance de vie : **67,5 ans** | Mortalité infantile : **63,0 ‰** | PIB-PPA : **1 970 dollars par hab.** | Monnaie : **dollar des États-Unis** | Langue : **anglais**

Situées près de l'équateur, les îles Marshall ne sont indépendantes que depuis 1991. Les États-Unis y ont effectué des essais nucléaires de 1946 à 1968. Ils ont conservé une base militaire, contre des compensations financières.

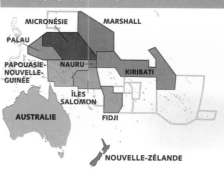

MICRONÉSIE
États fédérés de Micronésie

Capitale : **Palikir**
Superficie : **702 km²** I Population :
126 000 hab. I Densité : **179,3 hab./km²**
I Espérance de vie : **65,5 ans** I Mortalité
infantile : **20,0 ‰** I PIB-PPA : **2 110 dollars
par hab.** I Monnaie : **dollar É.-U.**
I Langue : **anglais**

Autrefois appelées « Carolines », les
quatre îles qui forment les États
fédérés de Micronésie sont officiellement indépendantes des États-Unis
depuis 1990.

NAURU
République de Nauru

Capitale : **Yaren**
I Superficie : **21 km²** I Population :
13 000 hab. I Densité : **596,0 hab./km²**
I Espérance de vie : **66,7 ans** I Mortalité
infantile : **41,0 ‰** I PIB-PPA : **4 917 dollars
par hab.** I Monnaie : **dollar australien**
I Langue : **anglais**

Ce minuscule pays est situé en
Micronésie, sur l'équateur. Il est
indépendant depuis 1968. L'île possède
de riches gisements de phosphates.

NOUVELLE-ZÉLANDE

Capitale : **Wellington**
I Superficie : **267 990 km²** I Population :
3 808 000 hab. I Densité : **14,2 hab./km²**
I Moins de 15 ans : **21,8 %** I Espérance de
vie : **77,2 ans** I Mortalité infantile : **6,6 ‰**
I Scolarisation 3e degré : **62,6 %** I PIB-PPA :
20 070 dollars par hab. I Monnaie : **dollar
néo-zélandais** I Langues : **anglais, maori**

Cet État indépendant, membre du
Commonwealth britannique, est
composé de deux îles principales. Les
descendants d'immigrants européens (en
majorité britanniques) forment 75 % de
la population, et les Maoris (autochtones)

15 %. La Nouvelle-Zélande contrôle en
outre Niue, les îles Cook (qui sont tous
deux des États autonomes associés) et
Tokelau (territoire d'outre-mer).
Dans les années 1930, le pays s'est doté
d'un système de protection sociale et
très complet. Avant que le Royaume-
Uni ne fasse partie de la Communauté
économique européenne (1973), l'essentiel du commerce néo-zélandais se faisait
avec ce pays. Les partenaires se sont
depuis diversifiés.
Les produits agricoles (laine, viande,
produits laitiers, fruits et légumes) et
forestiers (bois, papier) représentent l'essentiel des exportations. La Nouvelle-
Zélande est très hostile à toute forme
d'usage de l'énergie nucléaire (armes,
etc.).

PALAU
République de Palau

Capital : **Koror**
I Superficie : **460 km²** I Population :
20 000 hab. I Densité : **42,6 hab./km²**
I Espérance de vie : **69,5 ans** I Mortalité
infantile : **20,0 ‰** I Monnaie : **dollar É.-U.**
I Langues : **anglais, palauen**

Cet archipel est officiellement indépendant depuis 1994, mais ses liens
avec les États-Unis sont restés étroits.

PAPOUASIE-NOUVELLE-GUINÉE

Capitale : **Port Moresby**
I Superficie : **452 860 km²** I Population :
4 920 000 hab. I Densité : **10,9 hab./km²**
I Moins de 15 ans : **39,5 %** I Espérance de
vie : **55,6 ans** I Mortalité infantile : **69,0 ‰**
I Scolarisation 12-17 ans : **19,9 %**
I PIB-PPA : **2 280 dollars par hab.**
I Monnaie : **kina** I Langues : **pidgin
mélanésien, anglais, 700 langues locales**

Cet État occupe la partie orientale de
l'immense île de la Nouvelle-Guinée,
située au nord de l'Australie et à l'est de

l'Indonésie. L'intérieur de la Nouvelle-
Guinée est montagneux, couvert par la
forêt tropicale. La population est aux
quatre cinquièmes rurale. La Papouasie-
Nouvelle-Guinée, qui dépendait auparavant de l'Australie, est indépendante
depuis 1975.
Outre le coprah (amande de la noix de
coco), le bois et le café, ce pays exporte
du pétrole, des minerais, notamment
du cuivre, de l'or et de l'argent. L'île de
Bougainville, où se trouve la majorité
des richesses en minerais, a connu neuf
ans de guerre pour faire sécession dans
les années 1990.
Dans la moitié occidentale de l'île de la
Nouvelle-Guinée (l'Irian Jaya, qui a été
rattachée à l'Indonésie en 1963), un
mouvement papou combat l'armée
indonésienne.
La Papouasie-Nouvelle-Guinée possède
aussi l'archipel Bismark au nord et
l'archipel de Louisade au sud-est (découvert par La Pérouse en 1787).

ÎLES SALOMON

Capitale : **Honiara**
I Superficie : **27 990 km²** I Population :
463 000 hab. I Densité : **16,5 hab./km²**
I Espérance de vie : **67,4 ans**
I Mortalité infantile : **24,0 ‰** I PIB-PPA :
1 648 dollars par hab. I Monnaie : **dollar
des Salomon** I Langues : **pidgin mélanésien,
anglais**

Ces îles sont indépendantes depuis
1978. La majorité de la population
(80 %) est rurale. Le thon et le bois sont
les principales exportations.

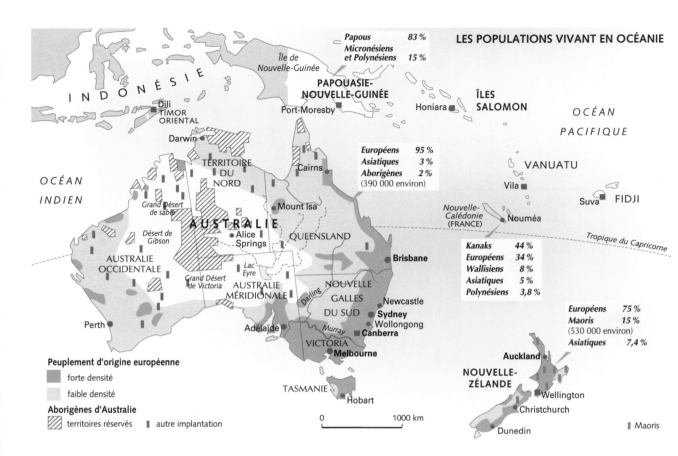

LES POPULATIONS VIVANT EN OCÉANIE

| Papous | 83 % |
| Micronésiens et Polynésiens | 15 % |

Européens	95 %
Asiatiques	3 %
Aborigènes	2 %
(390 000 environ)	

Kanaks	44 %
Européens	34 %
Wallisiens	8 %
Asiatiques	5 %
Polynésiens	3,8 %

Européens	75 %
Maoris	15 %
(530 000 environ)	
Asiatiques	7,4 %

Peuplement d'origine européenne

- forte densité
- faible densité

Aborigènes d'Australie

- territoires réservés
- autre implantation

0   1000 km

Maoris

SAMOA

État indépendant
des Samoa

Capitale : **Apia**
| Superficie : **2 830 km²** | Population :
159 000 hab. | Densité : **56,2 hab./km²**
| Espérance de vie : **68,5 ans** | Mortalité
infantile : **29,8 ‰** | PIB-PPA : **5 041 dollars
par hab.** | Monnaie : **tala** | Langues :
samoan, anglais

Ces îles polynésiennes sont indépendantes depuis 1962. À la mort du
roi, le pays deviendra une république.
En 1990, un référendum a déjà institué
l'élection d'un Parlement au suffrage
universel.

TERRITOIRES AMÉRICAINS

L'île de Guam (base militaire stratégique qui compte 158 000 habitants), les Samoa américaines (67 000
habitants), les Mariannes du Nord
(75 000 habitants) sont sous contrôle
américain. Il en est de même pour
Midway, Johnston et Wake, qui sont
administrés par l'armée américaine. L'île
d'Hawaii est directement rattachée aux
États-Unis dont elle forme le cinquantième État.

TERRITOIRES FRANÇAIS

La Polynésie française (235 000 habitants) doit devenir un pays d'outre-
mer français (POM) avec un statut
autonome. Elle comprend les îles du Vent,
dont Tahiti, les îles Sous-le-Vent, les
Marquises, les Tuamotu et Gambier. Le
Centre d'expérimentation nucléaire (CEP)
de Mururoa a été définitivement fermé.
Wallis et Futuna (15 000 habitants) est
un territoire d'outre-mer (TOM). La
Nouvelle-Calédonie (220 000 habitants)
bénéficie d'une très large autonomie et
est riche en nickel. Dans ce territoire, les
Mélanésiens (Kanaks) représentent 44 %
de la population et les habitants d'origine européenne (« Caldoches ») 34 %.
Après une période d'affrontements et de
tensions à propos du statut (indépendance ou non), les accords de Matignon
(1988) et de Nouméa (1998) ont prévu
un rééquilibrage économique et social
en faveur des Kanaks et la possibilité
d'acquérir l'indépendance.

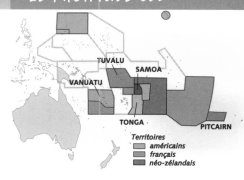

Territoires
américains
français
néo-zélandais

TERRITOIRES NÉO-ZÉLANDAIS

Découvert par James Cook en 1773, l'archipel des îles Cook, autrefois protectorat britannique, a été annexé par la Nouvelle-Zélande en 1901. Il bénéficie d'un statut autonome. L'île de Niue est aussi administrée par la Nouvelle-Zélande depuis 1901. Les trois îles qui forment Tokelau ont, pour leur part, été annexées en 1948.

TONGA
Royaume de Tonga

Capitale : **Nuku'Alofa**
| Superficie : **720 km²** | Population :
99 000 hab. | Densité : **138,1 hab./km²**
| Espérance de vie : **71,3 ans** | Mortalité
infantile : **23,0 ‰** | PIB-PPA : **2 273 dollars
par hab.** | Monnaie : **pa'anga** | Langues :
tongien, anglais

Ce royaume polynésien exporte du poisson et de la vanille. L'archipel est indépendant depuis 1970.

TUVALU

Capitale : **Funafuti**
| Superficie : **26 km²** | Population :
10 000 hab. | Densité : **396,7 hab./km²**
| Espérance de vie : **70,5 ans** | Mortalité
infantile : **22,0 ‰** | PIB-PPA : **1 160 dollars
par hab.** | Monnaie : **dollar australien**
| Langues : **tuvalien, anglais**

Cet archipel polynésien est l'un des plus petits pays du monde : il compte seulement 10 000 habitants ! C'est aussi l'un des plus pauvres.

VANUATU
République de Vanuatu

Capitale : **Port-Vila**
| Superficie : **12 190 km²** | Population :
202 000 hab. | Densité : **16,6 hab./km²**
| Espérance de vie : **67,2 ans** | Mortalité
infantile : **32,5 ‰** | PIB-PPA : **2 802 dollars
par hab.** | Monnaie : **vatu** | Langues :
bislamar, anglais, français

Cet archipel mélanésien s'appelait les Nouvelles-Hébrides lorsqu'il était administré conjointement par le Royaume-Uni et la France, sous statut de « condominium ». Il est indépendant depuis 1980.

AUTRES TERRITOIRES

L'île de Pâques (aussi appelée Rapa Nui), célèbre pour ses grandes statues, les moai, est une possession chilienne. Les îles Galapagos sont administrées par l'Équateur. Pitcairn est la dernière colonie britannique du Pacifique. Ses habitants descendent des naufragés du *Bounty*.

Pitcairn est un territoire britannique abritant une cinquantaine d'habitants. L'île de Norfolk est australienne, mais autonome. L'île de Lord Howe et le Territoire des îles de la mer de Corail ont le statut de « territoire extérieurs » de l'Australie.

L'AMÉRIQUE DU NORD

Ce semi-continent ne compte que trois États :
les États-Unis, le Canada et le Mexique.
Les deux premiers, immenses, sont des pays « neufs »,
qui se sont construits en même temps, à force d'immigration,
et de la même manière, c'est-à-dire d'est en ouest.
Cependant, l'émancipation politique définitive du Canada
à l'égard de la « mère patrie » britannique ne remonte
qu'aux années 1930. Après une étroite collaboration
canado-américaine pendant la Seconde Guerre mondiale,
l'influence des États-Unis s'est substituée à celle
de la Grande-Bretagne. Culturellement, les deux pays ont aussi
beaucoup de ressemblances. Certains, pour les désigner,
parlent d'ailleurs de l'« Amérique anglo-saxonne » ;
mais c'est oublier que le Canada est binational, anglophone
et francophone, et que la spécificité de la province du Québec
est très marquée. L'Amérique du Nord est aussi hispanophone,
puisqu'elle inclut le Mexique. Certes, la langue et l'identité
de ce pays le rattachent indiscutablement
à l'Amérique centrale et du Sud (l'« Amérique latine »),
mais son histoire s'est aussi déroulée au nord : une partie
du sud des États-Unis était mexicaine jusqu'en 1848.
Le Mexique est par ailleurs de plus en plus étroitement lié
économiquement aux États-Unis et au Canada : les trois pays
ont signé ensemble l'Accord nord-américain de libre-échange
(ALENA) qui est entré en vigueur le 1er janvier 1994.

RUSSIE

OCÉAN

GLACIAL ARCTIQUE

Détroit de Béring

Terre
Ellesmère   3 231 m △   3 700 m △   Cercle polaire Arctique

Mer
de Beaufort   Groenland
                                                    (DANEMARK)

Alaska
(ÉTATS-UNIS)   Baie
Yukon   de Baffin

Mt. MacKinley
△ 6 193 m   • Inuvik   Île   Terre de Baffin   • Godthåb
Îles   Victoria   Détroit de Davis
• Anchorage   Grand Lac
outiennes   de l'Ours
                                                                                Mer
Golfe   Mt. Logan   • Iqaluit   du Labrador
d'Alaska   6 050 m
              • Whitehorse   Grand Lac
                            des Esclaves
                            • Yellowknife

              Peace River   Lac Athabasca   Baie
                                                        d'Hudson   Labrador   Terre-Neuve
                          • Churchill   St. John's •
        4 042 m △   C A N A D A   St-Pierre-
OCÉAN   Lac du   Baie   et-Miquelon
                        Caribou   James   (FRANCE)
        • Edmonton   • Halifax
PACIFIQUE • Calgary   Lac   Québec •
Vancouver •   Saskatchewan Winnipeg   Montréal •   • Boston
Seattle •   Mt Rainier △ • Regina   Lac   Ottawa
            4 392 m   Winnipeg • Winnipeg   Grands   Toronto • Lac
Portland • Snake   Lac Supérieur Lacs   Ontario
                                                          Lac Michigan Lac Érié • New York
        4 319 m △   Grand   4 202 m △   • Minneapolis   Detroit • Lac Huron • Philadelphie
Sacramento •   Bassin   • St-Paul   Mississippi   Cleveland Baltimore
San Francisco •   • Chicago   Pittsburgh Washington
San Jose •   Salt Lake City   Grandes   •
                                    Plaines   • Kansas City   Appalaches
                  Mt Whitney △ Mt Elbert △ • Denver   Ohio   OCÉAN   Bermudes
Los Angeles •   4 420m   4 398 m   • St-Louis   (R.-U.)
San Diego •   Colorado   ÉTATS-UNIS   Arkansas Tennessee △ 2 037 m ATLANTIQUE
Mexicali •   • Phœnix   • Atlanta
                                    Red River   Mississippi
              Basse   • Dallas   Cap
Ciudad   Californie   La Nouvelle-Orléans Canaveral   Tropique
Juárez •   Rio Grande   • Houston   • Tampa   BAHAMAS du Cancer
Chihuahua • Rio Bravo del Norte   Floride • Miami • Nassau
                                          Golfe   CUBA
              Sierra Madre • Monterrey   du Mexique
                          MEXIQUE   Mer des Caraïbes
Cap   • Tampico
San Lucas   • León Mexico
Guadalajara •   Citlaltépetl
                      △ 5 700 m   Yucatán
              • Acapulco   BELIZE   VÉNÉZUELA
              Isthme de   GUATÉMALA
              Tehuantepec   COLOMBIE

Frontière internationale
exico Capitale du pays
● Grande ville
   (plus de 5 millions d'habitants)
• Autre ville importante
   Massif montagneux
△ Sommet   ▲ Volcan

0   500   1 000 km

CANADA

Capitale : **Ottawa**
▎ Superficie : **9 220 970 km²** ▎ Population :
31 153 000 hab. ▎ Densité : **3,4 hab./km²**
▎ Moins de 15 ans : **17,7 %** ▎ Espérance
de vie : **78,5 ans** ▎ Mortalité infantile : **5,5 ‰**
▎ Scolarisation 3ᵉ degré : **58,3 %**
▎ PIB-PPA : **28 637 dollars par hab.**
▎ Monnaie : **dollar canadien** ▎ Langues :
anglais et français (off.)

Par sa superficie totale, l'immense territoire canadien est le deuxième du monde, derrière la Russie. Mais les étendues d'eau couvrent 755 000 km² et seulement 8 % des terres sont cultivables. La moitié du pays est occupée par le Bouclier canadien, couvert de lacs et de forêts. Le climat est rude (- 12 °C en moyenne en janvier à Québec, et sept mois de neige). Du fait de ces contraintes, près de 90 % du pays est inhabité et plus de 80 % de la population est regroupée au sud, sur un ruban de 200 kilomètres de large, à proximité de la frontière avec les États-Unis.

Le Canada est resté profondément marqué par la double origine de sa population : française (catholique) d'une part, britannique (protestante) de l'autre. Après la cession du Canada à l'Angleterre (1763), les Canadiens français ne se laissèrent pas assimiler par la civilisation anglo-saxonne. Ils continuèrent de former un groupe homogène, distinct par sa langue et sa culture. Ils représentent aujourd'hui 7,1 millions d'habitants, soit 23 % du total de la population, et sont pour l'essentiel regroupés au Québec. Le pays compte par ailleurs 2 % de populations autochtones : 500 000 Amérindiens et 15 000 Inuits.

Le Canada est formellement indépendant depuis 1931. C'est une fédération composée de dix provinces, l'Ontario et le Québec étant les deux plus importantes (elles comptent plus de 60 % de la population à elles deux). À partir du début des années 1980, la vie politique a été marquée par un vif débat sur la Constitution, et notamment sur les pouvoirs respectifs du gouvernement fédéral et des provinces. En 1982, le Premier ministre de l'époque, Pierre Elliott Trudeau, passe un accord avec neuf d'entre elles sur ce sujet. Les Québécois francophones, qui se considèrent comme une nation distincte de la nation canadienne, refusent de s'y associer. Des tentatives de compromis échouent en 1987 (accord dit « du lac Meech ») et en 1992 (accord de Charlottetown). Pour leur part, les souverainistes (partisans de l'indépendance) ne sont pas parvenus à

réunir une majorité en leur faveur. En 1995, un référendum portant sur l'accession de la province à la souveraineté, organisé au Québec, a donné 49,4 % de votes « oui » et 50,6 % de votes « non ». En 1999, un troisième territoire fédéral a été créé sur un cinquième de la superficie du Canada : le Nunavut (« Notre terre » dans la langue des Inuits, l'inuktitut). Il est peuplé de 26 000 habitants. La politique canadienne est aussi fortement marquée par le voisinage des États-Unis. En regardant la carte, on comprend pourquoi ces derniers ont toujours eu tendance à considérer le Canada comme leur arrière-cour. Dans le domaine économique, aucun autre pays occidental n'est à ce point lié à un seul partenaire : la grande majorité des échanges commerciaux sont en effet réalisés avec les États-Unis et les relations financières entre les deux pays sont également très étroites. Au début de 1989 est entré en vigueur un accord de libre-échange (ALE) canado-américain. Il a été élargi au Mexique dans le cadre de l'Accord nord-américain de libre-échange (ALENA), mis en application le 1er janvier 1994.

ÉTATS-UNIS
États-Unis d'Amérique

Capitale : **Washington**
| Superficie : **9 158 960 km²** | Population : **285 926 000 hab.** | Densité : **31,2 hab./km²** | Moins de 15 ans : **20,6 %** | Espérance de vie : **76,5 ans** | Mortalité infantile : **7,6 ‰** | Scolarisation 3e degré : **77,0 %** | PIB-PPA : **34 986 dollars par hab.** | Monnaie : **dollar É.-U.** | Langue : **anglais** (off.)

État fédéral constitué de cinquante États (l'Alaska étant le quarante-neuvième et Hawaii le cinquantième), les États-Unis sont incontestablement le pays le plus puissant de la planète. Avec une Constitution datant de 1788, c'est aussi la plus ancienne des grandes démocraties modernes. Les États-Unis se classent au troisième rang mondial pour leur population, loin derrière la Chine et l'Inde, mais nettement devant la Russie. Les WASP (*White Anglo-Saxon Protestants*, Blancs d'origine anglo-saxonne protestants) dominent la vie politique. Mais depuis les années 1960, ils doivent de plus en plus tenir compte des revendications des Noirs (13 % de la population), des Latinos (10 %) – originaires du Mexique, d'Amérique centrale ou du Sud, de Porto Rico, de Cuba – et des Asiatiques (3,7 %). Ces minorités sont constituées en lobbies (groupes de pression) pour défendre leurs intérêts. Deux grands partis, celui des démocrates (dont l'emblème est l'âne) et celui des républicains (symbolisé par l'éléphant), alternent plus ou moins régulièrement au pouvoir. La décennie 1980 a été marquée par les choix économiques et politiques du président républicain Ronald Reagan (1981-1988). Au nom de l'ultralibéralisme a été conduite une politique que certains ont appelée la « révolution conservatrice » : pour restreindre les dépenses et le rôle de l'État, de nombreuses réglementations ont été abolies et les politiques sociales nettement réduites. Républicain lui aussi, le successeur de R. Reagan, George H. Bush, s'est essentiellement consacré à la politique extérieure entre 1989 et 1992. C'est sous sa présidence que la Guerre froide a pris fin avec l'effondrement de l'Union soviétique rivale.

Restés seule superpuissance, les États-Unis ont dû imaginer leur nouveau rôle dans les relations internationales. La guerre du Golfe de 1991 contre l'Irak qui venait d'envahir le Koweït [*voir page 41*] a montré qu'ils entendaient conserver et affirmer leur *leadership*. Le démocrate Bill Clinton a succédé à G. H. Bush en 1992 et a été réélu en 1996. Il a fait preuve de beaucoup d'habileté politique. Il a favorisé le processus de paix israélo-palestinien [*voir page 44*] et pris la responsabilité de l'opération *Allied Force* menée en 1999 au Kosovo [*voir page 45*]. Pendant ses huit ans de mandat, le pays a connu un long cycle de croissance économique très favorable. Aux élections présidentielles de novembre 2000, le républicain George W. Bush, fils de l'ex-président George H. Bush, l'a emporté de justesse. Le début de son mandat a été marqué par les attentats perpétrés le 11 septembre 2001 contre le World Trade Centre de

New York et contre le Pentagone. Attribués au réseau islamiste dirigé depuis l'Afghanistan par Oussama ben Laden, ces attentats-suicides ont provoqué un choc considérable dans le pays.

Aussitôt a été proclamée la « guerre au terrorisme » et une opération militaire a été engagée contre l'Afghanistan [*voir page 46*].

La puissance des États-Unis s'exerce sous de multiples formes. Ils sont incontestablement « numéro un » sur les plans militaire et économique. Ils disposent des armements les plus sophistiqués, ainsi que de la suprématie au sein de l'OTAN (Organisation du traité de l'Atlantique nord). Ils exercent par ailleurs un considérable pouvoir de contrôle sur tout le continent américain. Cela s'est traduit par des interventions militaires directes ou indirectes (Grenade en 1983, Nicaragua et El Salvador pendant toutes les années 1980, Panama en 1989, Haïti en 1994). La puissance américaine se mesure aussi au rôle exercé dans la plupart des organisations internationales, notamment le FMI (Fonds monétaire international), la Banque mondiale, l'OMC (Organisation mondiale du commerce) ou, plus globalement, dans l'ONU. L'influence de la culture et du mode de vie américains sur les autres sociétés est également majeure : Disney, McDonald's, Coca-Cola ou les films d'Hollywood sont présents dans le monde entier.

En matière économique, le tableau est cependant plus contrasté : le développement de l'Asie orientale autour du Japon, et les progrès de la construction européenne ont fait naître des doutes au

MEXIQUE

pays de la « libre entreprise ». Si le dollar reste roi, la mise en circulation de l'euro, la monnaie unique européenne, peut changer certaines règles du jeu. Cependant, l'innovation technologique des États-Unis et leurs multinationales jouent souvent les premiers rôles dans la mondialisation. Face à la multiplication des regroupements économiques régionaux [*voir page 157*], Washington s'était engagé dans un accord de libre-échange (ALE) avec le Canada, (entré en vigueur au début 1989). Des négociations avec le Mexique ont par la suite abouti à un Accord nord-américain de libre-échange (ALENA), mis en œuvre le 1er janvier 1994. Avec 420 millions de consommateurs, celui-ci représente un marché équivalent à celui de l'Union européenne.

Au début du XXIe siècle, les États-Unis sont apparus tentés par un grand égoïsme. Ainsi n'ont-ils pas signé le protocole de Kyoto contre les risques climatiques, refusant de réduire leurs émissions de gaz à effet de serre [*voir page 168*]. Ils ont également refusé d'adhérer à la Cour pénale internationale (CPI), par crainte de voir leurs militaires accusés de crimes de guerre [*voir page 152*]. Puissance sans rivale, les États-Unis ne sont pas sans faiblesse. Hormis des risques encourus comme ceux révélés par les attentats du 11 septembre, la société américaine est exposée à de nombreux problèmes : les inégalités y sont très fortes, de même que les tensions raciales, la violence et la délinquance dans de nombreux quartiers urbains.

MEXIQUE
États-Unis du Mexique

Capitale : Mexico
| Superficie : **1 908 690 km²** | Population :
100 368 000 hab. | Densité : **52,6 hab./km²**
| Moins de 15 ans : **30,8 %** | Espérance de
vie : **73,0 ans** | Mortalité infantile : **28,2 ‰**
| Scolarisation 12-17 ans : **59,6 %** | PIB-
PPA : **9 169 dollars par hab.** | Monnaie :

nouveau peso | Langues : **espagnol** (off.) ;
56 langues indiennes (nahuatl, otomi,
maya, zapotèque, mixtèque, etc.)

Contrairement à une idée répandue, le Mexique n'est pas situé en Amérique du Sud, mais bien en Amérique du Nord. Sa population comprend beaucoup d'Indiens. La Constitution de 1917, toujours en vigueur, fut la première à considérer que le pays devait être propriétaire des richesses de son sous-sol. De fait, dès les années 1930, l'État nationalisa son pétrole, jusque-là contrôlé par de grandes compagnies étrangères. Mais le développement s'est trop longtemps fondé sur le seul « or noir », ce qui a exposé le pays à des risques. La moindre baisse des cours du pétrole provoque en effet une véritable débâcle économique.

Confrontés à une situation difficile dans les villes (Mexico, avec environ 20 millions d'habitants, est l'une des métropoles les plus grandes et les plus polluées au monde) et dans les campagnes, un grand nombre de Mexicains ont émigré aux États-Unis (sans doute plus de quinze millions). Dans la zone proche de la frontière, ils travaillent souvent au noir pour des entreprises d'assemblage américaines, les *maquiladoras*.

Le pays a été gouverné de 1929 à 2000 par le PRI (Parti révolutionnaire institutionnel), dont le pouvoir, grâce à la manipulation des scrutins, a été sans partage. Depuis le milieu des années 1970, une lente démocratisation avait été engagée, mais elle continuait à assurer le pouvoir du PRI. L'élection à la Présidence, le 2 juillet 2000, de Vicente Fox, candidat du PAN (Parti d'action nationale), a enfin permis une alternance politique. L'économie, longtemps centralisée et contrôlée par des sociétés d'État, a été réorientée vers le libéralisme. Un tournant dans l'histoire du pays a eu lieu dans les années 1990. En février 1991, en effet, les présidents des trois États d'Amérique du Nord (Mexique, États-

Unis, Canada) ont annoncé leur volonté d'aboutir à un Accord de libre-échange (ALENA), qui a été mis en application le 1er janvier 1994. Cela a conduit à une plus étroite relation entre les trois économies, de puissance et de richesse très différentes. Sur la scène internationale, le Mexique est apparu comme une puissance montante. En 1994, il a adhéré au « club des pays riches » qu'est l'OCDE (Organisation de coopération et de développement économiques). Le 1er janvier 1994 a commencé, dans la région déshéritée du Chiapas, la révolte de l'Armée zapatiste de libération nationale (AZLN), dirigée par le médiatique « sous-commandant » Marcos. Ce mouvement a revendiqué la reconnaissance des droits et des coutumes des Indiens, ainsi qu'une réforme agraire. La même année, une grave crise financière a secoué le pays. Elle a été surmontée, mais la situation sociale d'une grande partie de la population reste très précaire.

L'AMÉRIQUE DU SUD

Les États d'Amérique centrale et du Sud, comme ceux de l'Afrique, sont pour l'essentiel issus d'une colonisation européenne (1530-1820 environ), qui a imposé partout la religion catholique ; les Églises et sectes protestantes ont toutefois effectué une percée spectaculaire. Les colons ont aussi imposé leurs langues. L'espagnol est la plus répandue, mais on parle portugais au Brésil, anglais, néerlandais et français dans les Guyanes. Les langues indiennes sont par ailleurs pratiquées dans les pays et régions de peuplement amérindien. Le Bassin caraïbe est constitué de quelques grandes îles (Cuba, Jamaïque, Saint-Domingue, Porto Rico) et d'un grand nombre de micro-États et de possessions européennes (Royaume-Uni, France, Pays-Bas).

L'Amérique centrale est formée de petits États, où de nombreux régimes militaires se sont succédé dans l'histoire ; elle a été déchirée par les conflits du Nicaragua et du Salvador dans les années 1980. Dans cette même décennie, l'Amérique du Sud s'est débarrassée de nombreuses dictatures. C'est une terre de contrastes, où le Brésil, ancienne et unique colonie portugaise de ce continent est un État à part. C'est le plus étendu, le plus peuplé, le plus riche. C'est aussi un pays de très fortes inégalités. Les pays du « Cône sud » (Argentine, Uruguay, Paraguay, Chili) sont très marqués par la culture européenne. Les trois premiers ont constitué avec le Brésil un Marché commun du sud de l'Amérique qui est entré en vigueur le 1er janvier 1995. Les pays andins (Bolivie, Colombie, Équateur, Pérou, Vénézuela) sont plus pauvres, et la part des populationsindiennes ou métisses y est plus grande.

La Havane
CUBA
RÉP. DOMINICAINE
Port-au-Prince
Saint-Domingue
ST. KITTS et NEVIS
ANTIGUA et BARBUDA
BÉLIZE
Belmopan
JAMAÏQUE
Kingston
HAÏTI
Porto Rico
(É.-U.)
— Guadeloupe (FRANCE)
— DOMINIQUE
— Martinique (FRANCE)
ÉMALA
mala
HONDURAS
Tegucigalpa
Mer des Caraïbes
STE-LUCIE
ST-VINCENT
— BARBADE
alvador
VADOR
NICARAGUA
Managua
— GRENADE
San José
COSTA RICA
PANAMA
Panamá
— TRINIDAD et TOBAGO

OCÉAN
ATLANTIQUE

Barranquilla
Maracaibo
Valencia
Caracas
VÉNÉZUELA
Ciudad
Bolívar
Georgetown
Paramaribo
Medellín
Llanos
Orénoque
Massif des Guyanes
GUYANA
SURINAME
Cayenne
Guyane
(FRANCE)
Cali
Bogota
COLOMBIE
5 750 m
Neblina
3 100 m
Quito
Putumayo
Japura
Équateur
ÉQUATEUR
Chimborazo
6 272 m
Galapagos
(ÉQUATEUR)
Guayaquil
Marañon
Juruá
Amazonie
Manaus
Amazone
Santarém
Belém
Fortaleza

Trujillo
Ucayali
Purús
Madeira
Tapajós
BRÉSIL
Caatingas
Natal
Huascaran
6 768 m
Pôrto Velho
Xingú
Araguaia
Tocantins
Recife
PÉROU
Lima
Cuzco
Sertão
Coropuna
6 613 m
Lac Titicaca
6 550 m
La Paz
6 882 m
BOLIVIE
Santa Cruz
Plateau
brésilien
Cuiabá
São Francisco
Brasília
Salvador
Arequipa
6 520 m
Arica
Haut-Plateau
Sucre
de Bolivie
Campo
Grande
Goiânia
Belo Horizonte
Serra do Mar
Vitória
Campos
Rio de Janeiro
Antofagasta
6 720 m
Gran Chaco
Pilcomayo
Paraguay
Paraná
PARAGUAY
Campinas
Curitiba
São Paulo
Tropique
du Capricorne
Tucumán
6 880 m
Ojos del Salado
Asunción
Paraná
Uruguay
Pôrto Alegre

OCÉAN
PACIFIQUE

CHILI
6 959 m
Aconcagua
Córdoba
Mendoza
Rosario
URUGUAY
Montevideo
Valparaiso
Santiago
Buenos Aires
Pampa
Bahía Blanca
Concepción
Rio Negro

OCÉAN
ATLANTIQUE

Valdivia
ARGENTINE

4 058 m
San Valentín
Patagonie
Îles Falkland
(ROYAUME-UNI)

500   1000 km

Terre de Feu
2 469 m
Ushuaia
Cap Horn

Frontière internationale
Lima   Capitale du pays
●   Grande ville
(plus de 5 millions d'habitants)
•   Autre ville importante
Massif montagneux
△   Sommet   ▲ Volcan

ANGUILLA

Cette île britannique des Caraïbes est plate comme une anguille. Elle vit de la pêche et des services bancaires *off shore*.

ANTIGUA ET BARBUDA

Capitale : **St. John's**
ǀ Superficie : **440 km²**
ǀ Population : **65 000 hab.** ǀ Densité : **147,9 hab./km²** ǀ Espérance de vie : **75,5 ans** ǀ Mortalité infantile : **17,3 ‰** ǀ PIB-PPA : **10 541 dollars par hab.** ǀ Monnaie : **dollar des Caraïbes orientales** ǀ Langue : **anglais**

Anciennes colonies britanniques, indépendantes depuis 1981, ces îles du Bassin caraïbe vivent principalement du tourisme.

ANTILLES NÉERLANDAISES

Six îles des Antilles appartiennent aux Pays-Bas. Cinq d'entre elles forment ce qu'on appelle les « Antilles néerlandaises », qui ont un statut autonome. Depuis 1986, la sixième, Aruba, dispose de sa propre autonomie. Les îles Curaçao et Bonnaire, situées au large de la côte vénézuélienne, sont des centres de raffinage et de stockage du pétrole.

ARGENTINE
République argentine

Capitale : **Buenos Aires**
ǀ Superficie : **2 736 690 km²** ǀ Population : **37 488 000 hab.** ǀ Densité : **13,7 hab./km²** ǀ Moins de 15 ans : **26,7 %** ǀ Espérance de vie : **72,9 ans** ǀ Mortalité infantile : **21,8 ‰** ǀ Scolarisation 12-17 ans : **79,1 %** ǀ PIB-PPA : **12 377 dollars par hab.** ǀ Monnaie : **peso argentin** ǀ Langue : **espagnol**

L'Argentine est formée d'immenses étendues s'échelonnant du nord au sud : le Chaco, la Pampa et la Patagonie. L'agriculture avait fondé la richesse du pays : viande bovine, laine, blé. Dans son immense majorité, la population est d'origine européenne (italienne et espagnole notamment). L'essentiel des activités économiques est concentré autour de la capitale Buenos Aires, qui, avec plus de 15 millions d'habitants, rassemble à elle seule la moitié de la population du pays. À partir des années 1930, l'histoire de l'Argentine a été jalonnée de dictatures. La dernière d'entre elles, qui a sévi de 1976 à 1982, a provoqué la mort ou la « disparition » de 20 000 à 30 000 opposants politiques. Le régime des généraux, à bout de souffle, s'était lancé en 1982 dans une aventure militaire pour récupérer les îles Falkland (Malouines), possession britannique revendiquée par l'Argentine. Ils ont perdu la guerre et le pouvoir. Le retour à la démocratie a été difficile, ponctué de plans de redressement économique aux conséquences sociales très dures (licenciements massifs lors de la privatisation des industries qui, pour beaucoup, appartenaient à l'État). Le dirigisme de l'État dans l'économie est abandonné. En 2001-2002, une très violente crise économique et financière provoque des émeutes. Depuis le 1er janvier 1995, le pays s'est engagé dans le Marché commun du sud de l'Amérique (Mercosur) avec les pays voisins. En une génération, l'Argentine a vu son niveau de vie moyen beaucoup diminuer.

BAHAMAS
Commonwealth des Bahamas

Capitale : **Nassau**
I Superficie : **10 010 km²** I Population : **308 000 hab** I Densité : **30,8 hab./km²** I Espérance de vie : **69,1 ans** I Mortalité infantile : **18,7 ‰** I Scolarisation 12-17 ans : **77,6 %** I PIB-PPA : **17 012 dollars par hab.** I Monnaie : **dollar bahaméen,** aligné sur le **dollar É.-U.** I Langue : **anglais**

Cet archipel situé au nord-est de Cuba est une ancienne colonie anglaise, devenue indépendante en 1973. Sa population est en grande majorité noire. Tourisme, activités financières (le pays est un paradis fiscal) et trafic de drogue constituent ses principales ressources.

BARBADE

Capitale : **Bridgetown**
I Superficie : **430 km²** I Population : **268 000 hab.** I Densité : **624,3 hab./km²** I Espérance de vie : **76,4 ans** I Mortalité infantile : **12,4 ‰** I Scolarisation 12-17 ans : **74,3 %** I PIB-PPA : **15 494 dollars par hab.** I Monnaie : **dollar de la Barbade** I Langue : **anglais**

Colonie britannique, devenue indépendante en 1966, la Barbade a conservé des liens relativement étroits avec le Royaume-Uni. Elle fait partie du Commonwealth. Elle a longtemps vécu de la culture de la canne à sucre, mais sa ressource principale est de très loin le tourisme. L'île est le siège de plusieurs organisations communes aux différents pays du Bassin caraïbe.

BÉLIZE

Capitale : **Belmopan**
I Superficie : **22 800 km²** I Population : **231 000 hab.** I Densité : **10,1 hab./km²** I Espérance de vie : **73,6 ans** I Mortalité infantile : **32,5 ‰** I PIB-PPA : **1 933 dollars par hab.** I Monnaie : **dollar bélizéen** I Langues : **anglais** (off.), **espagnol, langues indiennes** (ketchi, mayamopan), **garifuna**

Ancienne colonie britannique, le Bélize n'a acquis son indépendance qu'en septembre 1981. Le Guatémala, qui revendiquait ce territoire, accepte aujourd'hui son existence. Ce petit pays de tradition démocratique a réussi à se tenir à l'écart des conflits qui ont ensanglanté l'Amérique centrale dans les années 1980. Il est désormais très impliqué dans le trafic de drogue.

BERMUDES

Situé dans l'océan Atlantique, au large des États-Unis, l'archipel britannique des Bermudes est un pôle touristique et un paradis fiscal.

BOLIVIE
République de Bolivie

Capitale : **Sucre** (La Paz est le siège du gouvernement) I Superficie : **1 084 380 km²** I Population : **8 516 000 hab.** I Densité : **7,9 hab./km²** I Moins de 15 ans : **38,2 %** I Espérance de vie : **61,4 ans** I Mortalité infantile : **65,6 ‰** I Scolarisation 12-17 ans : **43,4 %** I PIB-PPA : **2 424 dollars par hab.** I Monnaie : **boliviano** I Langues : **espagnol, quechua, aymara** (off.), **guarani**

Peuplée majoritairement d'Indiens – qui souvent ne parlent pas l'espagnol –, la Bolivie est le pays le plus pauvre d'Amérique du Sud. La fermeture des mines d'étain dans les années 1980 a encore aggravé la situation. La politique économique néolibérale appliquée à partir de 1985 a certes ramené une certaine stabilité (l'inflation a été maîtrisée), mais les inégalités sociales se sont accrues. Les revenus du pays reposent maintenant dans une large mesure sur l'argent de la drogue. La population de ce pays des Andes est en effet surtout paysanne et nombreux sont ceux qui ont pour seule ressource la culture de la coca, plante dont les feuilles servent à fabriquer la cocaïne. Après avoir connu des coups d'État à répétition pendant un siècle et demi, la situation politique s'est stabilisée à partir de 1982.

BRÉSIL
République fédérative du Brésil

Capitale : **Brasilia**
I Superficie : **8 456 510 km²** I Population : **172 559 000 hab.** I Densité : **20,4 hab./km²** I Moins de 15 ans : **26,6 %** I Espérance de vie : **68,3 ans** I Mortalité infantile : **38,3 ‰** I Scolarisation 12-17 ans : **74,3 %** I PIB-PPA : **7 625 dollars par hab.** I Monnaie : **real** I Langue : **portugais du Brésil**

Pays de contraste, le Brésil est l'un des États du tiers monde qui dispose des plus fortes potentialités. Extrêmement étendu (il occupe près de la moitié de l'Amérique du Sud), recouvert pour l'essentiel de forêts et de savanes, il vient au cinquième rang mondial pour sa population, d'origine très mélangée : pour moitié européenne (portugaise, espagnole, italienne), mais aussi africaine et amérindienne (moins de 2 % aujourd'hui). On y rencontre une infinie variété de métissages. Tous les pays d'Amérique du Sud (sauf le Chili et l'Équateur) ont une frontière commune avec le Brésil. Le pays est depuis longtemps connu pour ses productions agricoles, notamment le café, mais aussi le sucre, le cacao, le soja et les agrumes (jus d'orange).

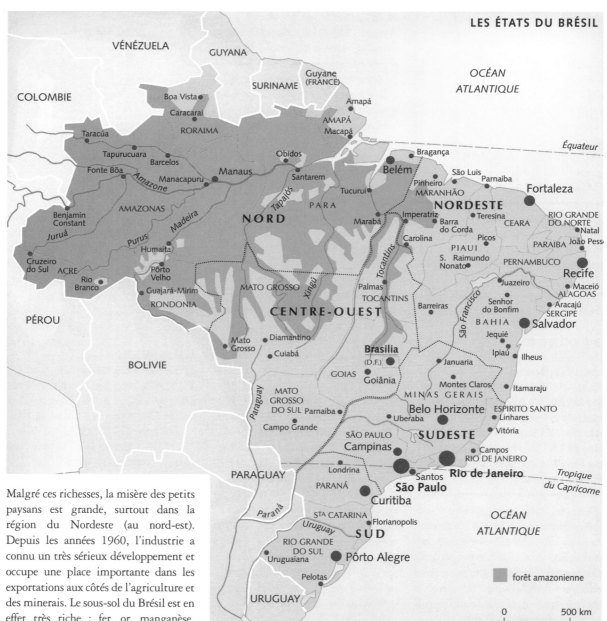

VÉNÉZUELA GUYANA

SURINAME Guyane (FRANCE)

COLOMBIE

OCÉAN ATLANTIQUE

Boa Vista

Caracarai

RORAIMA

Amapá

AMAPÁ Macapá

Équateur

Taracúa

Tapurucuara Barcelos

Obidos

Bragança

São Luis Parnaiba

Fonte Bôa Manacapuru Manaus Santarem

Belém

Pinheiro

Fortaleza

MARANHÃO

Benjamin Constant

AMAZONAS

Amazone Madeira

NORD

PARA

Tucurui

Imperatriz

Marabá

Barra do Corda

Teresina

NORDESTE

RIO GRANDE DO NORTE

Natal

Juruá

Purus Madeira

Humaita

Carolina

CEARA

PIAUI

Picos

PARAIBA João Pessa

Cruzeiro do Sul ACRE

Pôrto Velho

S. Raimundo Nonato

PERNAMBUCO

Recife

Rio Branco

Guajará-Mirim

Xingú

Palmas

TOCANTINS

São Francisco

Juazeiro

Maceió

ALAGOAS

RONDONIA

Tapajós

Tocantins

Barreiras

Senhor do Bonfim

Aracajú SERGIPE

CENTRE-OUEST

BAHIA

Salvador

MATO GROSSO

Mato Grosso

Diamantino

Cuiabá

Brasilia (D.F.)

GOIAS

Goiânia

Januaria

Jequié

Ipiaú Ilheus

Montes Claros

Itamaraju

PÉROU

BOLIVIE

Paraguay

MATO GROSSO DO SUL Parnaiba

MINAS GERAIS

Uberaba

Belo Horizonte

ESPIRITO SANTO

Linhares

Vitória

Campo Grande

SÃO PAULO

SUDESTE

Campinas

Campos

RIO DE JANEIRO

PARAGUAY

Londrina

PARANÁ

Santos

São Paulo

Rio de Janeiro

Tropique du Capricorne

Paraná

Curitiba

STa CATARINA

Florianopolis

SUD

OCÉAN ATLANTIQUE

Uruguay

RIO GRANDE DO SUL

Uruguaiana

Pôrto Alegre

forêt amazonienne

Pelotas

URUGUAY

0   500 km

Malgré ces richesses, la misère des petits paysans est grande, surtout dans la région du Nordeste (au nord-est). Depuis les années 1960, l'industrie a connu un très sérieux développement et occupe une place importante dans les exportations aux côtés de l'agriculture et des minerais. Le sous-sol du Brésil est en effet très riche : fer, or, manganèse, bauxite, étain, chrome, sans compter les pierres précieuses et les ressources en hydrocarbures. À ces atouts s'ajoutent ceux de la forêt tropicale dont l'exploitation au nom du développement suscite de vives controverses chez les écologistes qui dénoncent son pillage et la disparition de nombreuses espèces animales et végétales.

Après vingt ans de dictature, le pays est redevenu démocratique en 1985. Pour lutter contre une inflation galopante et une dette extérieure considérable, divers plans de redressement économique, pour la plupart ultralibéraux, ont été appliqués à la demande du Fonds monétaire international (FMI). Le rôle de l'État dans l'économie a été beaucoup réduit. La puissance des syndicats ouvriers s'est affaiblie, de même que celle de l'Église catholique. Depuis 1995, le pays s'est engagé dans le Marché commun du sud de l'Amérique (Mercosur) avec ses voisins, l'Uruguay, le Paraguay et l'Argentine. Le Brésil reste le pays des inégalités extrêmes : aux enfants abandonnés dans les villes s'oppose l'insolente richesse d'une mino-

rité ; aux efforts d'organisation syndicale des petits paysans et des paysans sans-terres répond la violence des tueurs à gage à la solde de grands propriétaires. C'est un peu comme s'il existait deux pays distincts, deux sociétés à l'intérieur des mêmes frontières.

CAYMAN

Composé de trois îles situées aux Antilles, l'archipel des Cayman est resté colonie britannique. Le tourisme et la finance sont les ressources principales de l'archipel, exemple typique de paradis fiscal où l'absence de contrôle permet de grands profits financiers.

CHILI
République du Chili

Capitale : **Santiago du Chili**
ǀ Superficie : **748 800 km²** ǀ Population : **15 402 000 hab.** ǀ Densité : **20,6 hab./km²** ǀ Moins de 15 ans : **26,6 %** ǀ Espérance de vie : **74,9 ans** ǀ Mortalité infantile : **12,8 ‰** ǀ Scolarisation 12-17 ans : **86,6 %** ǀ PIB-PPA : **9 417 dollars par hab.** ǀ Monnaie : **peso chilien** ǀ Langue : **espagnol**

Pays tempéré, le Chili s'étend comme une immense lanière du nord au sud, entre la cordillère des Andes et l'océan Pacifique. Sa population est fortement métissée et comporte une petite minorité d'Amérindiens mapuches. Il possède d'importantes ressources en cuivre (premier producteur mondial) et son industrialisation est ancienne. Pendant dix-huit ans, de 1973 et 1990, le Chili a vécu sous la dictature militaire du général Augusto Pinochet qui avait renversé par les armes le gouvernement de gauche de Salvador Allende. Pour ce pays de tradition démocratique, cette période autoritaire est restée comme un cauchemar. À partir de la seconde moitié des années 1980, la situation économique a sans conteste tranché avec celle des autres pays latino-américains, au point qu'on a parfois parlé de

« miracle ». Tous les secteurs de l'économie ont connu une forte croissance. Mais les conséquences sociales de la politique ultralibérale appliquée ont accentué les inégalités sociales. Le pays a connu, au cours des années 1990, une croissance économique dynamique, apparaissant comme un bon élève de la mondialisation.

COLOMBIE
République de Colombie

Capitale : **Bogota**
ǀ Superficie : **1 038 700 km²** ǀ Population : **42 803 000 hab.** ǀ Densité : **41,2 hab./km²** ǀ Moins de 15 ans : **31,0 %** ǀ Espérance de vie : **70,4 ans** ǀ Mortalité infantile : **30,0 ‰** ǀ Scolarisation 12-17 ans : **65,7 %** ǀ PIB-PPA : **6 248 dollars par hab.** ǀ Monnaie : **peso** ǀ Langue : **espagnol**

La Colombie a connu cinq coups d'État depuis sa création comme république, en 1830. Elle a été gouvernée par des régimes civils à partir de 1958. Cependant, l'état de siège qui a été levé en 1982 avait été instauré… trente-quatre ans auparavant. Deux partis ont alterné au pouvoir pendant plus d'un siècle : le Parti libéral et le Parti conservateur.
Si le bilan économique apparaît relativement moins défavorable que celui des pays voisins, la situation politique est demeurée instable. À partir des années 1960, différentes guérillas se sont affrontées au pouvoir. En 2002, deux d'entre elles, les FARC (Forces armées révolutionnaires de Colombie) fondées en 1966 et l'ELN (Armée de libération nationale), n'avaient toujours pas déposé les armes. Des tentatives de négociations ont échoué, notamment en 2001-2002. Aux affrontements armés se sont ajoutés les enlèvements contre rançon. Les forces de répression des guérillas ont pour leur part commis de nombreuses exactions sanglantes contre des villages. Les mafias de la drogue, qui corrompent la société tout entière, ont par ailleurs

connu un fort développement à partir des années 1980. Les guérillas contrôlent une partie du narcotrafic, ce qui leur permet de se financer et renforce encore le caractère violent de la société colombienne. Hormis le trafic de drogue, l'économie du pays repose sur le café, le pétrole, le charbon et la banane. La Colombie se classe par sa population au deuxième rang des pays d'Amérique du Sud, derrière le Brésil et juste devant l'Argentine.

COSTA RICA
République du Costa Rica

Capitale : **San José**
ǀ Superficie : **51 060 km²** ǀ Population : **4 112 000 hab.** ǀ Densité : **80,5 hab./km²** ǀ Moins de 15 ans : **30,1 %** ǀ Espérance de vie : **76,0 ans** ǀ Mortalité infantile : **12,1 ‰** ǀ Scolarisation 12-17 ans : **52,6 %** ǀ PIB-PPA : **8 650 dollars par hab.** ǀ Monnaie : **colón costaricien** ǀ Langues : **espagnol, anglais, créole**

Pendant des décennies, le Costa Rica a constitué – avec Bélize – une exception démocratique en Amérique centrale. Depuis 1948, l'armée y a même été supprimée. La population y est très majoritairement blanche, et les structures sociales sont moins inégalitaires que dans les pays voisins. Pour avoir été médiateur dans la recherche de solutions aux conflits de la région (guerres civiles au Nicaragua, au Salvador), son président d'alors, Oscar Arias, a reçu en 1987 le prix Nobel de la paix. Le pays exporte notamment des bananes, du café, du sucre, des ananas et des composants électroniques.

CUBA
République de Cuba

Capitale : **La Havane**
I Superficie : **109 820 km²** I Population : **11 237 000 hab.** I Densité : **102,3 hab./km²** I Moins de 15 ans : **18,8 %** I Espérance de vie : **75,7 ans** I Mortalité infantile : **7,5 ‰** I Scolarisation 12-17 ans : **73,5 %** I PIB-PPA : **1 714 dollars par hab.** I Monnaie : **peso cubain** I Langue : **espagnol**

Cette grande île est située dans le Bassin caraïbe, à proximité de la Floride (États-Unis). L'évolution politique de Cuba à partir de 1959 a été suivie par le monde entier. Ayant chassé le dictateur Fulgencio Batista, les ex-guérilleros de Fidel Castro ont en effet entrepris de mener la première « révolution socialiste » d'Amérique latine. Face aux menaces des États-Unis qui n'ont jamais accepté l'installation de ce régime à leur porte, Cuba a recherché des appuis auprès de l'Union soviétique. Le système politique a rapidement évolué vers le communisme (parti unique, économie centralisée, libertés limitées, opposition bâillonnée). De très nombreux Cubains se sont réfugiés en Floride, à Miami, qui est devenue la deuxième ville cubaine au monde, après la capitale La Havane. Sur le plan social, de considérables efforts ont été engagés en faveur de la santé, de la nutrition, de l'alphabétisation, de l'éducation et de la réduction des inégalités.

Dans les années 1980, Cuba, qui avait toujours apporté son appui aux mouvements de guérilla en Amérique latine, a fortement soutenu les révolutionnaires sandinistes arrivés au pouvoir au Nicaragua en 1979 et les insurgés au Salvador. F. Castro a même envoyé des

contingents militaires se battre en Angola pour défendre le régime révolutionnaire en place, menacé par des insurgés. Étroitement dépendant de l'aide économique de l'URSS, qui lui achetait son sucre et lui livrait du pétrole et des machines, Cuba a subi le contrecoup de l'effondrement du régime soviétique. L'aide a rapidement été réduite, puis elle a cessé. Toujours soumis au boycottage économique décidé en 1960 par les États-Unis, l'île s'est engagée dans une politique de rationnement très strict et d'ouverture à l'économie capitaliste. Les principales ressources agricoles du pays sont le sucre, le tabac (les havanes !), le café et désormais le tourisme. L'utilisation du dollar comme monnaie d'échange a été légalisée.

DOMINIQUE
Commonwealth de la Dominique

Capitale : **Roseau**
I Superficie : **750 km²** I Population : **71 000 hab.** I Densité : **94,0 hab./km²** I Espérance de vie : **76,0 ans** I Mortalité infantile : **15,8 ‰** I PIB-PPA : **5 880 dollars par hab.** I Monnaie : **dollar des Caraïbes orientales** I Langues : **anglais, créole**

Ancienne colonie anglaise devenue indépendante en 1978, cette île antillaise a un niveau de vie extrêmement faible. La banane est le principal produit exporté. Le pays est exposé à de fréquents ouragans.

ÉQUATEUR
République de l'Équateur

Capitale : **Quito**
I Superficie : **276 840 km²** I Population : **12 880 000 hab.** I Densité : **46,5 hab./km²** I Moins de 15 ans : **31,5 %** I Espérance de vie : **69,5 ans** I Mortalité infantile : **45,6 ‰** I Scolarisation 12-17 ans : **73,4 %** I PIB-PPA : **3 203 dollars par hab.** I Monnaie : **sucre** I Langues : **espagnol** (off.), **quechua, shuar et autres langues indiennes reconnues par la Constitution**

Comme son nom l'indique, ce pays est situé sur la ligne de l'équateur, en Amérique du Sud. Bénéficiant de ressources pétrolières, il possède également un potentiel agricole important (bananes, café, cacao). Mais la situation des paysans, notamment des Indiens des hauts plateaux andins (plus de 40 % de la population auxquels s'ajoutent près de 50 % de métis), n'a cessé de se dégrader. Il n'est donc pas surprenant que l'Équateur soit entré à son tour dans le cycle de l'économie de la drogue. Au début de 1995, un litige frontalier avec le Pérou a débouché sur des affrontements militaires. Il a été résolu en 1998.

GRENADE

Capitale : **St. George's**
I Superficie : **340 km²** I Population : **94 000 hab.** I Densité : **275,8 hab./km²** I Espérance de vie : **71,8 ans** I Mortalité infantile : **19,2 ‰** I PIB-PPA : **7 580 dollars par hab.** I Monnaie : **dollar des Caraïbes orientales** I Langue : **anglais**

L'île antillaise de Grenade est montagneuse. Sa population est en majorité noire. Elle vit principalement de la noix de muscade (un tiers de la production mondiale), du cacao, de la banane, du sucre, du café, de l'avocat et du tourisme. Pour mettre fin à un régime révolutionnaire, l'armée des États-Unis est intervenue en 1983, envahissant l'île.

GUADELOUPE

Département français d'outre-mer (DOM) situé dans les Antilles, la Guadeloupe (431 000 habitants) bénéficie d'un niveau de vie plus élevé que la plupart des autres pays des Caraïbes. Mais c'est le résultat d'une assistance économique de la France et de l'Union européenne : l'économie guadeloupéenne (banane, sucre, rhum) est totalement dépendante. Nombreux sont les Guadeloupéens émigrés en France métropolitaine. Le mouvement indépendantiste est moins radical qu'autrefois, mais la situation sociale provoque régulièrement de fortes tensions.

GUATÉMALA
République du Guatémala

Capitale : **Guatémala**
▎ Superficie : **108 430 km²** ▎ Population :
11 687 000 hab. ▎ Densité : **107,8 hab./km²**
▎ Moins de 15 ans : **42,0 %** ▎ Espérance de
vie : **64,0 ans** ▎ Mortalité infantile : **46,0 ‰**
▎ Scolarisation 12-17 ans : **45,8 %** ▎ PIB-PPA :
3 821 dollars par hab. ▎ Monnaie : **quetzal**
▎ Langues : **espagnol, 23 langues indiennes**
(quiché, cakchiquel, mam, etc.), **garifuna**

La population de ce pays d'Amérique centrale est à 60 % indienne. Après un coup d'État organisé en 1954 par les États-Unis contre le gouvernement démocratiquement élu, un régime de dictature a gouverné par la terreur. Pendant trente-six ans, le pays a connu une guerre civile entre les forces gouvernementales assistées par les États-Unis et une guérilla dotée de faibles moyens. Des négociations entre le gouvernement et la guérilla ont abouti à des accords de paix en 1996. La guerre civile a fait 200 000 morts. En octobre 1992, Rigoberta Menchu, militante indienne, « chrétienne révolutionnaire », s'est vu décerner le prix Nobel de la paix. Le Guatémala exporte du café, du sucre, des bananes et d'autres fruits.

GUYANA
République coopérative de Guyana

Capitale : **Georgetown**
▎ Superficie : **196 850 km²** ▎ Population :
763 000 hab. ▎ Densité : **3,9 hab./km²**
▎ Moins de 15 ans : **29,3 %** ▎ Espérance de
vie : **63,7 ans** ▎ Mortalité infantile : **56,2 ‰**
▎ Scolarisation 12-17 ans : **70,5 %** ▎ PIB-PPA : **3 963 dollars par hab.** ▎ Monnaie :
dollar de Guyana ▎ Langue : **anglais**

Ex-Guyane britannique, la Guyana est indépendante depuis 1966. Sa population est composée d'Indiens d'Asie, de Noirs d'origine africaine, d'Amérindiens... L'économie repose sur la bauxite, le riz et le sucre, sans compter le potentiel de la forêt tropicale humide (Amazonie) : du bois, de l'or et des pierres précieuses.

GUYANE FRANÇAISE

Département d'outre-mer (DOM) français dans la vaste Amérique latine, la Guyane (170 000 habitants) reste dépendante des décisions parisiennes. Le chômage y frappe la moitié des jeunes. L'insécurité, l'immigration clandestine et le trafic de drogue ont augmenté. Symbole futuriste de l'hypertechnicité dans l'univers de la forêt amazonienne, la ville de Kourou – base de lancement de l'Agence européenne de l'espace (fusées Ariane) – jouxte l'extrême pauvreté.

HAÏTI
République d'Haïti

Capitale : **Port-au-Prince**
▎ Superficie : **27 560 km²** ▎ Population :
8 270 000 hab. ▎ Densité : **300,1 hab./km²**
▎ Moins de 15 ans : **37,7 %** ▎ Espérance de
vie : **52,0 ans** ▎ Mortalité infantile : **68,3 ‰**
▎ Scolarisation 12-17 ans : **43,9 %** ▎ PIB-PPA : **1 467 dollars par hab.** ▎ Monnaie :
gourde ▎ Langues : **créole, français**

La grande île de Saint-Domingue, située dans les Antilles, était une colonie française. Elle est devenue indépendante en 1804 grâce à la révolte des esclaves conduits par Toussaint Louverture. L'île a ensuite été scindée en deux : Haïti à l'ouest, la République dominicaine à l'est. Appuyée sur la sinistre milice des « tontons macoutes », la famille Duvalier a tenu Haïti sous la coupe d'une dictature sanguinaire de 1957 à 1986. Elle en a fait l'État le plus pauvre du continent américain, obligeant des dizaines de milliers d'Haïtiens à fuir à l'étranger. À François Duvalier, surnommé « Papa Doc », avait succédé son fils Jean-Claude « Bébé Doc ». Ensuite, la répression s'est poursuivie sous des régimes militaires. En 1990, le père Jean-Bertrand Aristide a largement remporté les premières élections réellement démocratiques du pays. Saluée par les milieux populaires d'Haïti comme une « seconde indépendance », l'investiture du nouveau président fut une véritable révolution populaire et pacifique. Mais l'armée l'a renversé au bout de sept mois. Une dictature militaire s'est installée, faisant 3 000 morts entre 1991 et 1994. Des milliers de boat people haïtiens se sont enfuis vers les États-Unis. En septembre 1994, un débarquement de forces américaines a réinstallé J.-B. Aristide à la Présidence. L'armée a été dissoute en 1995. À partir de 2000, des gangs se réclamant de lui ont multiplié les violences et les menaces contre ses opposants, tandis que la corruption s'étendait.

HONDURAS
République du Honduras

Capitale : **Tegucigalpa**
I Superficie : **111 890 km²** I Population :
6 575 000 hab. I Densité : **58,8 hab./km²**
I Moins de 15 ans : **39,3 %** I Espérance de
vie : **65,6 ans** I Mortalité infantile : **37,1 ‰**
I Scolarisation 12-17 ans : **49,5 %**
I PIB-PPA : **2 453 dollars par hab.** I Monnaie :
lempira I Langues : **espagnol, langues**
indiennes (miskito, sumu, paya, lenca, etc.),
garifuna

Au cours des années 1980, ce petit
pays dont l'indépendance et la
démocratie étaient limitées avait été
transformé en véritable porte-avions par
les États-Unis. Il s'agissait, à partir des
bases nord-américaines et des campe-
ments de la Contra (contre-révolution)
nicaraguayenne installée dans le pays,
d'abattre le régime révolutionnaire du
Nicaragua voisin. Le pouvoir demeure
entre les mains des grandes familles oli-
garchiques et les inégalités sociales sont
très accentuées. L'économie, peu développée, repose notamment sur la banane
et le café, la crevette et le homard.

JAMAÏQUE

Capitale : **Kingston**
I Superficie : **10 830 km²** I Population :
2 598 000 hab. I Densité : **239,9 hab./km²**
I Moins de 15 ans : **29,3 %** I Espérance de
vie : **74,8 ans** I Mortalité infantile : **21,9 ‰**
I Scolarisation 12-17 ans : **75,8 %** I PIB-
PPA : **3 639 dollars par hab.** I Monnaie :
dollar jamaïcain I Langue : **anglais**

Cette ancienne colonie britannique,
l'une des plus grandes îles caraïbes,
indépendante depuis 1962, cultive traditionnellement la canne à sucre. Elle
produit de la bauxite (plus de la moitié
des exportations) et le tourisme y est
important. La Jamaïque a été le point de
départ du phénomène « rasta », lequel a
traduit les grandes tensions politiques et

culturelles traversant l'île. Le rythme de
la musique reggae incarné par Bob Marley
a résonné à travers toute la planète. Sur
le plan économique, la situation demeure
désastreuse. Une importante communauté
jamaïcaine a émigré en Grande-Bretagne.

MARTINIQUE

De même que la Guadeloupe, l'île
sœur des Antilles, la Martinique
(386 000 habitants) est un département
français d'outre-mer (DOM), dont l'économie est fortement assistée par la
France métropolitaine et l'Union européenne (UE). Ses principales exportations sont les bananes et le rhum. Les
indépendantistes ont enregistré des progrès aux élections.

MONTSERRAT

Cette île des Caraïbes dépend du
Royaume-Uni. En 1995, son vol-
can s'est réveillé, détruisant la capitale
et le Sud.

NICARAGUA
République du Nicaragua

Capitale : **Managua**
I Superficie : **121 400 km²** I Population :
5 208 000 hab. I Densité : **42,9 hab./km²**
I Moins de 15 ans : **40,8 %** I Espérance de
vie : **67,7 ans** I Mortalité infantile : **39,5 ‰**
I Scolarisation 12-17 ans : **53,5 %**
I PIB-PPA : **2 366 dollars par hab.**

I Monnaie : **cordoba or** I Langues : **espagnol**
(off.), **anglais, créole, langues indiennes**
(miskito, sumu, rama), **garifuna**

Lorsqu'ils prennent le pouvoir le
19 juillet 1979, après avoir vaincu la
dictature de la famille Somoza qui
durait depuis quarante ans, soutenue
sans discontinuer par les États-Unis, les
guérilleros sandinistes ont à construire
un pays qui a été maintenu dans une
totale arriération (alphabétisation, réforme agraire, santé...). Les États-Unis
déclenchent une « guerre secrète » contre
le nouveau régime qui veut mettre en
œuvre des réformes «socialistes». Ils
appliquent au pays un embargo et financent une guérilla contre-révolutionnaire,
la Contra. L'aide de l'Union soviétique
et l'appui de Cuba permettent aux sandinistes d'y faire face, mais non d'asseoir
les bases d'un développement. Dans ce
contexte de guerre, les libertés sont res-
treintes. Des négociations aboutissent à
un cessez-le-feu en 1988. En 1990, les
sandinistes perdent des élections. Les
années 1990 sont marquées par les difficultés de la reconstruction économique
et l'héritage de la guerre civile (recours
aux armes et à la violence, etc.). La corruption s'est généralisée.

PANAMA
République du Panama

Capitale : **Panama**
I Superficie : **74 430 km²** I Population :
2 899 000 hab. I Densité : **39,0 hab./km²**
I Moins de 15 ans : **29,0 %** I Espérance de
vie : **73,6 ans** I Mortalité infantile : **21,4 ‰**
I Scolarisation 12-17 ans : **63,5 %** I PIB-
PPA : **6 000 dollars par hab.** I Monnaie :
théoriquement le balboa, en réalité le
dollar I Langues : **espagnol** (off.), **langues**
indiennes (guaymi, kuna, etc.)

L'État de Panama a été créé en 1903,
par séparation d'avec la Colombie.
Jusqu'en 2000, le canal de Panama, qui
relie l'Atlantique au Pacifique et qui a

été achevé par les États-Unis au début du siècle, et la Zone du canal – huit kilomètres de part et d'autre – étaient sous juridiction américaine. Le traité Torrijos-Carter signé avec les États-Unis en 1997 les a remis au Panama en 2000. Les États-Unis avaient pourtant manifesté beaucoup de réticences à l'idée de devoir renoncer au contrôle du canal et à leurs bases militaires. Leur intervention militaire *Juste Cause*, en 1989, qui avait abouti à la capture du général Noriega, l'homme fort du pays, avait théoriquement pour but d'arrêter ce trafiquant de drogue et de rétablir la démocratie. En réalité, elle visait à installer un pouvoir plus sensible aux intérêts des États-Unis.

PARAGUAY
République du Paraguay

Capitale : **Asunción**
| Superficie : **397 300 km²** | Population : **5 636 000 hab.** | Densité : **14,2 hab./km²**
| Moins de 15 ans : **37,4 %** | Espérance de vie : **69,6 ans** | Mortalité infantile : **39,2 ‰**
| Scolarisation 12-17 ans : **46,6 %**
| PIB-PPA : **4 426 dollars par hab.**
| Monnaie : **guarani** | Langues : **espagnol, guarani**

Dans ce pays dont la population est fortement métissée, le dictateur Alfredo Stroessner, au pouvoir depuis 1954, a été renversé en 1989 par le général Andrés Rodriguez ; il fut élu président en mai de la même année, lors des premières élections libres depuis quarante ans. La situation des paysans s'est détériorée, provoquant des occupations de terre qui ont été durement réprimées. En mai 1993, son successeur, Juan Carlos Wasmosy, a été le premier président civil élu démocratiquement de toute l'histoire du pays. En 1996, 1999 et 2000 ont eu lieu des tentatives de putsch militaire. Depuis sa fondation, en 1995, le Paraguay participe au Marché commun du sud de l'Amérique

(Mercosur) aux côtés du Brésil, de l'Argentine et de l'Uruguay. Les exportations reposent surtout sur l'énergie électrique, le coton et la viande.

PÉROU
République du Pérou

Capitale : **Lima**
| Superficie : **1 280 000 km²** | Population : **26 093 000 hab.** | Densité : **20,4 hab./km²**
| Moins de 15 ans : **30,8 %** | Espérance de vie : **68,0 ans** | Mortalité infantile : **45,0 ‰**
| Scolarisation 12-17 ans : **74,6 %** | PIB-PPA : **4 799 dollars par hab.** | Monnaie : **nouveau sol** | Langues : **espagnol** (off.), **quechua, aymara**

La marginalisation sociale et la misère des Indiens des hauts plateaux des Andes, surtout dans les régions les plus éloignées de la capitale, sont des problèmes permanents au Pérou. C'est sur ce terreau de misère, mais aussi dans les bidonvilles de Lima que s'est développée, à partir de 1980, la guérilla maoïste du Sentier lumineux. Subissant la terreur imposée par la guérilla et par l'armée, la population a été prise entre deux feux. Les victimes se sont comptées par milliers.
Le nouveau président, Alberto Fujimori, d'origine japonaise, a hérité, en 1990, d'une situation économique désastreuse. Il a immédiatement pris des mesures libérales draconiennes. En 1992, il a renforcé son pouvoir personnel en dissolvant les deux chambres. L'inflation et la dette extérieure ont été réduites, mais le nombre des Péruviens vivant dans la misère s'est fortement accru. Dans un tel contexte, il est difficile de dissuader les paysans de cultiver la coca (plante servant à fabriquer la cocaïne). Début 1995, un litige territorial avec l'Équateur voisin a dégénéré en affrontement militaire de courte durée. A. Fujimori s'est accroché au pouvoir en violant la Constitution et en persécutant ses rivaux politiques. En 2000, une grave

affaire de corruption l'a conduit à fuir le pays. Le Pérou exporte du pétrole, du cuivre, du zinc, de l'étain, des produits de la mer, du café, du sucre, du coton et du cuir.

PORTO RICO

Capitale : **San Juan**
| Superficie : **8 870 km²** | Population : **3 952 000 hab.** | Densité : **445,5 hab./km²**
| Moins de 15 ans : **22,8 %** | Espérance de vie : **74,9 ans** | Mortalité infantile : **11,0 ‰**
| Scolarisation 12-17 ans : **79,1 %**
| PIB-PPA : **9 962 dollars par hab.**
| Monnaie : **dollar** | Langues : **espagnol** (off.), **anglais**

Porto Rico a été une colonie espagnole jusqu'en 1898 avant de devenir possession des États-Unis. Depuis 1952, cette grande île des Caraïbes a le statut d'« État libre associé des États-Unis ». Une base militaire et un camp d'entraînement américains y sont installés. La question du futur statut de l'île n'est pas réglée et demeure un point de désaccord entre les diverses formations politiques du pays, certains étant partisans d'une intégration complète aux États-Unis, d'autres d'une plus grande autonomie, sans compter ceux défendant le statut actuel qui permet de toucher une aide financière américaine. L'économie repose essentiellement sur l'élevage, la canne à sucre, l'industrie et le tourisme.

RÉPUBLIQUE DOMINICAINE

Capitale : **Saint-Domingue**
❘ Superficie : **48 380 km²** ❘ Population :
8 507 000 hab. ❘ Densité : **175,8 hab./km²**
❘ Moins de 15 ans : **31,2 %** ❘ Espérance de
vie : **67,3 ans** ❘ Mortalité infantile : **40,6 ‰**
❘ Scolarisation 12-17 ans : **73,5 %** ❘ PIB-
PPA : **6 033 dollars par hab.** ❘ Monnaie :
peso ❘ Langue : **espagnol**

Située dans les Caraïbes, à l'est d'Haïti,
sur la même île, cette République a
connu dans les années 1980 un fort
développement touristique et une
extension de ses zones franches (sans
impôts, pour attirer les industries étrangères). La production de sucre repose sur
l'exploitation des coupeurs de canne à
sucre haïtiens (*braceros*), très mal traités.
La population dominicaine n'est guère
mieux lotie : des émeutes de la faim ont
eu lieu à plusieurs reprises. La situation
économique et sociale est tendue.

SAINTE-LUCIE

Capitale : **Castries**
❘ Superficie : **610 km²** ❘ Population :
149 000 hab. ❘ Densité : **245,0 hab./km²**
❘ Espérance de vie : **73,0 ans** ❘ Mortalité
infantile : **14,3 ‰** ❘ PIB-PPA : **5 703 dollars
par hab.** ❘ Monnaie : **dollar des Caraïbes
orientales** ❘ Langues : **anglais, créole**

Ancienne colonie britannique, cette
petite île produit surtout des
bananes (en déclin) et des noix de coco.
Le tourisme constitue désormais une
autre ressource importante et les activités financières se sont développées.

ST. KITTS ET NEVIS
Fédération de St. Kitts et Nevis
(Saint-Christophe et Niévès)

Capitale : **Basseterre**
❘ Superficie : **360 km²** ❘ Population :
38 000 hab. ❘ Densité : **176 hab./km²**

❘ Moins de 15 ans : **34,3 %** ❘ PIB-PPA :
12 510 dollars par hab. ❘ Monnaie : **dollar
des Caraïbes orientales** ❘ Langue : **anglais**

Ce petit archipel antillais de la
Couronne britannique est devenu
indépendant en 1983. La population y est
majoritairement noire. Les réductions
successives des importations de sucre
acceptées par les États-Unis l'ont frappé
de plein fouet. Comme partout dans
la Caraïbe, on cherche des solutions
dans le tourisme. Les deux îles sœurs
sont aussi très impliquées dans le trafic
de drogue.

SAINT-VINCENT et les GRENADINES

Capitale : **Kingstown**
❘ Superficie : **390 km²** ❘ Population :
114 000 hab. ❘ Densité : **292,3 hab./km²**
❘ Espérance de vie : **72,9 ans** ❘ Mortalité
infantile : **17,7 ‰** ❘ PIB-PPA : **5 555 dollars
par hab.** ❘ Monnaie : **dollar des Caraïbes
orientales** ❘ Langue : **anglais**

Le drapeau britannique a flotté pendant plus de 350 ans sur ces îles,
jusqu'en 1979. Végétation luxuriante
et plages de sable fin semblent vouer
au tourisme ce chapelet d'îles parfois
comparé au paradis. Aux bananeraies
s'est ajoutée la culture de la marijuana.

EL SALVADOR
République du Salvador

Capitale : **San Salvador**
❘ Superficie : **20 720 km²** ❘ Population :
6 400 000 hab. ❘ Densité : **308,9 hab./km²**
❘ Moins de 15 ans : **34,0 %** ❘ Espérance de
vie : **69,1 ans** ❘ Mortalité infantile : **32,0 ‰**
❘ Scolarisation 12-17 ans : **56,1 %** ❘ PIB-
PPA : **4 497 dollars par hab.** ❘ Monnaie :
dollar É.-U., mais le **colón salvadorien**
circule parallèlement ❘ Langues : **espagnol**
(off.), **nahuatlpipil**

Petit pays d'Amérique centrale, le
Salvador est densément peuplé.
Après onze années d'une guerre civile
commencée en 1980, qui a fait 80 000
morts, le gouvernement et la guérilla du
Front Farabundo Marti de libération
nationale (FMLN) ont conclu, début
1992, un accord de paix. Malgré une
très importante aide militaire nord-
américaine, l'armée n'avait pu réduire la
guérilla. Le pays n'avait pas connu la
démocratie depuis 1932. Le processus
de paix s'est révélé difficile : retour à la
vie civile des combattants, instauration
de nouvelles règles du jeu politique,
héritage de décennies de violence.

SURINAME
République du Suriname

Capitale : **Paramaribo**
❘ Superficie : **156 000 km²** ❘ Population :
419 000 hab. ❘ Densité : **2,7 hab./km²**
❘ Espérance de vie : **70,1 ans** ❘ Mortalité
infantile : **29,1 ‰** ❘ Scolarisation 12-17
ans : **77,1 %** ❘ PIB-PPA : **3 799 dollars
par hab.** ❘ Monnaie : **florin du Suriname**
❘ Langues : **néerlandais, anglais, sranan,
tongo**

Ex-Guyane néerlandaise, le Suriname
est indépendant depuis 1975. La
complexité de sa vie politique résulte des
clivages ethniques et religieux. La population est très mêlée. À partir de 1986,
la dictature du lieutenant-colonel Desi

Bouterse avait dû faire face à la rébellion conduite par l'un de ses anciens gardes du corps, Ronnie Brunswijk, avec le soutien des Pays-Bas. Un régime civil a fini par s'installer, tandis que l'ancien dictateur restait, comme chef de l'opposition, l'« homme fort » du pays.

TRINIDAD ET TOBAGO
République de Trinidad et Tobago

Capitale : **Port of Spain**
| Superficie : **5 130 km²** | Population :
1 300 000 hab. | Densité : **253,4 hab./km²**
| Moins de 15 ans : **21,0 %** | Espérance de
vie : **73,8 ans** | Mortalité infantile : **14,3 ‰**
| Scolarisation 12-17 ans : **65,3 %** | PIB-
PPA : **8 964 dollars par hab.** | Monnaie :
dollar de Trinidad et Tobago | Langues :
anglais, hindi

Membres du Commonwealth britannique et indépendantes depuis 1962, les îles Trinidad et Tobago disposent du produit national brut le plus élevé de la région caraïbe. La production de pétrole et de gaz y est importante. La population est principalement d'origine indienne (Asie) et africaine.

TURKS ET CAICOS

Cet archipel de la Caraïbe est britannique. Il vit du tourisme, de la production de sel et d'activités illicites.

URUGUAY
République orientale d'Uruguay

Capitale : **Montevideo**
| Superficie : **175 020 km²** | Population :
3 361 000 hab. | Densité : **19,2 hab./km²**
| Moins de 15 ans : **24,3 %** | Espérance de
vie : **73,9 ans** | Mortalité infantile : **17,5 ‰**
| Scolarisation 12-17 ans : **84,4 %** | PIB-
PPA : **9 035 dollars par hab.** | Monnaie :
peso uruguayen | Langue : **espagnol**

Ce pays, dont la grande majorité de la population est d'origine européenne,

a renoué avec sa tradition démocratique en 1985, après onze années de dictature militaire. L'économie jadis prospère, grâce notamment à l'élevage de bœufs et de moutons, a périclité du fait de l'exil d'un tiers de la population. Cette économie est par ailleurs très sensible aux évolutions des deux grands voisins argentin et brésilien. La création, en 1995, d'un Marché commun du sud de l'Amérique (Mercosur) associant aussi le Paraguay a encore renforcé ces influences.

VÉNÉZUELA
République bolivarienne du Vénézuela

Capitale : **Caracas**
| Superficie : **882 050 km²** | Population :
24 632 000 hab. | Densité : **27,9 hab./km²**
| Moins de 15 ans : **31,6 %** | Espérance de
vie : **72,4 ans** | Mortalité infantile : **20,9 ‰**
| Scolarisation 12-17 ans : **59,8 %** | PIB-
PPA : **5 794 dollars par hab.** | Monnaie :
bolivar | Langue : **espagnol**

Classé dans les années 1920 parmi les plus arriérés et les plus pauvres d'Amérique latine, le Vénézuela, dont la population est composée d'une majorité de métis, devançait jusqu'au milieu des année 1980 les autres pays latino-américains si l'on considérait le produit national brut par habitant. Cela s'expliquait par la production pétrolière. Mais après l'euphorie provoquée par cet « or noir », le pays a dû affronter les dures réalités du contre-choc pétrolier de 1986. Une politique économique très libérale a été menée, pénalisant les plus défavorisés. Cela a provoqué, en février 1989, une explosion populaire violemment réprimée, faisant des centaines de morts. La politique d'austérité a été maintenue tandis que la population perdait confiance dans la classe politique.
À la différence des autres pays de la région, le Vénézuela est resté démocratique dans les années 1960, 1970 et 1980. Deux tentatives de coup d'État dirigées par le lieutenant-colonel Hugo

Chavez ont échoué en 1992, mais le chef de l'État a dû abandonner le pouvoir en 1993, accusé de corruption. H. Chavez est devenu chef de l'État, ayant gagné démocratiquement les élections en 1998. Il a été réélu en 2000, faisant naître beaucoup d'espoirs populaires. En effet, il a dénoncé la mondialisation, et déclaré son intention de gouverner pour le peuple, se réclamant du grand Libérateur latino-américain Simon Bolivar. Il s'est aussi rapproché du régime cubain, ce qui a suscité l'inquiétude des États-Unis. Son style autoritaire a suscité de plus en plus d'opposition intérieure. En 2002, une tentative de coup d'État soutenue par le patronat a échoué.

ÎLES VIERGES AMÉRICAINES

Cet archipel comporte plusieurs dizaines d'îles et dépend des États-Unis (il a été acheté en 1917 au Danemark). Sa population est majoritairement d'origine africaine.

ÎLES VIERGES BRITANNIQUES

Situées aux Antilles, ces îles, peuplées en majorité de Noirs, sont des possessions britanniques. S'y sont développés un tourisme de luxe et des activités financières bénéficiant des avantages de ce paradis fiscal.

OCÉAN GLACIAL ARCTIQUE

Cap Nord

Mer de Barents

ISLANDE

Reykjavik
△ 2119m

Cercle polaire Arctique

Îles Féroé
(DANEMARK)

Trondheim

Glomma

SUÈDE

FINLANDE

Massif scandinave

Golfe de Botnie

Torne

NORVÈGE

Îles Shetland

Galdhøpig
2469 m

Bergen

Oslo

Dal

Klar

Tampere

Turku

Helsinki

Uppsala

Stockholm

ESTONIE

Îles Orcades

Ben Nevis
△ 1343 m

Mer

du

Nord

DANEMARK

Göteborg

Mer Baltique

LETTONIE

LITUANIE

Glasgow

Belfast

ROYAUME-
UNI

Dublin

Manchester

Leeds

Copenhague

Malmö

RUSSIE

IRLANDE

Liverpool

Sheffield

Birmingham

Londres

PAYS-BAS

Amsterdam

Hambourg

Plaine d'Europe

BIÉLORUSSIE

OCÉAN

ATLANTIQUE

Tamise

Manche

Rotterdam

Bruxelles

Berlin

du Nord

Poznan

Vistule

Varsovie

UKRA

Lille

Essen

ALLEMAGNE

Lódź

BELGIQUE

Düsseldorf

Dresde

Oder

POLOGNE

Seine

Cologne

Luxembourg

Elbe

Wroclaw

Paris

LUX.

Francfort

Prague

RÉP.

Katowice

Cracovie

Nantes

Loire

Strasbourg

Rhin

Meuse

Stuttgart

Danube

TCHÈQUE

Tatra
2663 m

Carpates

FRANCE

Berne

Munich

SLOVAQUIE

Bratislava

Iaşi

MOLDAVIE

Lac de
Constance

Vienne

Lac
Léman

SUISSE

AUTRICHE

Budapest

Plaine

Bordeaux

Garonne

Toulouse

Lyon

Mt-Blanc
4807 m

Milan

Ljubljana

SLOV.

Zagreb

HONGRIE

Tisza

Drave

Save

Hongroise

ROUMANIE

△ Moldoveanu
2543 m

Bucarest

Consta

Monts
Cantabriques

Porto

Douro

Péninsule

Pyrénées

Rhône

Turin

Pô

Gênes

CROATIE

B.-H.

Belgrade

Danube

Marseille

MONACO

Nice

ST-MARIN

Apennins

Sarajevo

YOUGOSLAVIE

BULGARIE

Pic d'Aneto △
3404 m

PORTUGAL

ibérique

Tage

ANDORRE

Saragosse

Corse

Tibre

Mer Adriatique

Alpes Dinariques

Pogdorica

Sofia

Marica

Balkan

Istanbul

Lisbonne

Madrid

ESPAGNE

Guadiana

Barcelone

VATICAN

Rome

ITALIE

Tirana

Skopje

MACÉDOINE

TUR

Valence

Îles Baléares

Vésuve
1277 m

Naples

Mer
Tyrrhénienne

ALBANIE

Thessalonique

Izmir

Guadalquivir

Séville

Sierra Nevada

Sardaigne

Olympe
2918 m

GRÈCE

Mer

Détroit de
Gibraltar

Malaga

Mer

Palerme

Etna △
3340 m

Sicile

Mer

Ionienne

Athènes

Égée

Rho

MAROC

ALGÉRIE

TUNISIE

La Valette

MALTE

Méditerranée

Santorin

Crète

Ebre

Tage

Ionienne

L'EUROPE

À l'échelle planétaire, l'Europe apparaît comme une sorte de « finistère » (de *finis terrae*, limite, extrémité) de l'Eurasie. À l'est, ses frontières sont incertaines. Si les pays baltes, la Moldavie, la Biélorussie ou l'Ukraine (traités dans cet ouvrage dans le chapitre « ex-Empire soviétique ») sont incontestablement européens, d'autres comme la Turquie ou la Russie s'étendent sur deux continents.

Depuis l'effondrement du communisme soviétique, à partir de 1989, l'Europe est entrée dans une phase de profonde réorganisation. L'Europe de l'Est a d'abord vu se développer un courant de sécessions et d'éclatement des États fédéraux : ex-URSS (1991), ex-Yougoslavie (1991-1992) ex-Tchécoslovaquie (1993).

L'Union européenne (UE), qui représente désormais la colonne vertébrale de l'Europe, est très courtisée, à l'Est comme à l'Ouest. Elle s'est élargie à trois nouveaux membres en 1995 (Autriche, Suède, Finlande) et a franchi une étape importante sur la voie de l'intégration politique et économique avec le traité de Maastricht (1992) et avec l'adoption d'une monnaie unique, l'euro, entrée en vigueur le 1er janvier 1999.

À ces institutions strictement européennes, il faut ajouter notamment l'Organisation pour la sécurité et la coopération en Europe (OSCE) et l'OTAN (Organisation du traité de l'Atlantique nord), dont les États-Unis et le Canada font également partie. Cette organisation politico-militaire s'est élargie à certains pays de l'ancien bloc soviétique (Hongrie, Pologne, République tchèque) et un Conseil OTAN-Russie a été créé en 2002.

B.-H. : BOSNIE-HERZÉGOVINE
LUX. : LUXEMBOURG
SLOV. : SLOVÉNIE

ALBANIE
République d'Albanie

Capitale : **Tirana**
❙ Superficie : **27 400 km²** ❙ Population :
3 145 000 hab. ❙ Densité : **114,8 hab./km²**
❙ Moins de 15 ans : **27,2 %** ❙ Espérance de
vie : **72,8 ans** ❙ Mortalité infantile : **28,3 ‰**
❙ PIB-PPA : **3 506 dollars par hab.**
❙ Monnaie : **nouveau lek** ❙ Langues :
albanais, grec

E n Europe de l'Est, l'Albanie était la
plus tragiquement démunie au sortir
du communisme, en 1991-1992. Ses
dirigeants, brouillés avec Moscou et ses
alliés au début des années 1960, avaient
aussi rompu avec la Chine en 1977. Le
pays s'était totalement isolé. La religion
y était interdite (les Albanais sont en
majorité musulmans), et les échanges
avec l'étranger quasi inexistants. La
reconstruction s'est annoncée particulièrement difficile. En 1997, le mécontentement social a tourné à l'insurrection.
En 1999, la crise et la guerre au Kosovo
voisin, peuplé lui aussi d'Albanais [*voir
page 45*], ont prolongé l'instabilité et
suscité l'afflux de réfugiés. Des centaines
de milliers d'Albanais travaillent à
l'étranger, souvent sans titre de séjour,
notamment en Grèce et en Italie.

ALLEMAGNE
République fédérale d'Allemagne (RFA)

Capitale : **Berlin**
(Bonn a été le siège du gouvernement
fédéral et du Parlement jusqu'à l'été 1999)
❙ Superficie : **356 680 km²** ❙ Population :
82 007 000 hab. ❙ Densité : **229,9 hab./km²**
❙ Moins de 15 ans : **14,1 %** ❙ Espérance de
vie : **77,3 ans** ❙ Mortalité infantile : **5,0 ‰**
❙ Scolarisation de 3e degré : **46,1 %** ❙ PIB-
PPA : **25 699 dollars par hab.** ❙ Monnaie :
euro ❙ Langue : **allemand**

L 'unification de l'Allemagne en 1990,
après la chute du Mur de Berlin (le
9 novembre 1989), a mis fin à l'existence
de la République démocratique allemande (RDA, Allemagne de l'Est). En
1945, après la victoire des Alliés sur le
régime nazi, le pays et Berlin avaient été
partagés en quatre zones d'occupation :
soviétique, nord-américaine, britannique et française. En 1949, deux États
avaient été fondés : la RFA (République
fédérale d'Allemagne), correspondant
aux zones d'occupation occidentales, et
la RDA, dans la zone soviétique. La RFA
s'est constituée comme une fédération
démocratique de *Länder* (régions-États),
la RDA comme un État communiste. La
tension permanente de leurs rapports
culmina en 1961, lors de la construction
du Mur de Berlin, entreprise pour
empêcher les départs vers l'Ouest [*voir
page 24*]. La RDA a longtemps été considérée comme le « bon élève du camp
soviétique ». Pour sa part, la RFA a
connu, à partir des années 1950, ce
qu'on appela le « miracle économique » :
une très forte croissance en a progressivement fait l'une des toutes premières
puissances industrielles et financières du
monde, la troisième du camp occidental.
L'unification a montré à quel point la
RDA, si elle pouvait tirer son épingle du
jeu dans le système soviétique, était en
retard technologique. La production à
tout prix avait par ailleurs provoqué des
désastres écologiques. Les Allemands de
l'Est pouvaient cependant bénéficier de
certaines lois sociales avantageuses.
Après l'euphorie des retrouvailles est
venu le temps des problèmes à résoudre.

L'unification économique et monétaire,
engagée dès la mi-1990 par le chancelier
chrétien-démocrate Helmut Kohl, au
pouvoir en RFA de 1982 à 1998, était
très ambitieuse car les défis étaient nombreux : écart important dans les niveaux
de vie, usines peu compétitives et licenciements massifs à l'Est, inflation, etc.
Ces difficultés ont, dans un premier
temps, alimenté des frustrations et des
revendications sociales.
Le système politique est resté dominé
par les sociaux-démocrates et les chré-
tiens-démocrates, mais un nouveau parti
s'est mêlé au jeu. La prise de conscience
écologique a en effet été précoce en RFA
et les Verts (Die Grünen), parti écolo-
pacifiste, ont eu des députés dès les
années 1980.
Le chancelier social-démocrate Gerhard
Schröder, élu en 1998, a procédé à d'importantes réformes concernant l'abandon à terme de l'énergie nucléaire, les
conditions d'accès à la nationalité, la
fiscalité, les retraites.
Du temps de la division, on disait volon-
tiers de la RFA qu'elle était un *géant
économique* et un *nain politique*. En
effet, hormis la construction européenne
dans laquelle elle a joué un très grand
rôle avec la France, son action diplomatique était restée très discrète. C'était
une conséquence de la Guerre froide.
Désormais, plus rien ne s'oppose à une
politique étrangère plus active, notamment en Europe centrale et balkanique,
sa zone d'influence traditionnelle. De ce
point de vue, l'engagement militaire
dans la crise du Kosovo, en 1999, a été
un signe fort de changement.

ANDORRE
Principauté d'Andorre

Capitale : **Andorre-la-Vieille**
❙ Superficie : **450 km²** ❙ Population :
90 000 hab. ❙ Densité : **199,4 hab./km²**
❙ Espérance de vie : **83,5 ans** ❙ Mortalité
infantile : **4,1 ‰** ❙ PIB-PPA : **18 000 dollars
par hab.** ❙ Monnaie : **euro** (monnaie

d'usage) | Langues : **catalan** (off.), **français, espagnol et portugais**

La principauté d'Andorre, située dans les Pyrénées, entre l'Espagne et la France, est devenue officiellement indépendante en 1993. C'est un paradis fiscal.

AUTRICHE
République d'Autriche

Capitale : **Vienne**
| Superficie : **82 730 km²** | Population : **8 075 000 hab.** | Densité : **97,6 hab./km²** | Moins de 15 ans : **15,1 %** | Espérance de vie : **77,7 ans** | Mortalité infantile : **5,4 ‰** | Scolarisation 3e degré : **50,2 %** | PIB-PPA : **26 765 dollars par hab.** | Monnaie : **euro** | Langues : **allemand** (off.), **serbo-croate, hongrois, tchèque, slovène**

Ce petit pays prospère du centre de l'Europe est devenu membre de l'Union européenne (UE) le 1er janvier 1995. Avec l'élection de Thomas Klestil (conservateur) à la tête de l'État, en mai 1992, l'Autriche était sortie de six années d'isolement. Le président précédent, Kurt Waldheim, était en effet boycotté à l'étranger à cause de son passé d'officier dans l'armée nazie. La vie politique, depuis la fin de la guerre, s'organisait autour du Parti social-démocrate (SPÖ) et du Parti populaire (ÖVP, conservateur). Mais il a aussi fallu compter avec le Parti libéral (FPÖ), dirigé par Jörg Haider, porteur de thèses racistes et d'extrême droite. En 1999, un gouvernement associant l'ÖVP et le FPÖ a été formé, provoquant l'indignation au sein de l'UE.

BELGIQUE
Royaume de Belgique

Capitale : **Bruxelles**
| Superficie : **32 820 km²** | Population : **10 264 000 hab.** | Densité : **312,7 hab./km²** | Moins de 15 ans : **16,1 %** | Espérance de vie : **77,9 ans** | Mortalité infantile : **4,4 ‰** | Scolarisation 3e degré : **58,8 %** | PIB-PPA :

27 178 dollars par hab. | Monnaie : **euro** | Langues : **français, néerlandais** (flamand), **allemand**

Situé au cœur de l'Europe du Nord-Ouest, dans une région densément peuplée et de développement économique ancien, ce pays indépendant depuis 1830, cofondateur de la CEE (Communauté économique européenne), est un actif partisan de l'unification européenne. Bruxelles abrite le siège de l'Union européenne, de même que celui de l'OTAN (Organisation du traité de l'Atlantique nord).

Des tensions périodiques se sont manifestées entre francophones (Wallons et Bruxellois) et néerlandophones (Flamands, majoritaires). Aussi la Belgique a-t-elle adopté en 1993 des institutions fédérales (région flamande, région wallonne et région de Bruxelles-capitale). La montée de l'extrême droite xénophobe, principalement en Flandre, est apparue préoccupante.

Au plan économique, la pénétration des firmes étrangères, notamment françaises et néerlandaises s'est accentuée.

BOSNIE-HERZÉGOVINE

Capitale : **Sarajevo**
| Superficie : **51 000 km²** | Population : **4 067 000 hab.** | Densité : **79,7 hab./km²** | Moins de 15 ans : **15,8 %** | Espérance de vie : **73,3 ans** | Mortalité infantile : **15,0 ‰** | Scolarisation 3e degré : **15,8 %** | PIB-PPA : **1 634 dollars par hab.** | Monnaie : **mark convertible** | Langues : **bosniaque, serbe et croate**

Située dans les Balkans, la Bosnie-Herzégovine est héritière d'une des républiques de l'ancienne Yougoslavie qui a éclaté à partir de 1991, déclenchant un cycle de guerres [*voir page 42*]. C'est une mosaïque de nations. Au recensement de 1991, on dénombrait 43,7 % de Slaves musulmans, 31,3 % de Slaves orthodoxes (Serbes) et 17,3 % de

Slaves catholiques (Croates).

Elle est devenue indépendante après un conflit meurtrier (1992-1995). Les nationalistes « musulmans » voulaient diriger seuls le pays, tandis que les nationalistes serbes et croates voulaient le dépecer, avec l'appui respectif de la Serbie et de la Croatie. La capitale Sarajevo a subi un long siège. Les extrémistes serbes ont pratiqué le « nettoyage ethnique » de même que les extrémistes croates. De multiples crimes de guerre et des crimes contre l'humanité ont été commis par les extrémistes de tous les camps. Ainsi, à Srebrenica, entre 7 000 et 10 000 musulmans ont été massacrés par les milices serbes en 1995. Lorsque la guerre a pris fin avec les accords de Dayton, le pays était dans les faits partagé entre une Fédération de Bosnie-Herzégovine (croato-musulmane) et une République serbe.

BULGARIE
République de Bulgarie

Capitale : **Sofia**
| Superficie : **110 550 km²** | Population : **7 867 000 hab.** | Densité : **71,2 hab./km²** | Moins de 15 ans : **13,6 %** | Espérance de vie : **70,8 ans** | Mortalité infantile : **15,2 ‰** | Scolarisation 3e degré : **42,7 %** | PIB-PPA : **5 710 dollars par hab.** | Monnaie : **nouveau lev** | Langues : **bulgare** (off.), **turc**

Depuis que la Russie l'aida en 1878 à se libérer du joug ottoman, la Bulgarie, pays de tradition orthodoxe des Balkans, est restée en bons rapports avec son grand voisin. Ces deux pays slaves et orthodoxes présentent d'ailleurs bien des ressemblances culturelles. À partir de 1944, la Bulgarie, dirigée par les communistes, s'est totalement alignée sur l'Union soviétique, appliquant avec discipline tous les ordres de Moscou.

En 1990, une loi a rétabli, pour les citoyens d'origine turque (10 %), certains droits dont ils avaient été privés en 1984-1985 lors d'une « bulgarisation » forcée. Cette assimilation violente et la gravité des problèmes écologiques avaient favorisé la formation d'une opposition dont le philosophe Jeliou Jelev, président de 1990 à 1996, sera la principale figure. La transition politique s'est faite difficilement et lentement, par étapes. La transition économique s'est révélée plus laborieuse encore. En 2000, des pourparlers ont commencé en vue d'une adhésion future du pays à l'Union européenne (UE).

CHYPRE
République de Chypre

Capitale : **Nicosie**
❚ Superficie : **9 240 km²** ❚ Population : **790 000 hab.** ❚ Densité : **85,5 hab./km²**
❚ Espérance de vie : **77,8 %** ❚ Mortalité infantile : **8,1 ‰** ❚ Scolarisation 3ᵉ degré : **19,4 %** ❚ PIB-PPA : **20 824 dollars par hab.**
❚ Monnaie : **livre chypriote** ❚ Langues : **grec, turc, anglais** (off.)

Ancienne possession britannique (jusqu'en 1960), l'île de Chypre est située en mer Méditerranée, à proximité de la Turquie et du Liban. Elle est peuplée de Chypriotes grecs (78 %) et de Chypriotes turcs (18 %). En 1974, le « régime des colonels », dictature d'extrême droite alors en place en Grèce, tenta d'organiser un putsch dans l'île.

En réaction, l'armée turque envahit sa partie nord. Depuis, Chypre est restée divisée en deux. La république proclamée en 1983 par le Nord n'a été reconnue que par la Turquie. En 1999, l'Union européenne a accepté d'ouvrir des négociations en vue de l'adhésion de l'île, mais le problème de la division restait un obstacle.

CROATIE
République de Croatie

Capitale : **Zagreb**
❚ Superficie : **55 920 km²** ❚ Population : **4 655 000 hab.** ❚ Densité : **83,2 hab./km²**
❚ Moins de 15 ans : **17,3 %** ❚ Espérance de vie : **73,3 ans** ❚ Mortalité infantile : **10,1 ‰**
❚ Scolarisation : **29,0 %** ❚ PIB-PPA : **8 091 dollars par hab.** ❚ Monnaie : **kuna**
❚ Langues : **croate** (off.), **serbe, italien, hongrois**

Ce pays des Balkans est peuplé majoritairement de Slaves de tradition catholique. Faisant jusqu'alors partie de la République fédérative de Yougoslavie créée en 1945 par le communiste Josip Broz Tito, la Croatie a proclamé son indépendance en juin 1991, contribuant à l'éclatement de celle-ci. Une guerre s'en est ensuivie contre l'armée fédérale. Pendant les guerres yougoslaves des années 1990 [*voir page 42*], l'armée croate a commis des crimes pour lesquels des officiers ont été inculpés par le Tribunal pénal international (TPI) de La Haye. Après la mort du chef de l'État nationaliste Franjo Tudjman en 1999, Stipe Mesic a été élu à la présidence de la République (en 2000). La vie politique est devenue plus démocratique et les relations avec les autres pays se sont apaisées.

DANEMARK
Royaume du Danemark

Capitale : **Copenhague**
❚ Superficie : **42 430 km²** ❚ Population : **5 333 000 hab.** ❚ Densité : **125,7 hab./km²**

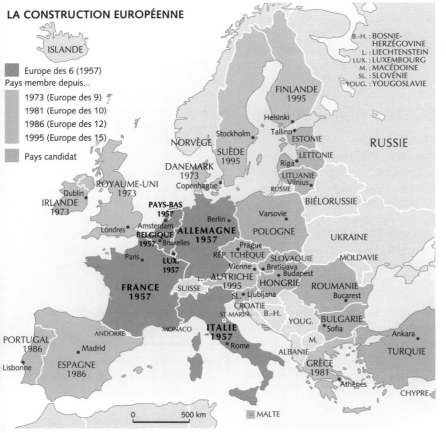

LA CONSTRUCTION EUROPÉENNE

ISLANDE

◼ Europe des 6 (1957)
Pays membre depuis...
1973 (Europe des 9)
1981 (Europe des 10)
1986 (Europe des 12)
1995 (Europe des 15)

◻ Pays candidat

B.-H. : BOSNIE-HERZÉGOVINE
L. : LIECHTENSTEIN
LUX. : LUXEMBOURG
M. : MACÉDOINE
SL. : SLOVÉNIE
YOUG. : YOUGOSLAVIE

FINLANDE 1995
Helsinki
Tallinn
Stockholm
ESTONIE
NORVÈGE
SUÈDE 1995
Riga
LETTONIE
RUSSIE
LITUANIE
Vilnius
DANEMARK 1973
Copenhague
RUSSIE
BIÉLORUSSIE
ROYAUME-UNI 1973
Dublin
IRLANDE 1973
PAYS-BAS 1957
Berlin
Varsovie
Amsterdam
Londres
BELGIQUE 1957
Bruxelles
ALLEMAGNE 1957
POLOGNE
UKRAINE
Paris
LUX. 1957
Prague
RÉP. TCHÈQUE
SLOVAQUIE
MOLDAVIE
Vienne
Bratislava
L.
AUTRICHE 1995
Budapest
HONGRIE
ROUMANIE
FRANCE 1957
SUISSE
Ljubljana
CROATIE
Bucarest
PORTUGAL 1986
ANDORRE
MONACO
ST-MARIN
B.-H.
YOUG.
BULGARIE
Sofia
ITALIE 1957
Rome
M.
Ankara
Lisbonne
Madrid
ESPAGNE 1986
ALBANIE
TURQUIE
GRÈCE 1981
Athènes
CHYPRE
MALTE
RUSSIE

0 — 500 km

| Moins de 15 ans : **18,1 %** | Espérance de vie : **75,9 ans** | Mortalité infantile : **5,9 ‰** | Scolarisation 3e degré : **55,1 %** | PIB-PPA : **27 627 dollars par hab.** | Monnaie : **couronne danoise** | Langue : **danois**

Par sa civilisation et son histoire, le Danemark est profondément lié à la Norvège, à la Suède et à l'Islande. Il est formé de la péninsule du Jutland et de nombreuses îles. Deux territoires plus lointains sont autonomes : les îles Féroé et le Groenland. Le climat danois est tempéré. L'agriculture et la pêche y sont prospères. L'industrie agroalimentaire, très puissante, exporte fromage, bacon, viande de bœuf, bière, produits de la mer...

Le Danemark a été le premier pays du Nord à intégrer la CEE (Communauté économique européenne), en 1973. Pourtant, en 1992, par référendum, une courte majorité a rejeté le projet d'union monétaire en refusant la ratification du traité de Maastricht. Un nouveau référendum, en 1993, l'a approuvée, mais avec des conditions. Par choix politique, le pays a décidé de ne pas adopter l'euro comme monnaie en 1999. Des mesures hostiles à l'immigration ont par la suite été adoptées, traduisant une montée de la xénophobie.

ESPAGNE
Royaume d'Espagne

Capitale : **Madrid**
| Superficie : **499 440 km²** | Population : **39 921 000 hab.** | Densité : **79,9 hab./km²** | Moins de 15 ans : **13,9 %** | Espérance de vie : **78,1 ans** | Mortalité infantile : **5,7 ‰** | Scolarisation 3e degré : **55,7 %** | PIB-PPA : **20 320 dollars par hab.** | Monnaie : **euro** | Langues : officielle nationale : **espagnol** (ou castillan) ; officielles régionales : **basque, catalan, galicien, valencien**

Avec l'Exposition universelle de Séville et les jeux Olympiques de Barcelone, 1992 a été une année symbo-lique pour l'Espagne. Ces consécrations internationales ont illustré la vitalité de ce pays et la profondeur des changements intervenus depuis la mort du général Franco en 1975, après quarante ans de dictature. La démocratisation s'est faite rapidement et en douceur. Les socialistes dirigés par Felipe Gonzales, arrivés au pouvoir en 1982, ont grandement contribué à moderniser le pays et à le rendre « européen ». Entrée en 1986 dans la CEE (Communauté économique européenne), l'Espagne a relevé avec succès le défi de l'intégration économique. Toutefois, la priorité a davantage porté sur la croissance que sur la répartition des richesses produites. Si autrefois de nombreux Espagnols partaient travailler à l'étranger, leur pays est devenu aujourd'hui une terre d'immigration, notamment pour les originaires du Maghreb.

Pour faire face aux revendications des régions, en particulier du Pays basque et de la Catalogne, l'État espagnol a mis en place, entre 1979 et 1981, un régime d'autonomies (parlements et gouvernements propres, reconnaissance des langues et des cultures des différentes nations du pays). Mais au Pays basque, cela n'a pas suffi aux séparatistes du mouvement clandestin ETA (« Pays basque et liberté »), qui a poursuivi ses attentats terroristes. En 1996, une coalition associant la droite et le centre droit, dirigée par José Maria Aznar, a succédé aux socialistes. En 2002, le parti Batasuna, très proche d'ETA, a été mis hors la loi.

Méditerranéenne, l'Espagne a cherché à développer la coopération avec les autres pays d'Europe latine et avec le Maghreb. Atlantique, elle a conservé de forts liens culturels avec ses anciennes colonies d'Amérique centrale et du Sud.

FINLANDE
République de Finlande

Capitale : **Helsinki**
| Superficie : **304 590 km²** | Population : **5 178 000 hab.** | Densité : **17,0 hab./km²** | Moins de 15 ans : **16,8 %** | Espérance de vie : **77,2 ans** | Mortalité infantile : **4,4 ‰** | Scolarisation 3e degré : **83,3 %** | PIB-PPA : **24 996 dollars par hab.** | Monnaie : **euro** | Langues : **finnois, suédois**

En grande partie couverte de forêts, la Finlande possède de très nombreux lacs qui occupent 10 % (31 560 km²) de sa superficie totale. Les Finlandais de langue suédoise représentent environ 6 % de la population totale. La Finlande partage avec la Russie une frontière de 1 313 kilomètres. En 1948, elle avait signé un traité avec l'Union soviétique et leurs échanges commerciaux, fondés sur le troc, étaient très importants. De ce fait, on a longtemps considéré la Finlande – pays neutre – comme l'otage de sa puissante voisine. La dislocation de l'URSS a encouragé Helsinki à adhérer à l'Union européenne (UE), le 1er janvier 1995. L'économie a connu un grand dynamisme à la fin des années 1990, grâce notamment aux nouvelles technologies (la firme Nokia s'est classée premier fabricant de téléphone portables).

FRANCE
République française

Capitale : Paris
| Superficie : **500 100 km²** | Population :
59 453 000 hab. | Densité : **108,1 hab./km²**
| Moins de 15 ans : **18,1 %** | Espérance de
vie : **78,1 ans** | Mortalité infantile : **5,5 ‰**
| Scolarisation 3e degré : **50,8 %** | PIB-PPA :
25 174 dollars par hab. | Monnaie : **euro**
| Langues : **français** (off.), **breton, catalan,
corse, occitan, basque, alsacien, flamand**

Par sa superficie, la France est le plus
grand pays d'Europe occidentale.
Elle présente des traits communs avec
l'Europe du Sud : c'est un pays latin,
comme l'Italie, l'Espagne et le Portugal.
Son organisation et son développement
économique l'apparentent aussi à
l'Europe du Nord. L'État est héritier
d'une vieille tradition de centralisme et
son rôle a été très important. Le capitalisme français, traditionnellement très
protégé par l'État, s'est considérablement transformé dans les années 1980 et
1990. Les entreprises publiques ont été
pour la plupart privatisées et l'économie
française est devenue beaucoup plus
libérale, plus ouverte au monde et à la
mondialisation.

Autrefois puissant, le Parti communiste
a vu s'effondrer son influence. À l'extrême droite, en revanche, le Front
national de Jean-Marie Le Pen a conquis
un poids électoral durable (entre 10 %
et 15 %) avec des slogans démagogiques
et xénophobes contre les immigrés. À
partir de la fin des années 1980, la classe
politique française a été éclaboussée par
des scandales politico-financiers et les
conflits entre dirigeants n'ont pas permis de véritables débats sur les projets
d'avenir. La gauche a principalement
gouverné dans les années 1980 et 1990.
Le socialiste François Mitterrand a été
chef de l'État de 1981 à 1995. Jacques
Chirac (droite) a gagné l'élection présidentielle de 1995 mais son camp a
ensuite perdu les élections législatives

de 1997. Le gouvernement du socialiste
Lionel Jospin (comprenant des écologistes et des communistes) a procédé à
plusieurs réformes, dont la réduction
du temps de travail hebdomadaire à
35 heures. En 2002, l'élection présidentielle a vu s'affronter au second tour
Jacques Chirac et le candidat d'extrême
droite J.-M. Le Pen, L. Jospin ayant rassemblé moins de voix que ce dernier. Ce
fut une surprise et un choc. J. Chirac a
été réélu avec 82 % des voix, la gauche
ayant demandé par civisme de voter
massivement pour lui.

La politique étrangère de la France était
traditionnellement très active : diplo-
matie relativement indépendante des
blocs, choix de la dissuasion nucléaire,
alliance étroite avec la RFA dans la
construction européenne. Elle avait été
définie par le général de Gaulle (président de 1958 à 1969) dans le contexte
de la Guerre froide. La nouvelle situation géopolitique européenne et mondiale créée par l'effondrement du bloc
soviétique et la réunification de
l'Allemagne ont rendu nécessaire une
redéfinition de tous ces choix.

GRÈCE
République de Grèce

Capitale : Athènes
| Superficie : **128 900 km²** | Population :
10 623 000 hab. | Densité : **82,4 hab./km²**
| Moins de 15 ans : **14,1 %** | Espérance de
vie : **78,0 ans** | Mortalité infantile : **6,6 ‰**
| Scolarisation 3e degré : **49,9 %** | PIB-PPA :
16 501 dollars par hab. | Monnaie : **euro**
| Langues : **grec moderne** (off.), **turc**
(langue reconnue de la minorité musulmane),
albanais, valaque, bulgare

Après la dictature des colonels (1967-
1974), la Grèce a souhaité adhérer à
la CEE (Communauté économique
européenne). Ce fut chose faite en 1981.
Cette même année, le Parti socialiste
d'Andréas Papandréou remportait les
élections. Huit ans plus tard, le désen-

chantement était général et les socialistes ont perdu le pouvoir dans un climat alourdi par de nombreux scandales
politico-financiers. Le Parti socialiste,
clientéliste et populiste, a néanmoins
gagné les élections de 1993.

Le pays a perçu de nombreuses aides de
l'Union européenne (UE). La tension
avec la Turquie, autrefois très vive,
notamment à cause de la crise de Chypre
[*voir page 116*], a eu tendance à s'atté-
nuer. Dans les guerres yougoslaves du
début des années 1990, Athènes a manifesté sa sympathie envers la Serbie, elle
aussi de tradition orthodoxe et alliée traditionnelle de la Grèce. À la disparition
d'A. Papandréou (1996), Kostas Simitis
est devenu Premier ministre. Il a conduit
une politique économique plus libérale.
La Grèce s'est alignée sur les positions de
l'UE et a abandonné son hostilité envers
la Macédoine (à laquelle elle reprochait
de s'être baptisée d'un nom lié à l'histoire grecque). Elle est entrée dans la
Zone euro le 1er janvier 2001.

GROENLAND

Cette île immense du nord de
l'Atlantique (2 186 000 km²) est la
plus grande du monde après l'Australie.
Elle est peu peuplée : le climat, très
rude, maintient la quasi-totalité des
terres sous les glaces. Depuis 1979, le
Groenland est un État autonome rattaché au royaume du Danemark. En 1982,
à la suite d'un référendum, sa popula-

tion a décidé de se retirer de la CEE (Communauté économique européenne). Celle-ci a donc perdu en un seul jour la moitié de sa superficie !

HONGRIE
République de Hongrie

Capitale : **Budapest**
❘ Superficie : **92 340 km²** ❘ Population : **9 917 000 hab.** ❘ Densité : **107,4 hab./km²** ❘ Moins de 15 ans : **15,5 %** ❘ Espérance de vie : **70,7 ans** ❘ Mortalité infantile : **9,6 ‰** ❘ Scolarisation 3e degré : **33,7 %** ❘ PIB-PPA : **12 416 dollars par hab.** ❘ Monnaie : **forint** ❘ Langue : **hongrois**

Située en Europe centrale, de tradition majoritairement catholique, la Hongrie, héritière d'une riche histoire, était jusqu'à la Première Guerre mondiale beaucoup plus grande qu'aujourd'hui. À bien des égards, elle a fait figure de bon élève parmi les anciens pays communistes engagés sur la voie de la démocratie. Stabilité politique, paix sociale et rapidité des réformes ont en effet marqué cette transition. Il faut dire que certaines évolutions antérieures à la chute du régime ont facilité les mutations : l'économie, notamment, était moins contrôlée par l'État que dans certains pays voisins.

Les ex-communistes ont remporté les élections législatives de 1994 et se sont vite convertis au libéralisme économique, accentuant la politique d'austérité. Les conservateurs sont revenus au pouvoir en 1998. L'Union européenne (UE) a ouvert en 1998 des négociations en vue de son adhésion. La Hongrie a par ailleurs adhéré à l'OTAN (Organisation du traité de l'Atlantique nord) en 1999. Sur le plan des relations étrangères, les rapports avec la Roumanie ont souvent été tendus à cause du statut de la minorité magyare (hongroise) qui vit en Transylvanie roumaine. Des minorités magyares existent aussi en Ukraine, en Slovaquie et en Serbie.

IRLANDE
République d'Irlande

Capitale : **Dublin**
❘ Superficie : **68 890 km²** ❘ Population : **3 841 000 hab.** ❘ Densité : **55,8 hab./km²** ❘ Moins de 15 ans : **20,8 %** ❘ Espérance de vie : **76,1 ans** ❘ Mortalité infantile : **6,6 ‰** ❘ Scolarisation 3e degré : **45,3 %** ❘ PIB-PPA : **29 866 dollars par hab.** ❘ Monnaie : **euro** ❘ Langues : **anglais, irlandais**

Au terme d'une guerre d'indépendance (1919-1921), l'Irlande a été partagée ; le Sud (Eire) est devenu un État libre et le Nord (Ulster) est resté lié au Royaume-Uni en raison de la pression exercée par les protestants (majoritaires), partisans de l'Union (unionistes). La République d'Irlande fut proclamée en 1948 au sud. En 1968, la poursuite des discriminations à l'encontre des catholiques a déclenché une grave crise en Irlande du Nord. La violence politique a repris entre catholiques nationalistes et républicains d'une part et protestants unionistes d'autre part. Un accord anglo-irlandais signé en 1998 (accord du « Vendredi saint ») a laissé espérer une solution juste et le retour à la paix.

Pour sa part, la République d'Irlande qui a adhéré à la CEE (Communauté économique européenne) en 1973, et dont l'économie était nettement moins développée que celle de la plupart de ses partenaires, a bénéficié des aides communautaires destinées à compenser les inégalités entre les régions européennes. Elle a appliqué une politique fiscale qui a attiré les entreprises étrangères. Sa croissance s'est fortement accélérée dans les années 1990 et le niveau de vie s'est élevé. Une importante communauté d'origine irlandaise vit aux États-Unis.

ISLANDE
République d'Islande

Capitale : **Reykjavik**
❘ Superficie : **100 250 km²** ❘ Population :

281 000 hab. ❘ Densité : **2,8 hab./km²** ❘ Moins de 15 ans : **21,8 %** ❘ Espérance de vie : **78,9 ans** ❘ Mortalité infantile : **4,7 ‰** ❘ Scolarisation 3e degré : **40,4 %** ❘ PIB-PPA : **29 581 dollars par hab.** ❘ Monnaie : **couronne islandaise** ❘ Langue : **islandais**

L'« île des glaces », située en Europe du Nord, à proximité du Groenland, bénéficie d'un haut niveau de vie. C'est une ancienne possession danoise devenue indépendante en 1944. Les Islandais sont majoritairement protestants. La pêche est l'activité économique principale : les produits de la mer représentent 70 % des exportations. L'Islande est, avec la Norvège, le seul pays du Nord à ne pas être membre de l'Union européenne (UE), mais elle y est associée depuis 1993, dans le cadre de l'Espace économique européen (EEE).

ITALIE
République italienne

Capitale : **Rome**
❘ Superficie : **294 110 km²** ❘ Population : **57 503 000 hab.** ❘ Densité : **195,5 hab./km²** ❘ Moins de 15 ans : **13,8 %** ❘ Espérance de vie : **78,2 ans** ❘ Mortalité infantile : **5,6 ‰** ❘ Scolarisation 3e degré : **47,3 %** ❘ PIB-PPA : **24 524 dollars par hab.** ❘ Monnaie : **euro** ❘ Langues : **italien** (off.), **allemand, slovène, ladin, français, albanais, occitan**

Étirée tout en longueur, l'Italie a une double vocation, européenne et méditerranéenne. Sa croissance économique a été marquée par un développement très inégal entre le Nord industriel et le Sud – le Mezzogiorno –, beaucoup plus pauvre. Pendant longtemps pays d'émigration (vers les États-Unis, l'Argentine, l'Uruguay, la France), elle accueille aujourd'hui des immigrés. Pendant les années 1980, on a parlé d'un « second miracle économique », illustré par les succès de ses capitaines d'industrie ou de la finance. Après le traité de Maastricht de 1992 qui portait notamment sur l'union monétaire européenne, elle a appliqué une politique économique beaucoup plus libérale et rigoureuse pour pouvoir entrer dans la Zone euro. Elle a pour cela réduit sa dette publique et son inflation.

Les institutions politiques mises en place en 1945 sont apparues de plus en plus inadaptées. La IIᵉ République, instaurée en 1994, a introduit un scrutin majoritaire. À partir de 1992, la scène politique italienne a été profondément bouleversée. La Démocratie chrétienne, qui avait dominé la vie politique depuis 1945, s'est effondrée, de même que le Parti socialiste, éclaboussés par les scandales. L'enquête « mains propres » (*Mani pulite*) lancée à Milan avait en effet montré l'étendue de la corruption et les liens de certains hommes politiques avec la pègre (qui a pour nom mafia en Sicile, camorra en Campanie, et n'drangheta en Calabre). De nouveaux partis sont appa-

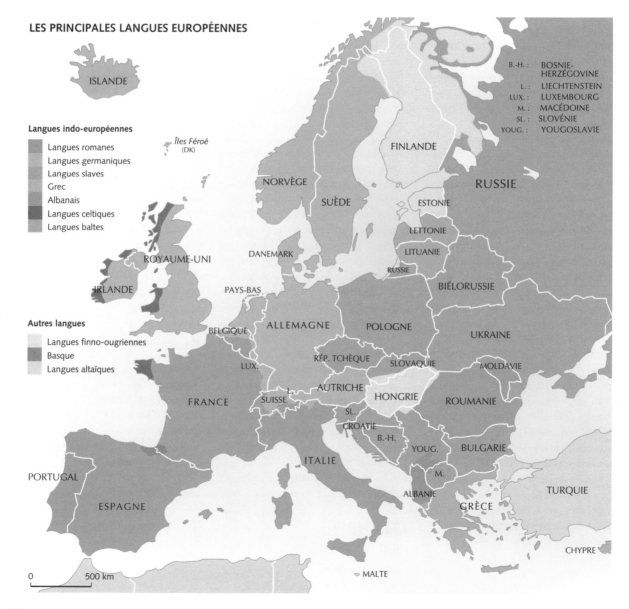

LES PRINCIPALES LANGUES EUROPÉENNES

B.-H. :   BOSNIE-HERZÉGOVINE
L. :   LIECHTENSTEIN
LUX. :   LUXEMBOURG
M. :   MACÉDOINE
SL. :   SLOVÉNIE
YOUG. :   YOUGOSLAVIE

Langues indo-européennes
- Langues romanes
- Langues germaniques
- Langues slaves
- Grec
- Albanais
- Langues celtiques
- Langues baltes

Autres langues
- Langues finno-ougriennes
- Basque
- Langues altaïques

Îles Féroé (DK)

ISLANDE
FINLANDE
NORVÈGE
SUÈDE
RUSSIE
ESTONIE
LETTONIE
LITUANIE
RUSSIE
BIÉLORUSSIE
ROYAUME-UNI
DANEMARK
IRLANDE
PAYS-BAS
ALLEMAGNE
POLOGNE
UKRAINE
BELGIQUE
RÉP. TCHÈQUE
SLOVAQUIE
MOLDAVIE
LUX.
L.
AUTRICHE
HONGRIE
ROUMANIE
FRANCE
SUISSE
SL.
CROATIE
B.-H.
YOUG.
BULGARIE
ITALIE
M.
PORTUGAL
ALBANIE
TURQUIE
ESPAGNE
GRÈCE
CHYPRE

0   500 km

MALTE

rus : la Ligue Nord d'Umberto Bossi (autonomiste et démagogue), l'Alliance nationale de Gianfranco Fini (issue d'un mouvement anciennement fasciste qui s'est modernisé). Le magnat de l'audio-visuel Silvio Berlusconi a fondé son propre mouvement, Forza Italia (« Allez l'Italie »), tandis que le centre gauche s'est réorganisé autour des ex-communistes de DS (Démocrates de gauche), convertis à la social-démocratie. L'alliance des partis de droite dirigée par Berlusconi a gouverné de 1994 à 1996 puis, après un intermède de centre gauche, à nouveau en 2001.

LIECHTENSTEIN
Principauté du Liechtenstein

Capitale : **Vaduz**
| Superficie : **160 km²** | Population :
33 000 hab. | Densité : **206,3 hab./km²**
| Espérance de vie : **78,0 ans** | Mortalité infantile : **5,0 ‰** | PIB-PPA : **23 000 dollars par hab.** | Monnaie : **franc suisse** | Langue : **allemand**

Petit État très prospère, le Liechtenstein est situé dans les Alpes, entre l'Autriche et la Suisse. Il a formé avec cette dernière une union douanière, monétaire et postale. Les avantages fiscaux offerts ont attiré de nombreuses sociétés étrangères qui y ont installé leurs sièges sociaux.

LUXEMBOURG
Grand-duché de Luxembourg

Capitale : **Luxembourg**
| Superficie : **2 586 km²** | Population :
442 000 hab. | Densité : **171,0 hab./km²**
| Espérance de vie : **77 ans** | Mortalité infantile : **6,6 ‰** | Scolarisation 3e degré : **9,7 %** | PIB-PPA : **50 061 dollars par hab.**
| Monnaie : **euro** | Langues : **français, allemand, luxembourgeois**

Petit pays entouré par la Belgique, l'Allemagne et la France, le

Luxembourg est l'un des six États fondateurs de la CEE (Communauté économique européenne). Il abrite d'ailleurs le siège de plusieurs institutions communautaires.
Dès le 1er janvier 1948, par un traité d'union douanière, le Luxembourg avait créé une association économique européenne avec la Belgique et les Pays-Bas : le Benelux. Les activités financières se sont beaucoup développées dans le grand-duché. Elles y bénéficient de facilités fiscales avantageuses. De nombreuses sociétés étrangères y ont installé leurs sièges sociaux pour les mêmes raisons.

MACÉDOINE
République de Macédoine

Capitale : **Skopje**
| Superficie : **25 430 km²** | Population :
2 044 000 hab. | Densité : **80,4 hab./km²**
| Moins de 15 ans : **20,0 %** | Espérance de vie : **72,7 ans** | Mortalité infantile : **18,2 ‰**
| Scolarisation 3e degré : **22,1 %** | PIB-PPA : **5 086 dollars par hab.** | Monnaie : **denar**
| Langues : **macédonien** (off.), **albanais, serbe, turc, valaque, rom**

Située dans les Balkans, la Macédoine est peuplée majoritairement de Slaves de tradition orthodoxe, mais aussi de Slaves musulmans, d'Albanais, qui constituent une forte minorité (23 %), ainsi que de Turcs (4,0 %) et de Tsiganes (2,3 %). Le

pays s'est proclamé indépendant en 1991 lors de l'éclatement de la République fédérale de Yougoslavie. La Grèce voisine s'est tout d'abord opposée à la reconnaissance internationale du nouvel État, prétextant que la seule vraie Macédoine était grecque. Le pays a réussi à échapper aux guerres yougoslaves de 1991 à 1995 [*voir page 42*]. Cependant, après la crise du Kosovo de 1999 [*voir page 45*], un début de guérila a été lancé par des Albanais en 2001. S'inspirant de l'expérience du Kosovo [*voir page 45*], ils espéraient obtenir une reconnaissance internationale de leurs revendications (avoir une place mieux reconnue dans la République). Sous la pression des États-Unis et de l'Union européenne (UE), des négociations ont abouti à la faire cesser en garantissant des droits politiques et culturels à la communauté albanaise.

MALTE
République de Malte

Capitale : **La Valette**
| Superficie : **320 km²** | Population :
392 000 hab. | Densité : **1 224,2 hab./km²**
| Espérance de vie : **77,6 ans** | Mortalité infantile : **7,7 ‰** | Scolarisation 3e degré : **20,1 %** | PIB-PPA : **17 273 dollars par hab.**
| Monnaie : **livre maltaise** | Langues : **màltais, anglais** (off.), **italien**

Situé dans la Méditerranée, au sud de la Sicile, l'État maltais est devenu indépendant du Royaume-Uni en 1964. En 2000, l'Union européenne (UE) a ouvert des négociations d'adhésion.

MONACO
Principauté de Monaco

Capitale : **Monaco**
❙ Superficie : **1,81 km²** ❙ Population :
34 000 hab. ❙ Densité : **18 784,5 hab./km²**
❙ Espérance de vie : **78,4 ans** ❙ Mortalité
infantile : **7,0 ‰** ❙ PIB-PPA : **26 364 dollars
par hab.** ❙ Monnaie : **euro** ❙ Langues :
français, monégasque

———

Petite principauté située au sud de la
France, Monaco est dirigée par la
famille princière des Grimaldi. C'est un
centre bancaire *off shore* et un paradis fiscal. Les jeux et le tourisme sont les deux
autres activités importantes.

NORVÈGE
Royaume de Norvège

Capitale : **Oslo**
❙ Superficie : **306 830 km²** ❙ Population :
4 488 000 hab. ❙ Densité : **14,6 hab./km²**
❙ Moins de 15 ans : **18,9 %** ❙ Espérance de
vie : **78,1 ans** ❙ Mortalité infantile : **4,8 ‰**
❙ Scolarisation 3e degré : **65,2 %** ❙ PIB-PPA :
29 918 dollars par hab. ❙ Monnaie :
couronne norvégienne ❙ Langue : **norvégien**

———

Pays septentrional de tradition protestante, la Norvège a longtemps
vécu principalement de ses pêcheries.
Contrairement à la Suède voisine, elle
a fait le choix de ne pas rester neutre et a
adhéré dès 1949 à l'OTAN (Organisation
du traité de l'Atlantique nord). La découverte, en 1966, d'importants gisements
de pétrole et de gaz naturel au large de
ses côtes, en mer du Nord, a profondément modifié la situation économique
du pays. Ces ressources (56 % des
recettes d'exportation) ont permis à l'É-
tat de continuer à jouer un rôle important, notamment en matière de santé et
de protection sociale. La Norvège, en
1972, était sur le point d'adhérer à la
CEE (Communauté économique européenne), mais la population vota, par
référendum, contre ce projet. Il en fut de

même en 1994. Elle n'a donc pas suivi
ses voisines (Finlande et Suède) qui ont
adhéré au 1er janvier 1995. La Norvège
fait cependant partie de l'Espace économique européen (EEE).

PAYS-BAS
Royaume des Pays-Bas

Capitale : **Amsterdam**
❙ Superficie : **33 880 km²** ❙ Population :
15 930 000 hab. ❙ Densité : **470,2 hab./km²**
❙ Moins de 15 ans : **17,4 %** ❙ Espérance de
vie : **77,9 ans** ❙ Mortalité infantile : **4,6 ‰**
❙ Scolarisation 3e degré : **49,0 %** ❙ PIB-PPA :
25 657 dollars par hab. ❙ Monnaie : **euro**
❙ Langue : **néerlandais**

———

Ce « petit » pays prospère occupe une
place de choix en Europe.
L'importance de son rôle commercial, la
prospérité de son agriculture, la vitalité
de ses multinationales (Shell, Philips,
Unilever, par exemple) et son engagement résolu dans la construction européenne lui ont donné du « poids » au
niveau international. Amsterdam déplore
toutefois qu'au sein de l'Union européenne les grands États membres, la
France et l'Allemagne en particulier,
aient trop souvent tendance à faire peu
de cas de l'opinion des « petits ».
Rotterdam est le premier port du
monde. C'est aussi le lieu du « marché
libre » du pétrole. Les Pays-Bas sont le
deuxième producteur de gaz naturel en
Europe, derrière le Royaume-Uni. Les

bons résultats économiques du pays ont
conduit les médias à en parler comme
d'un modèle. L'État néerlandais applique
une législation sociale développée et la
préoccupation pour la défense de l'environnement est sensible. En 2002, plusieurs événements sont venus secouer ce
pays traditionnellement attaché au
consensus politique. À l'élection muni-
cipale de Rotterdam (deuxième ville du
pays), une liste d'extrême droite a
d'abord obtenu un tiers des suffrages.
Peu après, son leader Pim Fortuyn a été
assassiné, suscitant une immense émotion. Enfin, aux élections législatives,
ses partisans ont obtenu 17 % et sont
entrés au gouvernement.

POLOGNE
République de Pologne

Capitale : **Varsovie**
❙ Superficie : **304 420 km²** ❙ Population :
38 577 000 hab. ❙ Densité : **126,7 hab./km²**
❙ Moins de 15 ans : **16,3 %** ❙ Espérance de
vie : **72,8 ans** ❙ Mortalité infantile : **10,0 ‰**
❙ Scolarisation 3e degré : **44,3 %** ❙ PIB-PPA :
9 051 dollars par hab. ❙ Monnaie : **zloty**
❙ Langue : **polonais**

———

Ce pays slave aura joué un rôle d'avant-
garde dans la lutte contre l'ordre
soviétique en Europe. La Pologne, de tradition catholique, est profondément
religieuse. En 1978, elle a «donné» le
pape Jean-Paul II à l'Église catholique.
Il s'est efforcé d'affaiblir l'emprise du
communisme. Un extraordinaire mouvement de contestation a été engagé à
partir de 1980 par le syndicat libre
Solidarité, dirigé par Lech Walesa. Cela
a représenté le premier acte des bouleversements qui ont abouti à la dislocation
du bloc soviétique.
Parvenus au pouvoir, les anciens dirigeants de Solidarité se sont cependant
divisés en plusieurs courants politiques
défendant des options parfois opposées,
notamment en ce qui concerne la politique économique et sociale, la législa-

tion sur l'avortement et les rapports entre l'Église et l'État.

Après une sévère récession, la croissance est revenue. Les inégalités se sont beaucoup creusées. Lech Walesa est devenu président de la République en décembre 1990. Les frustrations sociales ont contribué au retour des ex-communistes au gouvernement (1992), puis à la Présidence (Alexander Kwasniewski, 1995). Ils ont appliqué un programme économique très libéral. La Pologne a adhéré à l'OTAN (Organisation du traité de l'Atlantique nord) en 1999. L'année suivante, l'Union européenne (UE) a ouvert des négociations en vue de l'adhésion du pays. A. Kwasniewski a été réélu président en 2000.

PORTUGAL
République du Portugal

Capitale : Lisbonne
▌ Superficie : **91 500 km²** ▌ Population : **10 033 000 hab.** ▌ Densité : **109,7 hab./km²** ▌ Moins de 15 ans : **16,6 %** ▌ Espérance de vie : **75,2 ans** ▌ Mortalité infantile : **6,6 ‰** ▌ Scolarisation 3e degré : **44,6 %** ▌ PIB-PPA : **17 290 dollars par hab.** ▌ Monnaie : **euro** ▌ Langue : **portugais**

En 1974, la révolution des Œillets, dirigée par des officiers et sous-officiers voulant mettre fin aux guerres coloniales (Angola, Mozambique, Guinée-Bissau), a renversé la dictature instaurée par le général Salazar quarante ans plus tôt. Après une période instable où le pouvoir a tenté des réformes sociales radicales, une certaine normalisation de la vie politique a eu lieu. Les deux principaux partis (le Parti socialiste à gauche et le Parti social-démocrate à droite) ont eu la volonté de moderniser le pays. Ils ont choisi une politique économique libérale. Le Portugal était beaucoup plus pauvre que les États du nord de la CEE (Communauté économique européenne). Après son adhésion, en 1986, il a connu des transformations rapides et une forte

croissance économique. Le socialiste Mario Soares, personnage clé des années 1970 et 1980, a été élu président de la République en 1986 et réélu en 1991. Les gouvernements de droite (1986-1995) comme de gauche (1995-2001) ont privatisé toutes les entreprises publiques.

RÉPUBLIQUE TCHÈQUE

Capitale : Prague
▌ Superficie : **77 280 km²** ▌ Population : **10 260 000 hab.** ▌ Densité : **132,8 hab./km²** ▌ Moins de 15 ans : **14,6 %** ▌ Espérance de vie : **74,3 ans** ▌ Mortalité infantile : **5,8 ‰** ▌ Scolarisation 3e degré : **26,1 %** ▌ PIB-PPA : **13 991 dollars par hab.** ▌ Monnaie : **couronne tchèque** ▌ Langues : **tchèque, slovaque, allemand, rom**

C'est par ce qu'on a appelé la « révolution de velours », en décembre 1989, que la Tchécoslovaquie a mis fin au régime communiste, vingt ans après le « printemps de Prague » [*voir page 26*]. L'écrivain Václav Havel, qui avait milité dans le groupe dissident Charte 77, est devenu chef de l'État. Humaniste attaché aux idéaux européens, il a déployé une grande énergie non seulement pour réformer le pays, mais aussi pour favoriser l'entente sur le vieux continent. Le 31 décembre 1992, les pays tchèques (Bohême, Moravie) et la Slovaquie [*voir page 125*] ont divorcé pacifiquement, donnant naissance à deux États. V. Havel est devenu président de la République tchèque. Il a été réélu en 1997. En 1998, l'Union européenne a engagé des négociations en vue de son adhésion. Un an plus tard, le pays a adhéré à l'OTAN (Organisation du traité de l'Atlantique nord).

ROUMANIE
République de Roumanie

Capitale : Bucarest
▌ Superficie : **230 340 km²** ▌ Population : **22 388 000 hab.** ▌ Densité : **97,2 hab./km²**

▌ Moins de 15 ans : **15,7 %** ▌ Espérance de vie : **69,8 ans** ▌ Mortalité infantile : **22,1 ‰** ▌ Scolarisation 3e degré : **24,4 %** ▌ PIB-PPA : **6 423 dollars par hab.** ▌ Monnaie : **leu** ▌ Langues : **roumain** ; les différentes minorités parlent également le **hongrois**, l'**allemand**, et le **rom**

La Roumanie était un pays communiste d'Europe de l'Est affirmant suivre sa propre voie et ne pas obéir à tous les ordres de Moscou. En décembre 1989, ce pays latin de tradition religieuse orthodoxe a été le théâtre d'une « révolution » très médiatisée et très controversée. Ce qui a été présenté comme un soulèvement populaire spontané « contre la dictature » a en effet été aussi un coup d'État mené par d'anciens dirigeants communistes. Le chef de l'État et du Parti communiste, Nicolae Ceausescu, a été exécuté, ainsi que son épouse. Le pays, très délabré et appauvri, est entré dans une période de turbulences et certains courants ultranationalistes, antisémites et xénophobes se sont développés, notamment le parti Romania Mare (Grande Roumanie). Le pays possède une forte minorité magyare (hongroise) vivant notamment en Transylvanie, ainsi qu'une minorité rom (tsigane). L'ancien communiste Ion Iliescu a été élu à la présidence de la République en 1990, 1992 et à nouveau en 2000. La renaissance des partis a été lente et difficile. Les réformes économiques également. En 2000 ont été ouvertes des négociations avec l'Union européenne (UE) en vue d'une future adhésion.

ROYAUME-UNI

Royaume-Uni de Grande-Bretagne
et d'Irlande du Nord

Capitale : **Londres**
| Superficie : **240 880 km²** | Population :
59 542 000 hab. | Densité : **247,2 hab./km²**
| Moins de 15 ans : **17,7 %** | Espérance de
vie : **77,2 ans** | Mortalité infantile : **5,9 ‰**
| Scolarisation 3e degré : **58,1 %** | PIB-PPA :
24 440 dollars par hab. | Monnaie : **livre**

sterling | Langues : **anglais, gallois,
écossais et gaélique** (off.)

Le Royaume-Uni comprend l'Angleterre,
le pays de Galles, l'Écosse et l'Ulster
(Irlande du Nord). Par la colonisation et
l'émigration, la civilisation et la langue
britanniques ont acquis une large influence
dans le monde, illustrée notamment par
l'appartenance au Commonwealth de
l'Inde, de la Fédération de Malaisie, du

Canada, de l'Australie, de la Nouvelle-
Zélande, du Kénya, du Nigéria, etc. Ce
passé et sa situation insulaire expliquent
en partie l'attitude prudente du Royaume-
Uni vis-à-vis de la Communauté économique européenne (CEE), à laquelle
il n'a adhéré qu'en 1973. Depuis qu'elle
a été supplantée par les États-Unis
comme première puissance mondiale, il
est vrai que la Couronne britannique a
choisi d'entretenir des liens étroits avec

LES TRADITIONS RELIGIEUSES DOMINANTES EN EUROPE

Washington, au nom d'une solidarité anglo-saxonne à (presque) toute épreuve. Les onze ans de gouvernement conservateur de Margaret Thatcher (1979-1990) ont été une période de réticences accentuées vis-à-vis de la CEE ; mais le Royaume-Uni, malgré des éclats, n'a pas remis en cause son adhésion. Les années Thatcher ont par ailleurs été résolument ultralibérales : privatisation d'entreprises publiques, déréglementation de la Bourse de Londres, réduction importante du rôle de l'État, notamment dans les domaines de l'économie et de la santé. Le « thatchérisme » a suscité de vives protestations sociales et syndicales. Les travaillistes (socialistes) lui ont reproché de favoriser la population la plus aisée et de mépriser les démunis. Le successeur de M. Thatcher, John Major, n'en a pas moins gagné les élections législatives d'avril 1992. Il est vrai qu'il avait su se montrer plus diplomate que la « dame de fer ». En 1997, Tony Blair et le Parti travailliste ont remporté une victoire écrasante. Ce parti a fortement changé depuis 1987, prônant une politique libérale, mais plus moderne et européenne que les conservateurs. Par choix politique, le Royaume-Uni a décidé en 1999 de ne pas adopter l'euro. La crise des industries traditionnelles (charbon, acier, textile, etc.), dans les années 1960 et 1970, a provoqué un chômage massif dans certaines régions. Mais le pétrole et le gaz naturel des gisements de la mer du Nord ont été par la suite une importante source de revenus.

En Irlande du Nord, la vie politique, à partir de 1968, a été dominée par le conflit opposant d'une part les nationalistes et les républicains, catholiques et, d'autre part, les « unionistes » (défenseurs de l'Union avec Londres), protestants. Un processus de paix a été engagé en 1998 [*voir page 119*]. Au pays de Galles et en Écosse, un projet d'autonomie présenté par T. Blair a été adopté par référendum en 1997.

SAINT-MARIN
République de Saint-Marin

Capitale : **Saint-Marin**
| Superficie : **60 km²** | Population : **27 000 hab.** | Densité : **447,1 hab./km²** | Espérance de vie : **81,4 ans** | Mortalité infantile : **5,0 ‰** | PIB-PPA : **31 852 dollars par hab.** | Monnaie : **euro** | Langue : **italien**

Enclave au cœur de l'Italie, le micro-État de Saint-Marin est devenu membre de l'ONU en 1992.

SLOVAQUIE
République slovaque

Capitale : **Bratislava**
| Superficie : **48 080 km²** | Population : **5 403 000 hab.** | Densité : **112,4 hab./km²** | Moins de 15 ans : **17,0 %** | Espérance de vie : **72,8 ans** | Mortalité infantile : **8,6 ‰** | Scolarisation 3e degré : **26,6 %** | PIB-PPA : **11 243 dollars par hab.** | Monnaie : **couronne slovaque** | Langues : **Slovaque, hongrois, tchèque, ukrainien, ruthène, rom**

La Slovaquie, petit pays d'Europe centrale, est de tradition principalement catholique. Elle est née le 1er janvier 1993 de l'éclatement (pacifique) de la République fédérative tchèque et slovaque (Tchéco-Slovaquie), trois ans après la « révolution de velours » qui avait mis fin au régime communiste. Les pays tchèques et la Moravie forment aujourd'hui la République tchèque [*voir page 123*]. La Slovaquie compte une forte minorité rom (tsigane). En 2000, l'Union européenne (UE) a engagé des négociations en vue de son adhésion.

SLOVÉNIE
République de Slovénie

Capitale : **Ljubljana**
| Superficie : **20 120 km²** | Population : **1 965 000 hab.** | Densité : **98,7 hab./km²** | Moins de 15 ans : **13,8 %** | Espérance de vie : **75,0 ans** | Mortalité infantile : **6,1 ‰** | Scolarisation 3e degré : **53,3 %** | PIB-PPA : **17 367 dollars par hab.** | Monnaie : **tolar** | Langues : **slovène** (off.), **italien, hongrois, serbe, croate**

Située dans les Balkans, voisine de l'Italie et de l'Autriche, la Slovénie est peuplée de Slaves de tradition catholique. Faisant jusqu'alors partie de la République fédérative de Yougoslavie fondée en 1945 par le communiste Josip Broz Tito, le pays a proclamé son indépendance en juin 1991. Des six républiques qui étaient fédérées au sein de l'ancienne Yougoslavie, la Slovénie est la plus prospère. Elle a été épargnée par les guerres yougoslaves [*voir page 42*]. En 1998, l'Union européenne a engagé des négociations en vue de son adhésion.

SUÈDE
Royaume de Suède

Capitale : **Stockholm**
| Superficie : **411 620 km²** | Population : **8 833 000 hab.** | Densité : **21,5 hab./km²** | Moins de 15 ans : **16,0 %** | Espérance de vie : **79,3 ans** | Mortalité infantile : **3,5 ‰** | Scolarisation 3e degré : **62,7 %** | PIB-PPA : **24 277 dollars par hab.** | Monnaie : **couronne suédoise** | Langue : **suédois**

La Suède est le plus grand pays scandinave. C'est aussi le plus peuplé et le plus puissant économiquement : de nombreuses firmes multinationales suédoises jouent un rôle important dans la mondialisation (Electrolux, Ericson, IKEA, SKF…). Le pays a été gouverné par le Parti social-démocrate (socialiste) de 1932 à 1976. Ses choix politiques (systèmes d'éducation et de santé très développés, rôle important des syndicats, impôts corrigeant fortement les inégalités, neutralité internationale) constituaient ce qu'on a appelé le « modèle suédois ». Ce modèle social, le plus avancé de toute l'Europe, n'a pas disparu, mais certaines réorientations ont eu lieu. Au cours des dernières décennies, les sociaux-démocrates ont par ailleurs dû céder la place aux conservateurs à plusieurs reprises.

Le pays exporte notamment des produits industriels (aciers, automobiles, machines), du bois et du papier. La Suède est devenue membre de l'Union européenne (UE) le 1er janvier 1995, après un référendum. Cependant, par choix politique, elle n'a pas adopté l'euro en 1999.

SUISSE
Confédération suisse

Capitale : **Berne**
⎢ Superficie : **39 550 km²** ⎢ Population : **7 170 000 hab.** ⎢ Densité : **181,3 hab./km²** ⎢ Moins de 15 ans : **15,2 %** ⎢ Espérance de vie : **78,6 ans** ⎢ Mortalité infantile : **5,1 ‰** ⎢ Scolarisation 3e degré : **35,4 %** ⎢ PIB-PPA : **28 769 dollars par hab.** ⎢ Monnaie : **franc suisse** ⎢ Langues : **allemand, français, italien, romanche**

Pays situé au cœur des Alpes, la Suisse a fêté ses 700 ans en 1991. Elle n'a participé à aucun conflit depuis 1515. Cet État neutre est organisé sous la forme d'une fédération de cantons souverains (les cantons sont des régions). Il est célèbre pour sa démocratie directe : des référendums d'initiative populaire sont régulièrement organisés. Pays prospère, reconnu pour la qualité de ses productions, la Suisse est un très grand centre financier. Ses nombreuses banques accueillent les capitaux étrangers dans la plus grande discrétion. Des pressions internationales ont été exer-

cées pour lui faire abandonner le « secret bancaire » et rendre les activités financières plus transparentes. L'industrie pharmaceutique est également très puissante. De nombreuses multinationales suisses sont très connues : Nestlé, Novartis, Roche, Sulzer… Sortant de son isolement, le pays a décidé en 1991 d'adhérer au Fonds monétaire international (FMI) et à la Banque mondiale. Fin 1992, par référendum, une courte majorité a refusé l'entrée dans l'Espace économique européen (EEE).

Le principe d'adhésion de la Suisse à l'ONU (Organisation des Nations unies) a été approuvé par le peuple (lors d'un référendum) et par les cantons en mars 2002. Le 9 septembre suivant, elle en est devenue le 190e membre.

TURQUIE
République de Turquie

Capitale : **Ankara**
⎢ Superficie : **769 630 km²** ⎢ Population : **67 632 000 hab.** ⎢ Densité : **87,9 hab./km²** ⎢ Moins de 15 ans : **29,1 %** ⎢ Espérance de vie : **69,0 ans** ⎢ Mortalité infantile : **45,7 ‰** ⎢ Scolarisation 3e degré : **14,0 %** ⎢ PIB-PPA : **6 974 dollars par hab.** ⎢ Monnaie : **livre turque** ⎢ Langues : **turc** (off.), **kurde**. Les publications sont autorisées dans toutes les langues maternelles depuis le 3.10.01.

L'Empire ottoman dont est issue la Turquie a apporté une importante contribution à la civilisation musul-

mane. Il s'était déployé sur une partie des Balkans. La Turquie contemporaine est aussi ancrée à l'Europe. Elle a d'ailleurs déposé sa candidature à la CEE (Communauté économique européenne) en 1987 (elle n'a pas été acceptée à cette époque).

Le pays a connu, après la Seconde Guerre mondiale, une succession de régimes civils et militaires. L'armée a pris le pouvoir en 1980, dans un contexte de guerre civile larvée. À partir de 1983, un processus de démocratisation a été engagé. Cette évolution s'est confirmée par la suite. Mais la vive répression par l'armée des attentats organisés par les séparatistes du Parti des travailleurs du Kurdistan (PKK, marxiste-léniniste) ayant déclenché une lutte armée en 1984 a maintenu le pays sous tension (les Kurdes représentent 20 % de la population totale).

La Turquie a bénéficié d'un fort développement économique à partir des années 1980. Les textiles et l'habillement sont les principales exportations, mais la part de l'agriculture reste importante : coton, tabac, fruits secs, olives, pistaches. Les transferts financiers des émigrés turcs partis travailler à l'étranger (notamment en Allemagne) sont une autre source de recettes pour le pays.

Bien qu'elle soit comme la Grèce membre de l'OTAN (Organisation du traité de l'Atlantique nord), la Turquie a entretenu des rapports difficiles avec celle-ci, notamment à cause du problème de Chypre [*voir page 116*]. Carrefour entre l'Europe et l'Orient, Ankara a l'ambition de jouer un rôle régional important, d'autant plus que l'on parle des langues de la famille turque dans cinq républiques musulmanes de l'ex-Union soviétique (Azerbaïdjan, Kazakhstan, Ouzbékistan, Kirghizstan et Turkménistan).

Un mouvement islamiste puissant s'est manifesté dans les années 1980 et 1990 dans ce pays musulman laïque. Un gouvernement dirigé par un leader islamiste

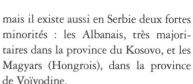

a même été formé en 1996. Mais l'armée a obtenu qu'il y soit mis fin. En 1999, le chef du PKK, Abdullah Öcalan a été capturé et a appelé à la fin de la lutte armée.

Ayant déposé sa candidature à l'Union européenne (UE), la Turquie a engagé en 2002 plusieurs réformes de sa Constitution dans l'espoir d'être admise. Ces réformes devaient notamment consolider la démocratie et mieux garantir les libertés.

VATICAN
État de la cité du Vatican

Superficie : **44 hectares**
| Population : **780 hab.** | Monnaie : **euro**
| Langues : **italien** (off.), **latin** (pour les actes off.)

La cité du Vatican, enclave située dans Rome, en Italie, abrite le Saint-Siège du catholicisme romain. Elle est non seulement un centre religieux, mais aussi un micro-État qui intervient dans la politique internationale.

YOUGOSLAVIE
République fédérale de Yougoslavie

Capitale : **Belgrade**
| Superficie : **102 173 km²** | Population : **10 538 000 hab.** | Densité : **103 hab./km²**
| Moins de 15 ans : **15,4 %** | Espérance de vie : **72,2 ans** | Mortalité infantile : **14,8 ‰**
| Scolarisation 3e degré : **24,2 %** | PIB-PPA : **2 293 dollars par hab.** | Monnaie : **nouveau dinar** | Langues : **serbe** (off.), **albanais, hongrois, rom**

Cette « petite Yougoslavie », située dans les Balkans, est née de l'éclatement, en 1991-1992, de la République fédérative de Yougoslavie qui avait été constituée en 1945 par le communiste Josip Broz Tito [*voir page 42*]. La République fédérale de Yougoslavie (RFY) a réuni en 1992 la Serbie et le Monténégro. Cette fédération est apparue fragile. En effet, certaines forces politiques du Monténégro ont souhaité que leur pays devienne pleinement indépendant. Serbes et Monténégrins sont majoritairement des Slaves orthodoxes, mais il existe aussi en Serbie deux fortes minorités : les Albanais, très majoritaires dans la province du Kosovo, et les Magyars (Hongrois), dans la province de Voïvodine.

La négation des droits culturels et la répression des Albanais du Kosovo a conduit en 1999 à une intervention militaire occidentale dans le cadre de l'opération *Allied Force* [*voir page 45*]. En 2000, le président très autoritaire de la Yougoslavie Slobodan Milosevic, ancien dirigeant communiste devenu ultranationaliste, a perdu les élections. Il a été remplacé par Vojislav Kostunica. Ce dernier a entrepris un rapprochement avec les pays occidentaux. Des aides économiques ont été promises pour favoriser la reconstruction. S. Milosevic a été livré au Tribunal pénal international (TPI) chargé de juger les crimes perpétrés pendant les guerres yougoslaves.

L'ex-Empire soviétique

L'Union des républiques socialistes soviétiques a cessé d'exister en décembre 1991. Elle n'a pas résisté aux volontés d'indépendance qui se sont manifestées dans les différentes républiques qui la constituaient. L'URSS, au sein de laquelle les Russes détenaient l'essentiel du pouvoir politique et économique, était officiellement une union de quinze républiques. Certaines de ces républiques avaient été brièvement indépendantes après la révolution de 1917. Les pays baltes l'étaient restés jusqu'en 1940.

Une Communauté d'États indépendants (CEI) a été créée le 8 décembre 1991. Mais elle n'a pas été conçue comme une union d'États, tout au plus comme une structure à géométrie variable selon les domaines (militaire, économique, politique) permettant de conserver des contacts entre douze républiques. Les États successeurs de l'Union soviétique sont très disparates. Les trois États baltes (Estonie, Lettonie, Lituanie), entre Pologne et Europe du Nord sont candidats à l'Union européenne (UE) et ne font pas partie de la CEI. La Biélorussie, l'Ukraine et la Moldavie sont également, comme l'immense Russie, des pays européens. Les trois États du Caucase (Arménie, Géorgie, Azerbaïdjan) sont au carrefour de l'Europe, de l'Asie et du Moyen-Orient. Les cinq républiques d'Asie centrale (Kazakhstan, Turkménistan, Ouzbékistan, Tadjikistan et Kirghizstan) sont, quant à elles, musulmanes.

Ces différentes républiques comportent des minorités. La montée des sentiments nationalistes a parfois provoqué de sanglants conflits.

Détroit de Béring
Alaska
(ÉTATS-UNIS)
Mer des
Tchouktches
Île Wrangel
Mer de Sibérie
orientale
OCÉAN GLACIAL ARCTIQUE
Archipel de la
Nouvelle-Sibérie
Anadyr
Mer
de
Béring
Spitzberg
(NORVÈGE)
Îles
Aléoutiennes
(ÉTATS-UNIS)
Terre François-Joseph
Terre du Nord
Kolyma
Monts de la Kolyma
Mer
de Barents
Mer
de Kara
Mer
de Laptev
Nouvelle-Zemble
Kamtchatka
rmansk
Verkhoïansk
△ 3 447 m
Magadan
4 750 m
gelsk
Monts Tcherski
Petropavlovsk-
Kamtchatski
Vorkouta
Norilsk
Plateau de
Sibérie centrale
Léna
Monts de Verkhoïansk
Okhotsk
Mer
d'Okhotsk
1 894 m
△
Iakoutsk
Ob
Ours Oural
RUSSIE
Plaine
de
Sibérie
occidentale
Toungouska
Toura
S i b é r i e
Sakhaline
(RUSSIE)
Iénisseï
Ekaterinbourg
Angara
Îles Kouriles
(RUSSIE)
Tcheliabinsk
Ob
S
Amour
Birobidjan
Khabarovsk
Omsk
Tomsk
Bratsk
Irtych
Novossibirsk
Lac
Baïkal
Tchita
Astana
Barnaoul
Irkoutsk
Oulan-Oude
akhstan
△ 4 506 m
Vladivostok
AKHSTAN
Lac
Balkhach
MONGOLIE
Mer
du Japon
CORÉE DU
NORD
JAPON
aria
KISTAN
Bichkek
Almaty
CORÉE
DU SUD
t
KIRGHIZSTAN
△ 7 440 m
Douchanbé
OCÉAN
FADJIKISTAN
CHINE
PACIFIQUE
N
ISTAN
Tropique du Cancer
NÉPAL
BHOUTAN
INDE

Frontière internationale
Minsk   Capitale du pays
●   Grande ville
(plus de 5 millions d'habitants)
·   Autre ville importante
Massif montagneux
△   Sommet

0   500   1000 km

ARMÉNIE
République d'Arménie

Capitale : Erevan
▎ Superficie : **28 200 km²** ▎ Population :
3 788 000 hab. ▎ Densité : **134,3 hab./km²**
▎ Moins de 15 ans : **18,1 %** ▎ Espérance de
vie : **72,4 ans** ▎ Mortalité infantile : **16,9 ‰**
▎ Scolarisation 3e degré : **12,0 %** ▎ PIB-PPA :
2 559 dollars par hab. ▎ Monnaie : **dram**
▎ Langues : **arménien** (off.), **russe**

Petit pays de pierres et de montagnes, l'Arménie est enclavée dans le Caucase. Bien que de tradition chrétienne, ce pays représente un carrefour entre l'Occident et l'Orient. L'Arménie historique a perdu son indépendance au XIVe siècle. Intégrée partiellement à la Russie en 1828, elle a bénéficié d'une brève indépendance entre 1918 et 1920, avant d'être incorporée à l'Union soviétique contre son gré. À partir de 1988, la population s'est mobilisée en faveur du rattachement du territoire du Haut-Karabakh, une petite région très majoritairement peuplée d'Arméniens (80 %), mais dépendant politiquement de la république d'Azerbaïdjan voisine. Très vite, le conflit entre les deux communautés a pris un tour tragique : pogroms, organisation de milices armées, affrontements meurtriers tournant à la guerre et au « nettoyage ethnique ». Les forces arméniennes ont pris le dessus. Un cessez-le-feu est intervenu en 1994, sans règlement de paix. Le

conflit du Haut-Karabakh avait exacerbé le sentiment national. Les communistes ont été chassés du pouvoir après les élections libres de l'été 1990 et l'indépendance de l'Arménie a été proclamée un an plus tard. Ce pays pauvre est resté très instable au plan politique. En 1999, le Premier ministre et le président de l'Assemblée nationale ont été assassinés en plein Parlement.

La mémoire des Arméniens reste profondément marquée par les épisodes tragiques de leur histoire, particulièrement par le génocide perpétré par les Turcs en 1915. Celui-ci fit sans doute plus d'un million de morts sur les deux millions d'Arméniens que comptait alors l'Empire ottoman, répartis sur un territoire plus étendu que l'actuelle république. Cela explique en grande partie l'importance de la diaspora arménienne. En effet, plus de la moitié des Arméniens vivent en dehors de leur pays : dans les autres républiques de l'ex-URSS, au Moyen-Orient, en France et aux États-Unis.

AZERBAÏDJAN
République azerbaïdjanaise

Capitale : Bakou
▎ Superficie : **86 600 km²** ▎ Population :
8 096 000 hab. ▎ Densité : **93,5 hab./km²**
▎ Moins de 15 ans : **23,6 %** ▎ Espérance de
vie : **71,0 ans** ▎ Mortalité infantile : **32,5 ‰**
▎ Scolarisation 3e degré : **22,0 %** ▎ PIB-PPA :
2 936 dollars par hab. ▎ Monnaie : **manat**
▎ Langues : **azéri** (off.), **russe, arménien**

Dans cette république musulmane du Caucase, on parle une langue apparentée au turc et la religion majoritaire est l'islam chiite (65 %), comme dans l'Iran voisin (dont deux provinces forment l'Azerbaïdjan iranien). L'exploitation pétrolière, qui a fait la richesse et la renommée de Bakou, la capitale, a perdu en importance, mais les nouveaux gisements *offshore* sur la mer Caspienne ont un grand potentiel.

L'Azerbaïdjan a été intégré à l'Empire russe en 1828. Après une courte indépendance entre 1918 et 1920, il devint une république soviétique en 1920 à la suite d'une intervention militaire. La région du Haut-Karabakh, peuplée majoritairement d'Arméniens, a demandé à partir de 1988 son rattachement à l'Arménie voisine. Très vite, une guerre meurtrière a opposé les deux communautés. Un million d'Azéris se sont réfugiés en Azerbaïdjan. Un cessez-le-feu est intervenu en 1994, sans solution acceptée. L'indépendance avait été proclamée fin 1991 et les communistes avaient perdu le pouvoir en 1992, du fait des revers militaires subis au Haut-Karabakh et sous la pression des manifestations populaires. Cependant, en 1993, le président élu a été destitué. Heidar Aliev, ancien dirigeant communiste, a pris le pouvoir. Le pays était au bord de la guerre civile. H. Aliev a maintenu son pouvoir autoritaire tout au long des années 1990. En 2002, il semblait vouloir le transmettre, à terme, à son fils.

BIÉLORUSSIE
République de Biélorussie

Capitale : Minsk
▎ Superficie : **207 480 km²** ▎ Population :
10 147 000 hab. ▎ Densité : **48,9 hab./km²**
▎ Moins de 15 ans : **15,4 %** ▎ Espérance de
vie : **68,5 ans** ▎ Mortalité infantile : **12,5 ‰**
▎ Scolarisation 3e degré : **45,2 %** ▎ PIB-PPA :
7 544 dollars par hab. ▎ Monnaie : **rouble
biélorusse** ▎ Langues : **biélorusse et russe**
(off.), **polonais, ukrainien**

Territoire disputé par les Russes et les Polono-Lituaniens au cours des siècles, la Biélorussie (littéralement Russie blanche) n'avait jamais existé en tant qu'État souverain. Sous le communisme, la plus petite des trois républiques slaves était très liée au pouvoir central. L'indépendance de la « Belarus » (nom du pays en biélorusse) n'en a pas moins été proclamée en août 1991. La

catastrophe nucléaire survenue en 1986 dans la ville ukrainienne de Tchernobyl, voisine de la frontière, a contaminé un tiers du territoire de la république. En 1994, Alexandre Loukachenko a été élu chef de l'État face à une opposition faible. Gouvernant de manière autoritaire, il a prôné l'union avec la Russie.

ESTONIE
République d'Estonie

Capitale : **Tallinn**
| Superficie : **42 270 km²** | Population : **1 377 000 hab.** | Densité : **32,6 hab./km²** | Moins de 15 ans : **14,5 %** | Espérance de vie : **70,0 ans** | Mortalité infantile : **11,1 ‰** | Scolarisation 3e degré : **47,5 %** | PIB-PPA : **10 066 dollars par hab.** | Monnaie : **couronne estonienne (EKK)** | Langues : **estonien** (off.), **russe**

L'Estonie est de tradition protestante. On y parle une langue proche de celle de la Finlande voisine, avec laquelle les liens sont anciens. Comme la Lettonie, ce pays – le plus petit des trois États baltes– n'avait été indépendant qu'entre 1918 et 1940. Après l'indépendance, proclamée en 1991, les relations avec la Finlande ont été développées. La population comprenait à cette date 38 % de Russes et 4 % d'autres Slaves. Ces derniers ont été confrontés à des problèmes de citoyenneté. Celle-ci leur a été dans un premier temps refusée. L'Estonie a dû engager une difficile

reconversion économique : elle était en effet très dépendante de l'industrie d'armement soviétique. En 1998, l'Union européenne (UE) a engagé des négociations en vue de l'adhésion du pays.

GÉORGIE
République de Géorgie

Capitale : **Tbilissi**
| Superficie : **69 700 km²** | Population : **5 239 000 hab.** | Densité : **75,2 hab./km²** | Espérance de vie : **72,7 ans** | Mortalité infantile : **19,4 ‰** | Scolarisation 3e degré : **34,3 %** | PIB-PPA : **2 664 dollars par hab.** | Monnaie : **lari** | Langues : **géorgien** (off.), **russe, abkhaze, ossète, arménien**

Ce pays montagneux du Caucase, situé à l'est de la mer Noire, est issu de l'un des plus vieux royaumes chrétiens d'Orient. Il a été incorporé à l'Empire russe en 1801. La Géorgie a connu une brève indépendance de 1918 à 1921, avant d'être intégrée à l'Union soviétique par la force. Naguère présenté comme le « jardin de l'URSS », le pays bénéficie de ressources agricoles et viticoles. Les Géorgiens représentent 70 % de la population totale de la république. On compte, parmi les autres peuples, 1,8 % d'Abkhazes et 3 % d'Ossètes. En 1991, les autorités géorgiennes ont tenté d'abolir l'autonomie de l'Ossétie du Sud. Zviad Gamsakhourdia a été élu président en mai 1991, mais ses tendances ultranationalistes et dictatoriales ont rapidement provoqué des affrontements armés. Après sa chute, Édouard Chevardnadzé, ancien ministre des Affaires étrangères de Mikhaïl Gorbatchev à Moscou, revenu en mars 1992, a été élu président de la Géorgie en octobre. En 1992-1993, un conflit sanglant a opposé les troupes géorgiennes aux combattants abkhazes ayant proclamé l'indépendance. Les forces gouvernementales ont été défaites.

En une décennie, la Géorgie, héritière d'une culture très ancienne et où les

intellectuels et les artistes jouaient des rôles importants, a connu un brutal déclassement. Cela a suscité une importante émigration.

KAZAKHSTAN
République du Kazakhstan

Capitale : **Astana**
| Superficie : **2 699 700 km²** | Population : **16 095 000 hab.** | Densité : **6,0 hab./km²** | Moins de 15 ans : **23,7 %** | Espérance de vie : **64,1 ans** | Mortalité infantile : **44,8 ‰** | Scolarisation 3e degré : **23,0 %** | PIB-PPA : **5 871 dollars par hab.** | Monnaie : **tengue** | Langues : **kazakh** (langue d'État), **russe** (off.), **ukrainien, allemand, coréen, ouzbek**

Situé à l'est de la mer Caspienne, en Asie centrale, cet État possède une très longue frontière commune avec la Russie au nord et la Chine à l'est. C'est au Kazakhstan, dans une région désertique, que se trouve la mer d'Aral dont l'assèchement – provoqué par l'exploitation trop intensive du coton dans la région – constitue une gigantesque catastrophe écologique.

La langue kazakhe s'apparente au turc. La population, de souche musulmane, a été marquée par sa tradition nomade. Les Kazakhs proprement dits ne représentent que 53 % de la population totale, les Russes, 30 %. Ces derniers vivent principalement dans l'est du pays. En plus de son agriculture (céréales, élevage), le pays bénéficie d'un sous-sol riche en pétrole, charbon, et minerais. Après l'éclatement de l'Union soviétique, l'ancien dirigeant communiste Noursultan Nazarbaïev est devenu chef de l'État. Le Kazakhstan abrite la base spatiale russe de Baïkonour.

KIRGHIZSTAN
République kirghize

Capitale : **Bichkek**
| Superficie : **191 800 km²** | Population : **4 986 000 hab.** | Densité : **26,0 hab./km²** | Moins de 15 ans : **29,7 %** | Espérance de vie : **66,9 ans** | Mortalité infantile : **43,2 ‰** | Scolarisation 3e degré : **30,5 %** | PIB-PPA : **2 711 dollars par hab.** | Monnaie : **som** | Langues : **kirghize, russe**

Pays musulman d'Asie centrale frontalier de la Chine, le Kirghizstan est devenu indépendant en 1991. On y parle une langue s'apparentant au turc. La tradition nomade a joué un grand rôle dans son histoire. En 1989, la population comptait environ un cinquième de Russes. Beaucoup sont partis à cause des tensions interethniques. L'eau, très rare, a été l'enjeu d'affrontements meurtriers entre Kirghizes et Ouzbeks à la frontière, à Och, en janvier 1990. Après l'éclatement de l'Union soviétique, le pays a été gouverné par Askar Askaiev. Celui-ci a fortement réprimé ses opposants et entretenu des liens étroits avec le Kazakhstan voisin. Le pays exporte du coton, de la laine et des minerais.

LETTONIE
République de Lettonie

Capitale : **Riga**
| Superficie : **62 050 km²** | Population : **2 406 000 hab.** | Densité : **38,8 hab./km²** | Moins de 15 ans : **13,7 %** | Espérance de vie : **69,6 ans** | Mortalité infantile : **15,6 ‰** | Scolarisation 3e degré : **50,9 %** | PIB-PPA : **7 045 dollars par hab.** | Monnaie : **lat letton** | Langues : **letton** (off.), **russe**

Hormis entre 1918 et 1940, la Lettonie n'avait jamais été indépendante. Elle a longtemps été fortement germanisée. Riga, la capitale de cet État balte, était jadis un grand centre culturel et économique. Dans les années d'après-guerre, l'installation de popula-tions slaves venues d'autres républiques de l'Union soviétique a profondément modifié l'équilibre démographique. En 1989, seulement 52 % des habitants étaient lettons. Après l'indépendance, obtenue en 1991, cela a suscité de nombreuses tensions, notamment à propos de la définition de la nouvelle citoyenneté. Dans un premier temps, celle-ci a été refusée aux populations minoritaires. En 1998, cette politique a été assouplie. En 2000, l'Union européenne (UE) a engagé des négociations en vue de l'adhésion du pays.

LITUANIE
République de Lituanie

Capitale : **Vilnius**
| Superficie : **64 800 km²** | Population : **3 689 000 hab.** | Densité : **56,9 hab./km²** | Moins de 15 ans : **16,1 %** | Espérance de vie : **71,4 ans** | Mortalité infantile : **10,7 ‰** | Scolarisation 3e degré : **41,1 %** | PIB-PPA : **7 106 dollars par hab.** | Monnaie : **litas** | Langues : **lituanien** (off.), **russe, polonais**

Ce petit pays balte, indépendant depuis 1991, est situé au nord de la Pologne. Il a été à l'avant-garde des revendications nationales qui se sont développées à partir de 1987 en Union soviétique.
Le royaume lituanien, qui recouvrait autrefois des territoires beaucoup plus vastes (au XIVe siècle, il atteignait la mer Noire), a joué un grand rôle au Moyen Âge. Au XXe siècle, après une longue éclipse, un État indépendant est réapparu entre 1918 et 1940. Jusqu'à la Seconde Guerre mondiale, Vilnius, sa capitale, a été un grand centre de culture juive. À cette date, il fut annexé par Staline à la suite du pacte germano-soviétique de 1939. Les débuts de l'in-dépendance ont été difficiles : comment réorienter l'économie après une si longue intégration à l'URSS ? La transi-tion y a cependant été engagée sous des auspices plus favorables que dans bien d'autres républiques de l'ex-URSS. Les échanges commerciaux avec la Russie et l'Allemagne sont importants. En 2000, l'Union européenne (UE) a engagé des négociations en vue de l'adhésion du pays. Au sud-ouest de la Lituanie, l'enclave de Kaliningrad (anciennement Koenigsberg) est russe. Elle est séparée du territoire de la Russie, posant des problèmes de contrôle des frontières.

MOLDAVIE
République de Moldavie

Capitale : **Chisinau**
| Superficie : **32 910 km²** | Population : **4 285 000 hab.** | Densité : **130,2 hab./km²** | Moins de 15 ans : **19,2 %** | Espérance de vie : **66,6 ans** | Mortalité infantile : **20,5 ‰** | Scolarisation 3e degré : **27,8 %** | PIB-PPA : **2 109 dollars par hab.** | Monnaie : **leu** | Langues : **roumain** (off.), **russe, ukrainien, bulgare, gagaouze**

Cette république méridionale est située entre l'Ukraine et la Roumanie. La plus grande partie de son territoire est constituée par la Bessarabie, peuplée essentiellement de Roumains et qui a été annexée par la Russie, puis par l'Union soviétique à plusieurs reprises dans l'histoire. Les ter-ritoires sur la rive droite du Dniestr – la Transdniestrie – sont majoritairement peuplés d'Ukrainiens et de Russes. La proclamation de l'indépendance de la « Moldova » (Moldavie en roumain), en 1991, a créé une vive inquiétude parmi les populations non roumaines (30 % du total). En effet, des nationalistes avaient réclamé le rattachement du pays à la Roumanie. Les Russes et Ukrainiens ont de leur côté autoproclamé une « répu-blique du Dniestr » indépendante et les Gagaouzes (une minorité turque chré-tienne orthodoxe) une « république gagaouze ». En Transdniestrie, des affrontements armés ont fait plusieurs

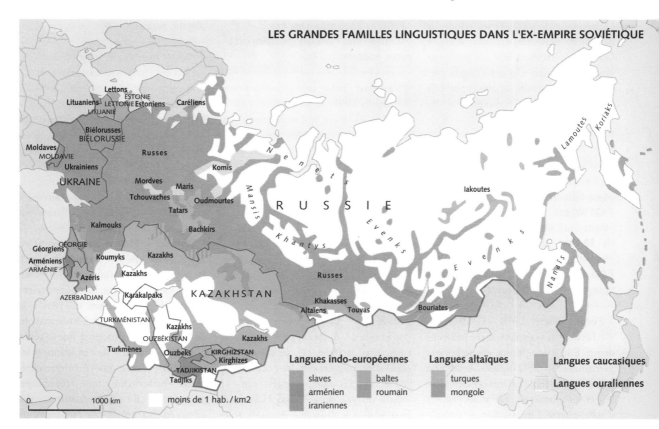

centaines de morts en 1992. En 2001, le Parti communiste a gagné les élections et entrepris un rapprochement avec la Russie, voulant notamment restaurer l'enseignement obligatoire du russe à l'école. Cela a suscité de fortes tensions dans le pays. La Moldavie produit du vin et du tabac, mais connaît de graves problèmes économiques et financiers. Le niveau de vie moyen a beaucoup baissé depuis les années 1980. Des anciennes républiques de l'URSS, seul le Tadjikistan est plus pauvre.

OUZBÉKISTAN
République d'Ouzbékistan

Capitale : Tachkent
❘ Superficie : **414 240 km²** ❘ Population : **25 257 000 hab.** ❘ Densité : **61,0 hab./km²** ❘ Moins de 15 ans : **31,2 %** ❘ Espérance de vie : **68,3 ans** ❘ Mortalité infantile : **41,0 ‰** ❘ Scolarisation 3e degré : **37,4 %** ❘ PIB-PPA :

2 441 dollars par hab. ❘ Monnaie : **som** ❘ Langues : **ouzbek, russe, tadjik**

Parmi les cinq républiques musulmanes d'Asie centrale issues de l'ex-Union soviétique, l'Ouzbékistan est la plus peuplée. La langue ouzbek s'apparente au turc. L'histoire de l'Ouzbékistan lui a donné, plus que les républiques voisines, des héritages mélangés. Celui de la civilisation iranienne transformé par l'influence turque, celui de l'Empire mongol, l'impact de la conquête russe au XIXᵉ siècle puis celui de la période soviétique. Samarcande et Boukhara, situées sur l'ancienne Route de la soie, ont un passé prestigieux. Elles sont peuplées majoritairement de Tadjiks. L'exploitation intensive du coton a longtemps été donnée en exemple pour illustrer le développement de cette république. En réalité, cette monoculture a eu des effets

catastrophiques : elle s'est réalisée au détriment d'autres productions et, surtout, au mépris des équilibres écologiques (assèchement de la mer d'Aral) et de la santé de la population. Après l'indépendance, Islam Karimov, qui dirigeait auparavant le Parti communiste, a été élu président. Son pouvoir est vite devenu très autoritaire et répressif. À la fin des années 1990, l'opposition de mouvements islamistes armés s'est développée. Ils avaient installé des camps en Afghanistan. Ceux-ci ont été détruits lors de l'intervention militaire américaine qui a suivi les attentats du 11 septembre 2001 aux États-Unis.

RUSSIE
Fédération de Russie

Capitale : **Moscou**
I Superficie : **16 888 500 km²** I Population :
144 664 000 hab. I Densité : **8,6 hab./km²**
I Moins de 15 ans : **14,5 %** I Espérance de
vie : **66,0 ans** I Mortalité infantile : **16,8 ‰**
I Scolarisation 3e degré : **40,7 %** I PIB-PPA :
8 377 dollars par hab. I Monnaie : **nouveau
rouble russe** I Langues : **russe** (langue
d'État), **bachkir, tatare, etc.**

Après avoir, pendant des siècles, joué
un rôle politique majeur, la Russie
avait disparu de la scène mondiale peu
après la chute du dernier tsar, en 1917.
Elle s'était effacée derrière l'Union des
républiques socialistes soviétiques
(URSS) créée en 1922, dont elle constituait en fait l'armature. L'effondrement
de l'URSS lui a permis de revenir au premier plan à partir de 1991.

Par conquête et colonisation, la Russie a
connu une expansion territoriale inin-
terrompue du XVIe au XIXe siècle, qui en
a fait l'État le plus étendu du monde. La
révolution de 1917 avait instauré un
régime communiste qui rompait avec
l'ordre économique et social ancien mais
qui, sur le plan de l'autoritarisme et de
la centralisation du pouvoir, prolongeait
une « tradition » établie depuis des siècles.
Du fait de la colonisation menée par la
Russie des tsars, puis par l'Union soviétique, 25 millions de Russes (sur 145
millions) vivaient en 1990 hors de la
Russie, notamment en Ukraine, en
Moldavie et au Kazakhstan. Peuplée de
Russes à 80 %, la Russie est officiellement une fédération. Elle comprend
vingt et une républiques « internes » et
des dizaines d'autres territoires fédérés.
C'est un véritable empire, englobant
une centaine de peuples différents.
Officiellement convertie au christianisme il y a mille ans, le pays est majoritairement orthodoxe, mais il existe aussi
une forte minorité musulmane (dont les
Tatars, qui forment 3,7 % de la popula-

tion, et les Tchétchènes), des bouddhistes (les Bouriates et les Kalmouks),
des juifs et de très nombreuses sectes, en
particulier en Sibérie. Après la chute
du communisme, la Russie a vécu une
difficile crise d'identité : qu'est-ce
qu'être russe ? Est-ce une appartenance
ethnique et culturelle qui exclurait tous
ceux qui, pour des raisons linguistiques
ou religieuses seraient différents,
comme les Juifs, les Tatars ou les
Tchétchènes ? Ou est-ce le fait de vivre
dans la Fédération de Russie et d'en être
citoyen ?

Le Tatarstan a réclamé son indépendance, de même que la Tchétchénie. En
décembre 1994, le pouvoir russe est
très brutalement intervenu dans cette
dernière pour la mettre au pas. Une paix
fragile a été signée en 1996, mais la
guerre a repris en octobre 1999 [*voir
page 45*].

Le « retour » de la Russie sur la scène
mondiale s'est opéré par étapes. Boris
Eltsine, dirigeant communiste écarté
par Mikhaïl Gorbatchev en 1987, a proclamé la « souveraineté russe » en juin
1990. En juin 1991, il a été élu président de la Russie au suffrage universel,
ce qui a renforcé son pouvoir face à
Mikhaïl Gorbatchev, encore à la direction de l'Union soviétique. Le putsch
manqué des conservateurs contre celui-
ci, le 19 août suivant, a accéléré la
décomposition du pouvoir soviétique.
En quelques jours, la Russie s'est posée
en héritière de l'URSS et a récupéré une

grande partie de ses prérogatives politiques, diplomatiques et militaires.
M. Gorbatchev, privé de tout pouvoir, a
démissionné le 25 décembre 1991, après
la « création » de la CEI (Communauté
d'États indépendants). Cette « alliance »,
qui a fini par réunir toutes les anciennes
républiques de l'Union soviétique à l'exception des trois pays baltes, est restée
très fragile.

Les risques de retour à un pouvoir autoritaire n'avaient pas disparu. À l'automne 1993, les moyens les plus
brutaux (canons, troupes de choc) ont
été employés par B. Eltsine pour venir à
bout de ses opposants politiques retran-
chés dans le Parlement avec leurs armes.
L'absence de tradition et de formation
démocratiques a rendu les années de
transition politique difficiles. Le Parti
communiste a continué à jouer un rôle,
mais ne gouvernait plus.

La Russie a proclamé l'urgence de
réformes radicales pour restaurer le capitalisme et les lois du marché. Cela ne
pouvait, dans un premier temps, que
provoquer une chute de la production,
une inflation galopante, et l'accroissement du chômage. De nombreuses
garanties sociales dont la population
bénéficiait du temps du communisme
ont été remises en cause. Dans le même
temps, des responsables de l'ancien
régime et des spéculateurs, profitant de
l'anarchie régnante, se sont accaparé des
entreprises ou des biens, constituant
rapidement d'immenses fortunes. Le rôle
de ces « oligarques » et celui des mafias
se sont renforcés. Dans cette période
chaotique, l'économie russe a bénéficié
des rentes que constituent ses richesses
en matières premières. Les exportations
de pétrole, de gaz naturel et de minerais
ont permis de financer le pays.

B. Eltsine a préparé sa succession en
choisissant Vladimir Poutine comme
« dauphin ». Il a démissionné le 31
décembre 1999. V. Poutine, ancien responsable de la police politique, a été élu
président en mars 2000. Il a été perçu

comme un homme pouvant « remettre de l'ordre » dans le pays. La Russie a poursuivi la politique de désarmement engagée depuis 1987 [*voir page 34*]. N'ayant plus les moyens d'entretenir l'immense capacité militaire qu'elle a héritée de l'URSS, elle a dû progressivement accepter de négocier sa place avec les pays occidentaux pour bénéficier de leur aide économique. C'est ainsi qu'elle a été associée au Groupe des sept pays industrialisés (G-7, devenu G-8). Après les attentats du 11 septembre 2001 contre les États-Unis, elle s'est encore plus rapprochée de ces derniers et a accepté de signer en 2002 un accord avec l'OTAN (Organisation du traité de l'Atlantique nord).

TADJIKISTAN
République du Tadjikistan

Capitale : **Douchanbé**
❙ Superficie : **140 600 km²** ❙ Population : **6 135 000 hab.** ❙ Densité : **43,6 hab./km²**
❙ Moins de 15 ans : **33,8 %** ❙ Espérance de vie : **67,2 ans** ❙ Mortalité infantile : **56,6 ‰**
❙ Scolarisation 3e degré : **20,5 %** ❙ PIB-PPA : **1 152 dollars par hab.** ❙ Monnaie : **samani**
❙ Langues : **tadjik, russe**

Situé au nord de l'Afghanistan (en partie aussi peuplé de Tadjiks, de l'autre côté de la frontière), le Tadjikistan est musulman sunnite. On y parle une langue apparentée au persan. C'est le pays le plus pauvre de l'ex-empire soviétique. La population est aux trois quarts rurale. Les bouleversements intervenus à partir de la fin des années 1980 ont été marqués par la montée en puissance du Parti de la renaissance islamique. En 1992-1993, une guerre civile a ensanglanté le pays, faisant 30 000 morts. Les communistes ont repris le pouvoir à l'opposition. Le conflit s'est rallumé jusqu'en 1997. Une paix fragile a été établie. L'opposition a été associée au gouvernement. Les réfugiés sont rentrés d'Afghanistan.

TURKMÉNISTAN

Capitale : **Achkhabad**
❙ Superficie : **469 930 km²** ❙ Population : **4 835 000 hab.** ❙ Densité : **10,3 hab./km²**
❙ Moins de 15 ans : **34,3 %** ❙ Espérance de vie : **65,4 ans** ❙ Mortalité infantile : **54,8 ‰**
❙ Scolarisation 3e degré : **19,5 %** ❙ PIB-PPA : **3 956 dollars par hab.** ❙ Monnaie : **manat**
❙ Langues : **turkmène, russe**

Dans ce pays musulman situé à l'est de la mer Caspienne, en Asie centrale, on parle une langue s'apparentant au turc. La population compte moins de 10 % de Russes. Des populations turkmènes sont également présentes en Iran et en Afghanistan – pays avec lesquels le Turkménistan partage des frontières – ainsi qu'en Turquie. Après l'éclatement de l'Union soviétique, Separmurad Niazov, qui dirigeait le Parti communiste, est devenu chef de l'État. Il a instauré un régime dictatorial fondé sur le culte de sa personnalité. Le sous-sol du Turkménistan recèle de grandes richesses : du pétrole et surtout du gaz naturel, qui représentent 60 % des exportations.

UKRAINE

Capitale : **Kiev**
❙ Superficie : **579 350 km²** ❙ Population : **49 112 000 hab.** ❙ Densité : **84,8 hab./km²**
❙ Moins de 15 ans : **14,7 %** ❙ Espérance de vie : **68,1 ans** ❙ Mortalité infantile : **15,3 ‰**
❙ Scolarisation 3e degré : **42,1 %** ❙ PIB-PPA : **3 816 dollars par hab.** ❙ Monnaie : **hrivna**
❙ Langues : **ukrainien** (off.), **russe, tatar, roumain, hongrois, bulgare, polonais**

L'accession de l'Ukraine à l'indépendance, fin 1991, a véritablement signifié la fin de l'Union soviétique. Cette république slave était en effet, derrière la Russie, la deuxième de l'URSS, à la fois par sa population (un sixième du total, dont 20 % de Russes) et par son développement économique : blé, maïs, mines de fer et de charbon, industrie d'armement, sidérurgie, métallurgie. À cela s'ajoutait la dimension militaire : stock d'armes nucléaires, débouché sur la mer Noire.

Si, à partir du IXe siècle, il a existé une « Russie kiévienne » autour de Kiev (l'actuelle capitale), l'Ukraine en tant que telle n'avait jamais été indépendante, sauf pendant les troubles de la guerre civile, de 1918 à 1920, et elle fut souvent partagée. Le pouvoir russe a toujours considéré ce pays comme la « Petite Russie ». Il existe pourtant incontestablement une nation ukrainienne, avec sa langue et sa culture. Les frontières, elles, ont souvent changé au gré des guerres et de la politique. Les conséquences catastrophiques de l'accident nucléaire de Tchernobyl (1986) ont accéléré le réveil de la conscience nationale. Le mouvement indépendantiste Roukh s'était davantage développé à l'ouest (notamment en Galicie) qu'à l'est et au sud, mais il n'a pas réussi à jouer un rôle politique majeur.

En 1992, une vive controverse s'était ouverte avec la Russie au sujet de la Crimée, peuplée majoritairement de Russes et base de l'ex-flotte soviétique de la mer Noire. Elle s'est apaisée sur un accord. La Crimée est restée à l'Ukraine et une partie de la base militaire de Sébastopol a été louée à la Russie. Par ailleurs, le retour des Tatars de Crimée, peuple qui avait été collectivement déporté par Staline à la fin de la Seconde Guerre mondiale a officiellement été autorisé à partir de 1989.

La transition politique et économique a été très lente, les anciens dirigeants étant souvent restés en place et ayant peu changé de méthodes.

L'AVENIR DU MONDE EN QUESTIONS

Le monde est confronté à de grands défis : environnement, ordre mondial, développement, justice et démocratie, etc.
Des constats et des explications permettent de faire le point et de comprendre les grandes mutations de notre époque.

 # La mondialisation a besoin d'être organisée et « civilisée »

Depuis le début des années 1990, on parle à tout propos de « mondialisation ». Après la disparition du système soviétique et la fin de l'affrontement Est/Ouest, on a ainsi annoncé l'avènement d'une nouvelle ère, celle d'un monde sans frontières brassant désormais les capitaux, les marchandises, les hommes et les idées. Bref, l'humanité serait entrée dans une nouvelle étape de son Histoire.

▶ Des significations diverses

En fait, la notion de mondialisation (ou de globalisation, de l'anglais *globalization*) est chargée de multiples significations. Son premier sens est économique. Elle désigne le fait que la production de biens (d'automobiles, de textiles, d'ordinateurs, etc.) ou de services (le tourisme, les télécommunications, etc.) s'effectuent de plus en plus au niveau international, dans le cadre d'entreprises multinationales présentes dans plusieurs pays. Le commerce est, lui aussi, de plus en plus international. L'Organisation mondiale du commerce (OMC) vise d'ailleurs à le développer en réduisant les obstacles au libre-échange que constituent les droits de douane. Cela se fait souvent à l'avantage des pays les plus riches, notamment des États-Unis. La mondialisation, c'est aussi le jeu des marchés financiers. Dans les années 1980, les États ont renoncé à leur pouvoir de contrôle sur ces derniers. Cela a résulté d'un choix politique, afin de favoriser le libéralisme économique. Les marchés financiers sont de ce fait devenus mondiaux. Ils peuvent faciliter des fusions géantes d'entreprises. Ce fut le cas lors de la constitution de Vivendi Universal, en décembre 2000, par regroupement de Vivendi, de Seagram et de Canal +.

L'absence de contrôle de la finance internationale n'est cependant pas sans risque. D'une part, elle favorise le blanchiment de l'argent

sale issu des trafics de drogue ou d'autres activités illicites ou criminelles [*voir page 171*]. D'autre part, les marchés peuvent brutalement propager des crises financières d'un pays à l'autre, comme ce fut le cas en Asie du Sud-Est en 1997, ou encourager des spéculations boursières faisant flamber les cours avant qu'ils ne s'effondrent. La mondialisation désigne aussi le phénomène engendré par les nouvelles techniques d'information et de communication dont Internet, le « réseau des réseaux », est l'emblème [*voir page 165*]. Cette révolution permet de transmettre des informations de tous ordres en « temps réel », c'est-à-dire avec des délais d'acheminement d'une durée infinitésimale. Elle a de grandes conséquences sur l'évolution des industries culturelles (musique, jeux vidéos, etc.), sur l'organisation du travail dans les entreprises (l'informatique et le numérique transforment les métiers et les manières de produire), et sur les modes de vie (téléphonie, multiples services consultables par Internet, etc.).

▶ Une utilisation politique

Le terme de «mondialisation» recouvre ainsi des réalités nouvelles qui transforment le capitalisme, notamment le rôle des marchés financiers et la révolution des technologies de l'information et des communications. Mais ce terme fait aussi l'objet d'une utilisation politique. Ainsi est-il fréquent d'entendre des responsables gouvernementaux expliquer qu'ils ne peuvent plus agir ni réformer la société, leurs marges de manœuvre politiques ayant disparu à cause de la mondialisation. Les multinationales et les marchés financiers auraient en quelque sorte désormais plus de pouvoir que les États. Ces derniers ne seraient plus souverains dans leurs choix. On entend même dire que le temps des nations est terminé.

Dans les faits, les dirigeants politiques qui tiennent ces discours utilisent le plus souvent la mondialisation comme prétexte pour ne pas assumer leurs responsabilités. En effet, du moins dans les pays riches, les gouvernements

Les multinationales et les marchés financiers auraient en quelque sorte désormais plus de pouvoir que les États.

Agir pour une autre mondialisation

Certaines ONG (organisations non gouvernementales) sont aujourd'hui pleinement parties prenantes de réseaux internationaux qui rassemblent aussi des associations, des syndicats, etc. et agissent en faveur d'une « autre mondialisation ». On ne retient souvent que les grandes mobilisations organisées à l'occasion de « sommets » d'organisations internationales, comme celui de l'OMC à Seattle (États-Unis) en décembre 1999 ou le Forum social mondial annuel de Porto Alegre (Brésil). On remarque également les propos tenus par quelques porte-parole très médiatisés. On n'accorde généralement pas la même attention à l'activité moins spectaculaire représentée par la réunion, à la base, de multiples groupes de travail qui partagent leurs réflexions, organisent des stages de formation, font circuler des informations par Internet, etc.

Parmi ces militants, ils sont nombreux à être convaincus de participer à la construction d'une « société civile internationale » ou à l'émergence d'une « citoyenneté mondiale ». Ces formules méritent sans doute débat. Quoi qu'il en soit, ces mouvements, aussi hétérogènes soient-ils, ont la grande qualité de renouveler en partie les formes de la participation politique des citoyens et d'imposer le débat sur les enjeux internationaux. Pour éviter de faire de la « politique hors-sol », il convient cependant de veiller à établir des liens étroits entre ces réseaux de mobilisation et les populations et sociétés au nom desquelles ils s'expriment et de ne pas se désintéresser des autres formes de participation politique que sont notamment le vote, la vie associative locale et l'activité syndicale.

conservent le pouvoir de mener des politiques d'adaptation et de correction dans les domaines économiques et sociaux. Ils peuvent choisir de défendre et de développer les systèmes de Sécurité sociale, de protéger les services publics (la Poste, les transports ferroviaires, la distribution du gaz et de l'électricité, etc.), de mener des politiques fiscales contribuant à une plus grande justice sociale, de promouvoir des politiques d'éducation et de santé ambitieuses, etc. C'est une affaire de choix politique.

▶ Des négociations entre États

Par ailleurs, depuis vingt ou trente ans, le monde est très activement engagé dans de multiples négociations dont résultent des conventions, des traités et des accords internationaux. Ceux-ci concernent aussi bien le désarmement, l'environnement (les risques climatiques, la biodiversité) que la défense des droits de l'homme ou la création d'une justice pénale internationale [*voir page 152*]. Ces négociations aboutissent à des engagements réciproques entre les différents pays. Selon les rapports de force, ils sont plus ou moins favorables et représentent des contraintes supplémentaires pour les États. Néanmoins, ces négociations, qui redéfinissent les « frontières » des souverainetés nationales, sont aussi des manières de vivre ensemble. Il s'agit là d'un processus *pacifique* d'organisation du monde qu'on pourrait appeler une « mondialisation organisée », plus civilisée. Il en va de même pour certaines tentatives d'unions politiques ou économiques régionales comme l'Union européenne [*voir pages 157 et 160*]. Sous réserve de donner priorité aux choix politiques et de ne pas se contenter de laisser faire les marchés, de tels projets peuvent prolonger l'action des États en faveur d'une « autre » mondialisation.

Un phénomène ancien

La mondialisation n'est pas entièrement nouvelle. Il y a longtemps en effet que l'activité économique (la production et les échanges) se réalise en partie à une échelle plus large que la nation. La deuxième révolution industrielle engagée à la fin du XIXe siècle avait ouvert l'ère du moteur à explosion et de l'électricité, ce qui avait révolutionné les activités économiques. Le développement du chemin de fer avait pour sa part « réduit les distances » et abaissé les coûts de transport. Par ailleurs, les puissances européennes se taillaient des empires coloniaux gigantesques. On ne parlait pas alors de « mondialisation », mais il s'agissait bien déjà du même phénomène.

---

développement durable

Quel monde laisserons-nous aux générations futures ?

Il faut privilégier un développement durable pour garantir les conditions de vie des générations futures. L'économiste Robert Solow a ainsi défini cette notion nouvelle : il faut laisser à la génération suivante « tout ce qu'il faut pour atteindre un niveau de vie au moins aussi bon que le nôtre et [il faut] que celle-ci veille à la même chose pour la génération suivante ».

Dans les années 1970, les écologistes et des organisations non gouvernementales (ONG) proclamèrent la nécessité de rendre conciliables le développement économique et la défense de l'environnement. Puis l'expression même de « développement durable » est appa-

rue dans un rapport international, *Our Common Future* (« Notre avenir commun », 1987), qui préparait l'organisation d'une importante conférence internationale, appelée « Sommet de la Terre ».

Réunie à Rio de Janeiro (Brésil) en 1992, à l'initiative de l'Organisation des Nations unies, elle avait pour objet de débattre des questions de développement et d'environnement. Elle a rassemblé non seulement les représentants de tous les chefs d'État ou de gouvernement des 174 pays alors membres de l'ONU, mais aussi, dans une grande réunion parallèle, de très nombreuses ONG. Il y fut affirmé que la planète constituait un patrimoine commun de l'humanité, marquant une étape décisive dans l'histoire politique de l'écologie.

> La mobilisation des ONG et des citoyens, loin de faiblir, s'est beaucoup renforcée et cela oblige de plus en plus les entreprises et les gouvernements à en tenir compte.

Faire rimer économie et écologie

Le développement « durable » ou, encore mieux, « soutenable », de l'anglais *sustainable*, cherche à répondre aux besoins des générations vivantes (la population mondiale actuelle) sans porter atteinte à ceux des générations futures. Il s'agit de changer la manière d'exploiter les ressources naturelles et d'orienter les évolutions technologiques pour mieux faire rimer économie et écologie. La nécessité d'un « développement durable » part d'un constat : la croissance démographique et urbaine [*voir page 143*], l'extinction en masse d'espèces vivantes, la pollution croissante des sols, des eaux et de l'atmosphère, ainsi que les changements climatiques [*voir page 168*] sont les conséquences d'un modèle de croissance économique non durable, littéralement « insoutenable », dans les deux sens du terme, moral et écologique. Il n'y a guère d'activités qui échappent à l'exigence d'un développement durable : politiques agricoles et industrielles, rurales et urbaines, modes de consommation gaspilleurs et polluants, etc.

▸ Une alerte écologique

La critique, au départ, était donc écologique. Elle s'appuyait sur le constat d'une dégradation générale de l'état de l'environnement de la planète. La pollution des sols, des rivières, de l'atmosphère, la réduction de la biodiversité (le nombre des espèces animales et végétales vivantes) et les inquiétudes relatives à l'évolution du climat avaient commencé à susciter une vaste prise de conscience dans l'opinion publique, renforcée par des catastrophes de grande ampleur. Ce furent des « marées noires » provoquées par le naufrage de pétroliers géants comme l'*Amoco Cadiz* (au large de la Bretagne, en 1978) ou l'*Exxon Valdez* (au large de l'Alaska, en 1989).

Il faut laisser à la génération suivante tout ce qu'il faut pour atteindre un niveau de vie au moins aussi bon que le nôtre et il faut que celle-ci veille à la même chose pour la génération suivante.

Ce furent des accidents nucléaires, dont le plus grave a été l'explosion d'un réacteur à la centrale atomique de Tchernobyl (Ukraine, en 1986). Un nuage radioactif a aussitôt disséminé le risque de contamination sur des milliers de kilomètres. D'autres catastrophes industrielles ont marqué les esprits comme la fuite de dioxine qui eut lieu dans une usine chimique à Seveso (Italie, en 1976) ou le nuage toxique provoqué par une explosion dans une usine de pesticides à Bhopal (Inde, en 1984). Cette catastrophe avait fait plusieurs milliers de morts et plusieurs centaines de milliers d'invalides.

▸ Beaucoup de discours

Aujourd'hui, de plus en plus d'hommes politiques, dans tous les partis, proclament leur attachement au « développement durable ». Il en va de même pour de nombreux responsables de grandes entreprises multinationales dont certaines contribuent pourtant à détruire les équilibres écologiques. Il y a bien sûr chez certains de ces « convertis » peu de rapports entre les paroles et les actes. Cependant, le fait que chacun se sente désormais obligé de reconnaître que le développement durable représente un défi vital pour notre « avenir à tous » montre bien que les problèmes engendrés par une croissance économique sans contrôle ne peuvent plus être niés. C'est le résultat du travail d'alerte mené depuis de nombreuses années par les associations écologistes soutenues par des chercheurs.

▸ Du « sommet » de Rio à celui de Johannesburg

En 1992, à Rio, un ambitieux programme avait été adopté, sous le nom d'« Agenda 21 ». Il dressait la liste des initiatives à prendre pour rendre le XXIᵉ siècle plus vivable pour tous. Ces mesures traduisaient le souci d'une plus grande justice sociale, d'une attitude plus précautionneuse vis-à-vis de l'environnement et d'un rééquilibrage Nord-Sud réduisant la fracture entre riches et pauvres [*voir page 146*]. Deux conventions internationales ont été adoptées, malgré les pressions des compagnies pétrolières et des multinationales pharmaceutiques qui défendaient leur propre intérêt. L'une portait sur la lutte contre le réchauffement climatique [*voir page 168*], l'autre sur la préservation de la biodiversité.

Dix ans plus tard, lors du « sommet » mondial

sur le développement durable tenu en 2002 à Johannesburg (Afrique du Sud), le constat était alarmant. En effet, malgré certaines avancées, nombre d'engagements pris lors de la réunion de Rio n'avaient pas été tenus. Cela concernait notamment la réduction de la pauvreté, l'amélioration de la situation sanitaire, la préservation des écosystèmes et la limitation de la pollution. De plus, certains pays, comme les États-Unis, refusaient toujours de signer le protocole de Kyoto visant à limiter les risques climatiques et se dérobaient à leurs responsabilités. Cependant, cette réunion a montré que la mobilisation des ONG et des citoyens, loin de faiblir en dix ans, s'était beaucoup renforcée. Cela obligerait de plus en plus les entreprises et les gouvernements à en tenir compte. La création, dans beaucoup de pays, de ministères de l'Environnement ou de l'Écologie ou encore du Développement durable en témoigne, de même que le développement des partis politiques écologistes.

population mondiale

Dans les années 1960 et 1970, la très forte croissance démographique des pays en développement (PED) pouvait faire croire que l'augmentation de la population mondiale s'accélérerait sans fin. On parlait alors des limites de la planète, de son incapacité future à subvenir aux besoins d'une population qui semblait « exploser ».
Quand s'est ouvert le XXIᵉ siècle, l'humanité a franchi le cap des 6 milliards d'habitants. Elle est six fois plus nombreuse qu'il y a deux siècles. Les rythmes de croissance ont néanmoins ralenti. Dans les pays en développement, la transition démographique, caractérisée par la baisse de la mortalité suivie de celle de la natalité [voir encadré] a été plus précoce ou plus rapide que prévu.

La population mondiale devrait se stabiliser autour de 11 milliards

La transition démographique

Les démographes appellent « transition démographique » le passage d'un régime démographique caractérisé par une natalité et une mortalité élevées (qui s'équilibrent) à un régime de natalité et de mortalité basses. Dans un premier temps, les progrès sanitaires et économiques font sensiblement baisser la mortalité sans que la natalité suive le même mouvement. La population croît alors de manière accélérée. C'est ce fort déséquilibre que l'on nomme souvent l'« explosion démographique ». Ensuite, progressivement, la modernisation provoque une baisse de la fécondité (par la transformation de l'organisation familiale, la scolarisation des filles, la féminisation de l'emploi salarié, etc.). Cela permet de rétablir l'équilibre démographique. Les pays industrialisés ont achevé cette transition et connaissent une croissance démographique faible, voire nulle ou négative pour certains. En revanche, les pays en développement sont en général encore dans leur phase de transition, caractérisée par une croissance élevée de la population.

▶ Une croissance désormais moins rapide

Parler d'une future stabilisation de la population mondiale ne paraît plus déraisonnable. En effet, elle continue d'augmenter, mais son rythme de croissance s'est nettement ralenti. Supérieur à 2 % entre 1965 et 1970, il est tombé à 1,3 % à la fin des années 1990. On dénombrait alors 78 millions de nouveaux Terriens chaque année, contre 86 millions dans la période 1985-1990, au moment le plus fort de la vague démographique. Cependant, malgré ce ralentissement, la population continuera de croître encore longtemps, mais moins vite. Les démographes ont fait l'hypothèse que la population mondiale atteindra un peu plus de 9 milliards en 2050. Elle augmenterait alors encore de quelque 33 millions d'habitants chaque année. Le ralentissement de la croissance démographique continuera donc longtemps encore à susciter d'importants déséquilibres économiques et sociaux pour de nombreux pays : problèmes d'emploi, de logement et d'équipements pour l'école, les hôpitaux, etc. La croissance démographique souligne également la nécessité d'une meilleure répartition des richesses mondiales et une réduction des inégalités sociales [*voir page 146*].

▶ Une baisse générale de la fécondité

Tous les pays sont concernés par le phénomène de la transition démographique. Ceux du Nord l'ont achevée. L'Italie ou l'Espagne, qui ont longtemps engendré une forte émigration, sont ainsi devenues des pays d'immigration. Un très grand nombre de pays en développement de l'ancien tiers monde sont en cours de transition et ont déjà des niveaux de fécondité fortement réduits. On comptait ainsi en 2000 2,3 enfants par femme en moyenne au Brésil et 3,04 en Inde, contre respectivement 5,0 et 5,6 en 1970. Le continent africain est lui-même « entré en transition » dans les années 1990. Le nombre moyen d'enfants par femme est en effet passé, au cours des deux dernières décennies, de 6,6 à 5,3. Au Maghreb, le mouvement s'est amorcé plus tôt qu'en Afrique noire (3,25 enfants par femme en Algérie, 3,40 au Maroc, 2,31 en Tunisie).

Les démographes ont calculé que la population mondiale pourrait se stabiliser aux alentours de 11 milliards d'êtres humains vers 2200. Il s'agit là d'une prévision moyenne.

La population mondiale continue d'augmenter, mais son rythme de croissance s'est nettement ralenti.

D'autres aboutissent à des hypothèses plus basses, d'autres encore à des hypothèses plus hautes. Le scénario « moyen » est le plus souhaitable aux yeux de l'Organisation des Nations unies (ONU). Le programme d'action de la conférence du Caire, organisée par l'ONU en 1994 et consacrée au thème « population et développement » a en effet insisté sur la nécessité d'une stabilisation la plus rapide possible de la croissance démographique mondiale.

▸ Une nouvelle géographie de l'humanité

Dans l'hypothèse où la population du monde se stabiliserait autour de 11 milliards de personnes dans deux siècles, la répartition des êtres humains sur Terre serait à cette date bien différente de celle de la fin du deuxième millénaire. Moins de 6 % des habitants de la planète vivraient alors en Europe (contre 13 % aujourd'hui) et 4 % vivraient en Amérique du Nord (contre 5 % actuellement). Le poids relatif de l'Amérique du Sud serait à peu près le même qu'aujourd'hui, environ 8,5 %. La part de la population mondiale vivant en Chine se réduirait fortement (15 % contre 21 %) et celle de la population vivant en Inde diminuerait un peu au profit du reste de l'Asie. Quant à la part de la population mondiale vivant en Afrique, elle doublerait (26 % en 2150 contre 13 %). Cette stabilisation à l'horizon 2200 s'accompagnerait par ailleurs d'un vieillissement très marqué de la population mondiale : les plus de soixante ans représenteraient plus du tiers des habitants de la planète dans cent cinquante ans et les plus de quatre-vingts ans près du dixième.

L'évolution démographique des trois dernières décennies a transformé les craintes. À la peur d'une asphyxie de la Terre qui, selon certains, allait être submergée sous le nombre de ses habitants a succédé la crainte d'une dépopulation à l'échelle planétaire. Cette nouvelle inquiétude est née du constat de l'évolution que connaissent les pays les plus développés. En effet, la plupart d'entre eux n'assurent plus le renouvellement des générations et certains, comme le Japon, l'Italie, l'Espagne ou l'Allemagne, ont une fécondité particulièrement basse (1,4 enfant en moyenne par femme, voire moins).

Si l'ensemble du monde connaissait une transition démographique comparable à celle des pays d'Europe, la population de la planète ne pourrait que décroître dans l'avenir. Mais rien n'indique que la plus grande partie du monde suivra obligatoirement le modèle des pays aujourd'hui les plus développés.

> À la peur d'une asphyxie de la Terre qui, selon certains, allait être submergée sous le nombre de ses habitants, a succédé la crainte d'une dépopulation à l'échelle planétaire.

Les ravages démographiques du sida

Les démographes ont cherché à calculer les conséquence du sida sur l'évolution de la population mondiale. Ce n'est pas facile, car les statistiques concernant la maladie et le nombre de personnes porteuses du virus sans être malades (séropositives) ne sont pas précises. Sur les 33 millions de personnes qui étaient séropositives en 1999, 88 % vivraient dans quarante-cinq pays seulement : trente-cinq pays d'Afrique (au sud du Sahara), quatre d'Asie (Cambodge, Inde, Myanmar et Thaïlande) et six d'Amérique latine ou des Caraïbes (Bahamas, Brésil, Guyana, Haïti, Honduras et République dominicaine). L'ampleur des effets du sida est telle dans les pays africains les plus touchés que l'espérance de vie à la naissance serait inférieure de sept ans au niveau qui aurait été atteint sans cette infection (48 ans contre 55 ans). Dans certains pays, la perte, en durée de vie humaine, serait même de onze années. Les conséquences de l'infection seraient, dans le futur, plus importantes encore. L'effet sur la croissance démographique est majeur dans certains pays très touchés par l'épidémie comme le Botswana ou le Zimbabwé. Malgré l'importance du sida en Afrique, ce continent devrait voir la croissance de sa population rester encore forte au XXIᵉ siècle.

inégalités

La fracture entre riches et pauvres continue de s'aggraver

En quarante ans, le monde est devenu plus inégalitaire. En 1960, les 20 % de la population mondiale vivant dans les pays les plus riches avaient en moyenne un revenu trente fois supérieur aux 20 % les plus pauvres. Aujourd'hui, selon un calcul comparable, leur revenu est quatre-vingt-deux fois supérieur. La planète produit chaque année davantage de richesses, mais les pauvres deviennent plus pauvres, tandis que les riches ne cessent de s'enrichir. Le revenu du centième (1 %) le plus riche de la population mondiale équivaut à celui, cumulé, des 57 % les plus pauvres. Autre comparaison éclairante, la somme des revenus des 25 millions d'habitants les plus riches des États-Unis est égale à celle des deux milliards d'habitants les plus pauvres de la planète.

▶ Moins d'un dollar par jour pour vivre

On estime qu'environ 1,15 milliard d'humains disposent de moins d'un dollar par jour pour vivre. La très grande majorité vivent en Asie du Sud (490 millions) et dans l'Afrique au sud du Sahara (300 millions). Si l'on compare les pays selon le revenu par habitant en le corrigeant pour tenir compte des différences de pouvoir d'achat des monnaies, les écarts sont spectaculaires. Au Luxembourg, aux États-Unis, en Australie ou en Suisse, ce revenu se situe au-dessus de 25 000 dollars ; en Tanzanie, en Éthiopie et à Timor oriental, il est inférieur à 700 dollars. Les historiens estiment qu'en 1820 le revenu moyen par habitant dans les pays les plus développés était 2,9 fois supérieur à celui de l'Afrique subsaharienne. En 2000, le rapport était de 1 à 13,9 (23 569 dollars contre 1 690 dollars). Cependant, certains pays connaissent d'impressionnants rattrapages. Un pays comme la Corée du Sud a aujourd'hui rejoint le club des pays industrialisés. Autre exemple : en un quart de siècle, l'écart de revenu par habitant entre la Chine et les pays les plus développés est passé de 21 à 6 (il était vingt et une fois inférieur en 1975, il ne l'est plus que de six fois).

> En matière d'alimentation, de santé et d'éducation, la couverture des besoins de base est loin d'être assurée pour une large fraction de l'humanité.

L'accès à l'eau potable

Dans les pays pauvres, la grande fracture concerne l'accès à l'eau potable. Il s'agit là d'un enjeu considérable pour le développement humain. Pour une large part en effet, la forte mortalité infantile qui continue de frapper les pays les plus pauvres est liée aux conditions d'hygiène, et en premier lieu à la qualité de l'eau. Les maladies diarrhéiques provoquées par sa pollution tuent dans des proportions terrifiantes (cinq millions de morts par an). D'une manière plus générale, dans les pays en développement, quatre affections sur cinq sont liées à l'eau. Or, l'accès à l'eau potable reste souvent un privilège : 22 % de la population des pays en développement, soit plus d'un milliard d'individus, en reste privée. Ce taux atteint 25 % en Asie orientale et 46 % en Afrique subsaharienne. De tristes records sont atteints en Angola (62 %), au Tchad (73 %), en Éthiopie (76 %), en Érythrée (54 %) ou encore en Sierra Léone (72 %).

▸ Des sociétés inégalitaires

Par ailleurs, de formidables inégalités existent au sein même des sociétés. Il existe des personnes très riches dans la plupart des pays pauvres et des pauvres dans les pays riches où les inégalités sociales se sont également creusées à la faveur des politiques économiques de plus en plus libérales qui y ont été appliquées. Parmi les douze pays qui concentrent 80 % des pauvres du globe (l'Inde, la Chine, le Brésil, le Nigéria, l'Indonésie, les Philippines, l'Éthiopie, le Pakistan, le Mexique, le Kénya, le Pérou et le Népal) se trouvent plusieurs puissances économiques mondiales. Les États les plus inégalitaires sont situés en Amérique latine. Le Brésil arrive en tête de ce classement peu glorieux. Le Chili, la Colombie, le Guatémala et le Paraguay font à peine mieux. Plusieurs pays d'Afrique noire se distinguent également par l'inégalité qui y règne, comme le Kénya, la Sierra Léone, l'Afrique du Sud ou le Zimbabwé. Les États scandinaves sont en revanche les moins inégalitaires du globe.

Pour être moins voyante, la fracture des inégalités passe aussi entre les femmes et les hommes. En moyenne, les premières sont en effet moins riches que les seconds et représenteraient 70 % des pauvres de la planète [*voir page 149*].

▶ Une fracture Nord-Sud aux multiples facettes

Les inégalités ne se mesurent pas seulement en termes d'argent disponible. Quand les habitants des nations riches peuvent espérer vivre jusqu'à plus de 75 ans, l'espérance de vie à la naissance est de 45,3 ans au Burkina Faso et de 56,5 ans au Cambodge [*voir encadré*]. En matière d'alimentation, de santé et d'éducation, la couverture des besoins de base est loin d'être assurée pour une large fraction de l'humanité.

C'est ainsi que 840 millions de personnes (dont 160 millions d'enfants) souffrent de malnutrition et ne disposent pas d'au moins 2 200 calories par jour. C'est le cas également des 880 000 personnes n'ayant pas accès aux soins médicaux (2,6 milliards ne disposent pas d'installations sanitaires de base). C'est le cas enfin des 850 000 adultes analphabètes (28 %) dans les pays en développement, sans compter les illettrés des pays industrialisés. C'est chez les plus pauvres que l'on trouve les taux de scolarisation les moins élevés et l'analphabétisme le plus massif.

Les pays riches se distinguent en revanche par des niveaux de consommation qui paraissent presque obscènes au regard du dénuement dans lequel vivent plus d'un milliard d'humains. Avec seulement 20 % de la population mondiale, le Nord consomme 60 % de l'énergie, 75 % des métaux et 85 % du bois produits sur le globe, utilise les trois quarts des véhicules automobiles qui y circulent, et rejette dans l'atmosphère 49 % du gaz carbonique émis sur la planète.

Le développement des richesses est étroitement lié à la capacité des sociétés à innover sur le plan économique. La recherche scientifique et technique est donc un atout très important. Or, elle est presque aux trois quarts concentrée aux États-Unis, dans l'Union européenne et au Japon.

L'inégalité du monde lui fait courir de graves dangers. Elle engendre de la violence dans les sociétés et favorise les conflits. Régulièrement, les organisations internationales adoptent de grandes résolutions sur la nécessité de faire baisser le niveau de pauvreté, d'augmenter l'aide au développement des plus démunis, etc. Ces proclamations ne sont pas souvent suivies d'actes efficaces. Aussi faut-il continuer à alerter les opinions publiques sur ces très graves problèmes.

L'inégalité devant la mort

Les inégalités mondiales se mesurent très cruellement dans ce que les démographes nomment l'« espérance de vie à la naissance », c'est-à-dire le nombre d'années qu'un humain peut en moyenne espérer vivre lorsqu'il naît. Or, selon les pays, cette espérance de vie est très inégale : elle est en moyenne de plus de 75 années aux États-Unis et au Canada, en Australie ou en Europe occidentale, mais seulement de 51,4 années en Afrique.

Un autre critère très parlant est celui de la mortalité infantile. En 2000, le taux de mortalité des enfants de moins de cinq ans s'établissait ainsi à 6 pour 1 000 naissances vivantes dans les pays les plus développés contre 174 en Afrique (au sud du Sahara) et 94 en Asie du Sud. Si d'incontestables améliorations ont été enregistrées au cours des dernières décennies (ces mêmes proportions étaient respectivement de 26, 223 et 203 en 1970), la différence entre les régions les plus riches et les régions les plus pauvres s'est encore accentuée.

En 1960, les 20 % de la population mondiale vivant dans les pays les plus riches avaient en moyenne un revenu trente fois supérieur aux 20 % les plus pauvres. Aujourd'hui, selon un calcul comparable, leur revenu est quatre-vingt-deux fois supérieur.

droits des femmes

Le progrès pour les femmes, c'est le progrès pour tous

Le monde reste globalement dominé par le genre masculin, mais, malgré l'ampleur des discriminations et des inégalités dont sont victimes les femmes, certains progrès sont incontestables. Au cours des dernières décennies, les droits des femmes se sont en effet développés dans la plupart des sociétés. Ce mouvement général souffre cependant d'exceptions. Dans certains pays, les autorités politiques ou religieuses font preuve d'une grande discrimination. Le cas le plus dramatique a sans douté été celui de l'Afghanistan sous le régime islamiste des taliban (1996-2001). Le mouvement vers une plus grande égalité entre hommes et femmes est par ailleurs fragile et reste sous la menace de remises en cause. Certains courants politiques de la société, extrémistes ou intégristes, s'opposent en effet à l'égalité des sexes et au droit des femmes à la santé, à la contraception et à l'éducation. De plus, les écarts entre la situation des femmes des pays industrialisés et celle des femmes des pays en développement ne se sont guère réduits.

▸ Avancées et stagnations

Régulièrement, les rapports des Nations unies rappellent une réalité cruelle : les femmes représentent la moitié de l'humanité mais accomplissent les deux tiers du travail, perçoivent seulement 10 % des revenus et ne possèdent que 1 % des biens.

Dans les pays industrialisés, l'emploi féminin

Les femmes représentent la moitié de l'humanité mais accomplissent les deux tiers du travail, perçoivent seulement 10 % des revenus et ne possèdent que 1 % des biens.

s'est développé ; la participation des femmes à la vie économique des entreprises s'est accrue et est devenue plus visible, notamment dans les domaines traditionnellement « féminins » : les services (la santé, l'éducation, les commerces, la poste, les banques, etc.). Le fait de percevoir un salaire a favorisé une plus grande autonomie des femmes au sein des couples et des familles. L'urbanisation croissante a favorisé une telle évolution.

On a également vu progresser le nombre de femmes cadres exerçant des responsabilités importantes, notamment dans les administra-

tions et les services publics. Si ces avancées sont incontestables, l'égalité professionnelle n'est toutefois pas encore atteinte. Les femmes ayant de jeunes enfants sont de plus en plus nombreuses à occuper un emploi, mais ces emplois sont en majorité peu qualifiés. À qualification égale, le salaire des femmes est, en Europe comme en Amérique du Nord, sensiblement inférieur à celui des hommes.

Dans les pays moins développés, particulièrement au sud du Sahara, là où les femmes n'ont le droit ni de travailler la terre en leur nom ni d'accéder aux prêts bancaires, leur autonomie économique est très fragile. Leur activité s'exerce encore principalement dans l'agriculture familiale ou villageoise.

Dans le monde entier, les femmes ont par ailleurs été les plus touchées par les politiques économiques d'austérité qui ont abouti à réduire les budgets des États, notamment en ce qui concerne la santé et l'éducation.

▸ L'éducation et la santé

Entre 1970 et 1980, l'écart entre les populations féminine et masculine en matière d'alphabétisation a été divisé par deux et, dans l'enseignement primaire, selon les statistiques de l'UNESCO (Organisation des Nations unies pour l'éducation et la culture), le taux de scolarisation des filles atteint désormais 90 % de celui des garçons. Cependant, dans certaines régions du monde, le phénomène de mise à l'écart de l'éducation s'est accentué. Dans les pays développés, en revanche, les jeunes filles sont généralement plus nombreuses que les jeunes hommes à poursuivre des études secondaires, dans lesquelles elles tendent à obtenir de meilleurs résultats que les garçons. Elles restent toutefois encore trop souvent éloignées des filières les plus prestigieuses

Autre indication : en vingt ans, l'espérance de vie de la population féminine dans le monde a progressé de 20 %, soit plus vite que celle des hommes. Cependant, le nombre de décès maternels en cours de grossesse ou

La mortalité maternelle

Dans le monde, plus d'un million de femmes meurent chaque année de complications liées à une grossesse ou à un accouchement. Ce risque est considérablement plus élevé dans certaines régions de la planète : 1 sur 13 en Afrique (sud du Sahara), contre 1 sur 4 085 dans les pays industrialisés. Autrement dit, il est 314 fois supérieur en Afrique noire. En comparaison, le risque de mort en couches est de 1 sur 54 en Asie du Sud, de 1 sur 55 au Proche-Orient et en Afrique du Nord, de 1 sur 157 en Amérique latine et dans les Caraïbes et de 1 sur 283 en Asie de l'Est et dans le Pacifique. [*Source : UNICEF, 2002.*]

d'accouchement reste dramatiquement élevé dans les pays les plus pauvres, notamment en Afrique et en Asie du Sud [*voir encadré*]. L'inégalité n'est pas que sociale, elle est aussi politique. Dans de nombreux pays, le droit de vote a été accordé aux femmes plus tardivement qu'aux hommes. Depuis les années 1970, on a cependant vu apparaître quelques femmes chefs d'État ou de gouvernement (en Israël, à Sri Lanka, au Royaume-Uni, en Norvège, en Inde, au Pakistan, aux Philippines, en Irlande, en Finlande), ou encore chefs de l'opposition (comme Aung San Suu Kyi en Birmanie). Cependant, le monde politique reste particulièrement fermé aux femmes, à tel point qu'en France une loi a été adoptée pour tenter de renforcer la parité hommes/femmes dans les assemblées élues comme le Parlement ou les conseils régionaux. Les inégalités persistent donc, malgré le droit proclamé et affirmé à l'égalité des sexes.

▶ Diverses formes de violence

La persistance de différentes formes de violence exercées contre les femmes illustre l'inégalité des sexes. Dans certains pays, on constate des discriminations criminelles et des négligences envers les filles dès la naissance. On estime ainsi qu'un sixième des nourrissons de sexe féminin meurent en Inde et au Bangladesh, la société accordant sa préférence aux garçons. Les viols et les abus sexuels sont toujours aussi répandus et, en cas de guerre, ils servent souvent à terroriser ou à dominer les populations. Pour sa part, curieux aspect de la mondialisation, le développement du tourisme sexuel (notamment en Asie du Sud-Est) et de la prostitution internationale a fait du sexe une véritable industrie liée aux mafias et autres organisations criminelles. Seules, une plus grande et plus large reconnaissance des droits des femmes partout dans le monde (leur permettant d'être pleinement actrices du développement humain dans tous

les secteurs de la vie – politique, social, économique et culturel –) et une participation plus forte à toutes les instances de décisions pourront rééquilibrer les rapports entre sexes. Ce sera un grand pas pour l'humanité, tant il est vrai que le progrès pour les femmes, c'est le progrès pour tous.

Le développement du tourisme sexuel (notamment en Asie du Sud-Est) et de la prostitution internationale a fait du sexe une véritable industrie liée aux mafias.

La maîtrise de la fécondité, une conquête

L'un des grands acquis des dernières décennies concerne la maîtrise que les femmes peuvent avoir de leur fécondité. La généralisation des pratiques de contraception permet en effet de distinguer sexualité et procréation. Mais toute technique ou tout droit nouveau peuvent aussi se retourner contre ceux ou celles pour lesquels ils représentaient une avancée. Dans les sociétés moins développées, l'objectif de réduction de la fécondité a pu engendrer des politiques autoritaires ou policières de contraception ou de stérilisation imposée. En Chine (où les autorités ont voulu limiter à un seul le nombre d'enfant par famille) et en Inde, de telles méthodes ont été appliquées. Dans les sociétés les plus développées, la crainte de l'infécondité peut amener à recourir à des techniques de procréation médicalement assistée permettant de satisfaire une volonté de maternité. Mais la multiplication des naissances multiples et des naissances prématurées qui peuvent s'ensuivre défient les capacités actuelles de la santé publique en matière de soins aux nouveau-nés. Par ailleurs, en certains cas on a constaté des dérives, comme lorsque des femmes de plus de soixante ans ont mis au monde un enfant.

La justice pénale internationale peut mettre fin à l'impunité des grands criminels

L'émergence d'une justice pénale internationale, à la fin du XXᵉ siècle, a été un grand progrès. Jusqu'alors, en effet, la souveraineté des États faisait obstacle au châtiment des auteurs de génocide, de crimes de guerre, de crimes contre la paix ou contre l'humanité (torture, déportations, disparitions). À quelques rares exceptions près, ces criminels bénéficiaient d'une impunité sans faille, étant hors d'atteinte de la justice. Seuls les tribunaux de leur pays avaient le pouvoir de les punir. Or, les crimes contre l'humanité sont, dans la plupart des cas, le résultat de décisions politiques prises par des États. C'est pourquoi la poursuite des responsables restait pratiquement impossible. La création de nouvelles institutions pénales internationales a commencé à bouleverser cette situation.

▶ Nuremberg et Tokyo, La Haye et Arusha

Il a fallu attendre 1945 pour que soient créées les deux premières juridictions pénales internationales : les tribunaux militaires internationaux de Nuremberg et de Tokyo. Ils ont été chargés de poursuivre et de châtier les grands criminels allemands et japonais de la Seconde Guerre mondiale. L'idée de justice internationale a fait alors un bond en avant. C'était la première fois que l'on définissait clairement les crimes de guerre, les crimes contre la paix et les crimes contre l'humanité [*voir encadré*]. Autre innovation d'importance, les dirigeants d'un pays ne pouvaient plus s'abriter derrière la protection traditionnellement accordée par leur État.

Ce mouvement n'a pas eu de suites immédiates. Au sein de l'ONU (Organisation des Nations unies), de nombreux travaux avaient pourtant été menés pour créer une cour criminelle permanente, mais la Guerre froide a paralysé toute nouvelle avancée concrète. C'est ainsi que les auteurs de crimes internationaux (la déportation de peuples entiers dans l'Union soviétique de Staline, l'apartheid en Afrique du Sud, le génocide cambodgien) n'ont pas été poursuivis. L'écroulement du bloc soviétique en 1989-1991 a permis de faire évoluer la situation.

▶ **La création d'une Cour pénale internationale**

Pour réagir aux tragédies engendrées par les guerres qui ont ensanglanté la Yougoslavie à partir de 1991 [*voir page 42*] et au génocide rwandais [*voir page 43*] que la communauté internationale n'avait pas réussi à prévenir, le Conseil de sécurité de l'ONU a créé deux tribunaux « jumeaux » : le Tribunal pénal international pour l'ex-Yougoslavie (TPIY, créé en 1993 et siégeant à La Haye) et le Tribunal pénal international pour le Rwanda (TPR, créé en 1994 et siégeant à Arusha [Tanzanie]). Ces deux tribunaux ont été chargés de juger les violations les plus graves du droit humanitaire et de participer ainsi au processus de retour à la paix. On pouvait espérer qu'il allait être mis fin à l'impunité des grands criminels. En dépit de certaines difficultés de fonctionnement, mais avec la coopération de moins en moins réticente des gouvernements, ces deux

tribunaux ont commencé à rendre la justice de façon indépendante et à condamner ceux qu'ils reconnaissent coupables de crimes internationaux. L'inculpation, en 1999, du Serbe Sloboban Milosevic, premier chef d'État en exercice à faire l'objet de poursuites judiciaires internationales, ainsi que sa livraison par les autorités serbes au TPIY, en 2001, ont constitué un signal important : les dictateurs n'étaient plus à l'abri de la justice.

L'expérience de ces deux tribunaux spéciaux a montré qu'une justice pénale internationale pouvait exister. Cependant, leur pouvoir judiciaire est limité dans le

> Le Tribunal pénal international pour l'ex-Yougoslavie (TPIY) et le Tribunal pénal international pour le Rwanda (TPR) ont été chargés de juger les violations les plus graves du droit humanitaire.

Crimes de guerre, crimes contre l'humanité, génocides

Le *crime de guerre* est une violation du droit de la guerre défini par les conventions de Genève : meurtres, torture et mauvais traitements, prise d'otages, déportations de populations civiles, etc. (Les quatre conventions de Genève qui fondent le droit international humanitaire ont été adoptées en 1949. Elles définissent le « droit de la guerre » et le droit d'assistance aux blessés et malades [première et deuxième conventions], aux prisonniers de guerre [troisième convention], aux civils [quatrième convention].) Le *crime contre l'humanité* a été défini en 1945 dans le contexte de la création du Tribunal militaire international de Nuremberg. Il désigne tout acte inhumain commis contre une population civile au cours d'un conflit. La Cour pénale internationale a élargi cette définition aux graves violations des droits de l'homme perpétrées hors des conflits armés. Le *crime de génocide* a été, quant à lui, défini par la Convention pour la prévention du crime de génocide adoptée par les Nations unies et entrée en vigueur en 1951 : « C'est un acte commis dans l'intention de détruire, tout ou partie, un groupe national, ethnique, racial ou religieux. » Le caractère intentionnel (délibéré et systématique) de la destruction caractérise la spécificité de ce crime.

temps et dans l'espace (ils concernent chacun une période et une région du monde particulières), et rien ne garantissait que le Conseil de sécurité de l'ONU parviendrait à créer de telles juridictions chaque fois que cela serait nécessaire. C'est pourquoi les gouvernements ont négocié entre eux la création d'une juridiction criminelle *permanente* afin d'avoir un effet dissuasif, compétente pour sanctionner au nom de l'humanité tout entière les crimes les plus révoltants. Convoquée par l'Assemblée générale des Nations unies, une conférence tenue à Rome a adopté, le 17 juillet 1998, un traité instituant la Cour pénale internationale (CPI).

La création de la CPI (Cour pénale internationale), effective depuis le 1er juillet 2002, annonce de nouveaux progrès dans la lutte contre l'impunité.

▸ Un instrument très limité

L'adoption du statut de la CPI a marqué une nouvelle avancée de la justice internationale. Pourtant, le texte adopté a été le fruit de nombreux compromis et de concessions réciproques entre les États. Marqué par ce marchandage et malgré le rôle actif des ONG (organisations non gouvernementales) lors des négociations, le traité comporte de nombreuses dispositions qui entravent la pleine efficacité de la Cour. Le Conseil de sécurité de l'ONU dispose, par exemple, de la possibilité de suspendre provisoirement certaines actions de la CPI.

Mais surtout la CPI ne peut concerner que les États ayant signé et ratifié le traité. Or, la plupart de ceux qui peuvent avoir quelque chose à se reprocher en matière de respect des droits l'homme se sont abstenus ou ont voté contre, suivant le très mauvais exemple donné par les États-Unis. Il fallait attendre qu'au moins soixante pays aient ratifié le traité pour que la CPI puisse voir le jour. C'est chose faite depuis le 1er juillet 2002.

Malgré ses défauts, la CPI représente une avancée décisive sur le chemin de la justice pénale internationale. Fruit d'un long processus qui a véritablement commencé en 1945, elle annonce de nouveaux progrès dans la lutte contre l'impunité.

ordre mondial

L'ordre mondial repose plus que jamais sur les États-Unis

La réaction américaine aux attentats du 11 septembre 2001 contre le World Trade Centre et contre le Pentagone a montré que les États-Unis entendaient définir seuls la stratégie destinée à faire face aux nouveaux risques encourus. Il en a été de même en 2002, lorsqu'ils ont proclamé leur intention d'intervenir à nouveau en Irak pour renverser le régime de Saddam Hussein. L'ONU (Organisation des Nations unies) et les pays alliés ont été priés de s'aligner sur les décisions américaines. Cette attitude dominatrice et peu coopérative s'est inscrite dans le droit prolongement d'évolutions réalisées au cours des années 1990.

Jusqu'à la fin des années 1980, deux blocs militaires se faisaient face. Le pacte de Varsovie, emmené par l'Union soviétique, rassemblait depuis 1955 quelques pays satellites de l'Est européen. L'Alliance atlantique, quant à elle, était dirigée depuis 1949 par les États-Unis qui, grâce à leur parapluie nucléaire, protégeaient les pays d'Europe occidentale [*voir page 18*]. La course aux armements nucléaires et classiques avait figé les positions. Au sein des Nations unies, le Conseil de sécurité était paralysé par cette opposition Est-Ouest.

▶ Rupture d'équilibre

Après 1989, la situation a rapidement évolué. En Union soviétique, la très spectaculaire politique d'ouverture entamée quelques années auparavant par Mikhaïl Gorbatchev a abouti à la fin de l'opposition et mis un terme à la course aux armements entre les deux blocs militaires. Début 1991, après l'invasion du Koweït par l'Irak, la guerre du Golfe a symbolisé cette nouvelle réalité. Lorsqu'il fut décidé de mener une action militaire contre l'Irak, dirigée par les États-Unis avec le soutien de leurs alliés européens et arabes, la Russie ne fit pas obstacle. Le président George Bush (senior) déclara d'ailleurs à ce moment qu'un « nouvel ordre international » était né. Le vent de liberté qui soufflait sur les pays de l'Europe de l'Est depuis 1989 a eu pour conséquence l'apparition de gouvernements non communistes désirant nouer des relations avec l'Europe occidentale. Le pacte de Varsovie a été dissous le 31 mai 1991. Décembre 1991 a marqué la fin du communisme en Europe avec l'éclatement de l'URSS. Par

> ## « Nous, peuples du monde… »
>
> **L**a Charte fondatrice des Nations unies adoptée à San Francisco en 1945 énonce les ambitions suivantes : « Nous, peuples des nations unies, [nous déclarons résolus] :
> – à préserver les générations futures du fléau de la guerre qui deux fois en l'espace d'une vie humaine a infligé à l'humanité d'indicibles souffrances ;
> – à proclamer à nouveau notre foi dans les droits fondamentaux de l'homme, dans la dignité et la valeur de la personne humaine, dans l'égalité des droits des hommes et des femmes, ainsi que des nations, grandes et petites ;
> – à créer les conditions nécessaires au maintien de la justice et du respect des obligations nées des traités et autres sources de droit international ;
> – à favoriser le progrès social et instaurer de meilleures conditions de vie dans une liberté plus grande […] ».

la suite, la Russie s'est débattue dans de graves problèmes économiques et politiques l'empêchant de jouer un rôle majeur dans les relations internationales. Les États-Unis, désormais seule puissance, se sont retrouvés sans ennemi de leur taille, sans rival.

En cas de menace contre la paix, de rupture de la paix ou d'agression dans une région du monde, le Conseil de sécurité de l'ONU possède le pouvoir de décider d'une action internationale. Il peut prendre des mesures qui n'impliquent pas l'emploi de la force armée, comme des sanctions économiques ou diplomatiques à l'encontre d'un État agresseur. Il peut également autoriser une action armée internationale qui n'est pas conduite sous son autorité, comme dans la guerre du Golfe (1991) qui a suivi l'invasion du Koweït par l'Irak. Il peut enfin décider de mettre sur pied une intervention militaire, au moyen de contingents de soldats fournis par des pays membres, qui sont mis à la disposition de l'ONU et agissent sous son égide. Lors de la guerre de Corée (1950-1953) et de la guerre du Katanga au Congo (1960-1961), les forces de l'ONU ont ainsi été directement engagées dans des opérations combattantes. Dans tous les autres cas, les « soldats de l'ONU », les « casques bleus », ont agi dans le cadre de missions de paix. Celles-ci, selon les cas, ont pris deux formes : des missions d'observateurs non armés (chargés par exemple de la surveillance d'un cessez-le-feu), et des forces de maintien de la paix constituées de soldats légèrement armés, qui ont pour rôle de s'interposer entre des adversaires.

▸ Une allure surpuissante

Une autre évolution importante a été l'éclatement de la Yougoslavie en 1991, qui déboucha sur la guerre en Bosnie-Herzégovine [*voir page 42*]. Dans un premier temps, la Communauté européenne a tenté des médiations diplomatiques, mais en vain. Ensuite, les Nations unies ont essayé d'interposer des « casques bleus » [*voir encadré*] entre les belligérants. Ce fut un échec difficile à surmonter. Dans les faits, pour d'autres conflits, l'ONU n'a pas non plus réussi à imposer la recherche de solutions pacifiques ou l'arrêt des combats. Ce manque de succès a surtout résulté d'une absence de volonté politique de ses États membres les plus puissants. Dans plusieurs cas comme en Bosnie-Herzégovine ou encore au Rwanda [*voir page 43*], ils n'ont pas voulu dégager des moyens militaires suffisants pour mener à bien ces opérations de maintien de la paix.

L'Union européenne (UE) souhaitait mettre fin à la guerre en Bosnie-Herzégovine par des négociations. Les États-Unis ont préféré favoriser une issue militaire en soutenant une offensive des Croates et des Musulmans bosniaques durant l'été 1995. Ils ont aussi convaincu le Conseil de sécurité de l'ONU d'autoriser l'OTAN à effectuer des bombardements aériens sur les positions serbes en septembre 1995. Par ailleurs, ce sont les Américains qui ont mené les négociations qui ont abouti aux accords de Dayton en décembre 1995, mettant définitivement fin à cette guerre. Russes et Européens ont joué les seconds rôles dans ces discussions, alors même que ce conflit se déroulait sur le continent européen.

▸ Le nouveau rôle de l'OTAN

Après la dissolution du pacte de Varsovie, celle de l'OTAN (autre organisation militaire née pendant la Guerre froide) aurait été logique. Il aurait également été logique que le rôle des Nations unies soit parallèlement renforcé et que soit réformé son Conseil de sécurité. Constitué cinquante ans plutôt, celui-ci reste contrôlé par les vainqueurs de la Seconde Guerre mondiale, alors que des pays comme l'Allemagne, le Japon ou l'Inde peuvent aspirer à en devenir des membres permanents. Enfin, il aurait été logique que soit redéfinie la politique de sécurité du monde, dans le cadre d'une large concertation associant notamment l'Union européenne.

Il n'en a rien été. L'OTAN n'a pas été dissoute. Les Américains auraient alors perdu un outil d'influence essentiel. Dès 1991, le rôle de l'Alliance a été redéfini dans ses dimensions militaires et politiques. En 1994, les pays européens non membres et les anciens membres du pacte de Varsovie ont été invités à adhérer à un « partenariat pour la paix ». En 1999,

L'Organisation des Nations unies et les pays alliés ont été priés de s'aligner sur les décisions américaines.

la Hongrie, la Pologne et la République tchèque ont adhéré et, en 2002, après les attentats du 11 septembre et l'intervention en Afghanistan [*voir page 46*], un Conseil OTAN-Russie a été créé. Ces évolutions ont constitué une étape majeure de l'intégration de l'ancien bloc soviétique dans le système militaire contrôlé par les États-Unis.

La crise du Kosovo, en 1999, a confirmé le *leadership* américain. Après l'échec des négociations entre Serbes et Albanais du Kosovo,

> Les États-Unis, désormais seule puissance, se sont retrouvés sans ennemi de leur taille, sans rival.

lorsque l'OTAN a décidé, sous l'impulsion des États-Unis, de bombarder la Yougoslavie dans le cadre de l'opération *Allied Force* [*voir page 45*], le commandement américain a en effet gardé l'exclusivité de la direction militaire, utilisant ses alliés comme des subordonnés. Il en a été de même lors de l'intervention en Afghanistan, à l'automne 2002. Cela a fortement renforcé la volonté, au sein de l'Union européenne, d'organiser une capacité de défense commune en coordination avec l'OTAN.

accords régionaux

Les organisations régionales se sont multipliées

Créée en 1957, la CEE (Communauté économique européenne) a réussi au-delà des espérances et elle n'a cessé d'accueillir de nouveaux pays candidats à l'adhésion [*voir page 160*]. Au point qu'elle a suscité dans le monde de nombreux émules qui, sans aller jusqu'à un rapprochement économique et politique aussi poussé, ont tenté de reproduire à leur bénéfice cette stimulation réciproque engendrée par un commerce intense entre pays proches.

Le libre-échangisme

À la fois doctrine et pratique économique, le libre-échangisme désigne le fait de favoriser la baisse des tarifs douaniers pour stimuler les échanges commerciaux. Le libre-échangisme relève du libéralisme économique et s'oppose au protectionnisme. Il a été promu par le GATT (Accord général sur les tarifs douaniers et le commerce, General Agreement on Tariffs and Trade en anglais), remplacé en 1995 par l'Organisation mondiale du commerce (OMC). Les nations économiquement les plus puissantes tirent un plus grand avantage du libre-échange, ce qui explique que le Royaume-Uni puis les États-Unis s'en soient faits successivement les plus ardents défenseurs au cours du siècle passé.

▶ UE, ALENA, Mercosur, etc.

Toutes les tentatives n'ont pas abouti à des réalisations effectives, mais certains regroupements pèsent désormais dans l'économie mondiale. L'Accord de libre-échange nord-américain (ALENA), signé par les États-Unis, le Canada et le Mexique, est entré en vigueur le 1er janvier 1994. Il a vocation à accueillir, d'ici à 2005, tous les pays du continent américain qui le souhaiteraient.

Le principal intérêt d'un accord commercial régional est de permettre aux entreprises d'élargir leur clientèle au-delà des frontières nationales.

Le Mercosur (Marché commun – union douanière – du sud de l'Amérique), qui comprend le Brésil, l'Argentine, le Paraguay et l'Uruguay, est entré en vigueur le 1er janvier 1995 ; il s'agit d'une union douanière [*voir encadré*]. Le Mercosur a passé un accord de libre-échange avec le Chili et la Bolivie et a cherché à se rapprocher de l'Union européenne. L'Accord commercial de rapprochement économique (CER) associe l'Australie et la Nouvelle-Zélande. Quant à l'accord de libre-échange des pays signataires de l'Association des nations du Sud-Est asiatique (ANSEA), créée en 1967, il réunit le sultanat de Brunéi, l'Indonésie, la Fédération de Malaisie, les Philippines, Singapour, la Thaïlande, le Vietnam (depuis 1995), le Laos, la Birmanie (depuis 1997) et le Cambodge (depuis 1999).

La liste, on l'aura remarqué, comprend la plupart des pays les plus dynamiques en matière de commerce international. Cette construction progressive d'ensembles régionaux est allée de pair avec la mondialisation des échanges : le commerce au sein de la région, loin de nuire au commerce à l'extérieur de celle-ci, semble l'avoir stimulé. Cette tendance se vérifie dans toutes les organisations commerciales régionales : tout se passe comme si, en ouvrant la porte aux voisins, on ouvrait aussi la porte aux pays plus lointains.

▸ Une étape vers la mondialisation

À la vérité, ce n'est pas étonnant. Le principal intérêt d'un accord commercial régional est de permettre aux entreprises d'élargir leur clientèle au-delà des frontières nationales. Certes, toutes n'y parviennent pas, les plus fragiles, les moins performantes sont amenées à disparaître, laminées par la concurrence nouvelle qui se déploie au sein de la zone. Il n'y a donc pas que des gagnants. Mais pour ceux qui restent, quel avantage ! Ils peuvent produire et vendre pour de nombreux clients supplémentaires, et donc bénéficier pleinement des « économies d'échelle » qui sont la poule aux œufs d'or de la production de masse : un exemplaire supplémentaire de cet objet ne coûte quasiment rien à produire, mais rapporte autant que les précédents, si bien que les gros profits se font en allongeant les séries... et en les vendant. C'est ainsi que l'Union européenne a pu construire des industries aéronautique ou pharmaceutique compétitives. En évitant de s'ouvrir à tous les vents, mais en intensifiant la concurrence au sein de son territoire.

Cependant, pourquoi s'arrêter en si bon chemin ? Quand, après une phase de relative protection interne, on est devenu grand et fort, on peut se permettre d'aller chatouiller le lion sous la moustache. La régionalisation ouvre le chemin à la mondialisation, Airbus s'attaque à Boeing, Michelin concurrence Goodyear, etc. Et, à l'inverse, dans ce combat entre géants, il importe que les produits, à qualité égale, soient aussi peu chers que possible : les composants électroniques des ordinateurs américains et japonais proviennent pour une part de Taïwan, de Chine ou de Thaïlande, cependant que le constructeur automobile Renault a pris le contrôle de Nissan et Ford celui de Mazda. Pour les produits sophistiqués aussi bien que pour les produits de base, le marché est mondial, même si la base de production est régionale, Coca-Cola, quoique mis au point et commercialisé par une société américaine,

Quand on est devenu grand et fort, on peut se permettre d'aller chatouiller le lion sous la moustache.

est vendu dans le monde entier, tout comme *Urgences, Dallas,* ou Danone. Dans le domaine de la production comme dans celui de la commercialisation, la régionalisation n'est qu'une étape vers la mondialisation.

▸ Des objectifs également politiques

Mais les intérêts économiques ne suffisent pas à rapprocher les peuples, même s'ils y contribuent. C'est la raison pour laquelle les ensembles régionaux se fixent tous, peu ou prou, des objectifs également politiques. Au début, modestement, et de façon accessoire, pourrait-on dire. Mais ensuite, ces objectifs deviennent plus ambitieux et mieux affirmés, comme le montre l'exemple de l'Union européenne [*voir page 160*].

Accords de libre-échange et unions douanières

Dans les *accords régionaux de libre-échange*, chaque pays conserve sa liberté de fixer ses tarifs douaniers par rapport aux pays non membres de l'accord, sous réserve bien sûr qu'ils soient conformes aux accords commerciaux internationaux en vigueur. L'Accord de libre-échange nord-américain (ALENA), de même que l'Accord de libre-échange de l'ANSEA (Association des nations de l'Asie du Sud-Est) sont des accords de ce type. L'*union douanière* est d'un autre ordre. C'est aussi une zone de libre-échange, mais le tarif douanier extérieur est commun à tous les pays membres, quels que soient les lieux d'entrée et de destination. Le Marché commun européen créé en 1957, devenu « Union européenne », était déjà une union douanière, de même que le Mercosur (Marché commun du sud de l'Amérique).

L'Union européenne invente
un nouveau modèle politique multinational

La construction européenne représente une expérience politique tout à fait originale dans l'histoire du monde. Il s'agit en effet d'une construction multinationale (elle associe plusieurs nations) qui, à la différence des empires passés, n'a pas été imposée par un pays plus puissant soucieux de dominer les autres. Au contraire, il s'agit d'un processus pacifique et volontaire, décidé et voulu par ses États membres. Contrairement à certaines affirmations, les gouvernements nationaux n'ont pas été « dépossédés » de leurs attributions par un pouvoir « supranational » puisque ce sont eux-mêmes, ensemble, qui ont décidé de toutes les étapes ayant conduit à l'Union européenne (UE) actuelle.

Par ailleurs, autre différence avec les anciens empires, les États qui ont engagé et poursuivi ce projet ne sont pas destinés à disparaître. Leur rôle a changé et il est appelé à connaître encore d'autres évolutions. Si de nombreuses critiques et souhaits d'améliorations peuvent être formulés à propos du fonctionnement de l'UE (notamment en vue d'améliorer la participation politique des citoyens et de renforcer le rôle des parlementaires européens), elle n'en invente pas moins une nouvelle manière de vivre ensemble entre peuples.

▸ De nouveaux défis

La construction européenne a franchi une nouvelle étape le 1er janvier 2002 avec l'introduction de l'euro dans les usages des consommateurs et des épargnants de l'Union. S'ajoutant à l'ouverture des frontières intérieures, qui avait permis la réalisation du Marché unique européen en 1993, l'Union monétaire a consacré une rupture de portée considérable : les frontières et les monnaies étaient en effet deux symboles très forts des identités nationales. Après la crise du Kosovo en 1999 [*voir page 45*], sont aussi apparues les prémisses d'une politique étrangère et de sécurité commune (PESC), puis

Un modèle européen

La construction européenne se fonde sur des valeurs et des modèles politiques et sociaux enracinés dans l'histoire longue des sociétés européennes. Ces valeurs et modèles s'appuient d'abord sur les traditions démocratiques qui se sont développées sur le Vieux Continent. Ils reposent aussi sur des politiques économiques et sociales visant à une certaine justice (notamment par des mesures fiscales de redistribution, des systèmes de protection sociale et des services publics développés). Ce modèle est très différent de celui proposé par les État-Unis. Le modèle américain, très libéral, est en effet beaucoup plus inégalitaire. Dans le contexte d'une mondialisation [*voir page 138*] où s'exerce plus fortement la pression du libéralisme économique, le projet européen montre ainsi que d'autres choix restent possibles. À condition, bien sûr, que l'UE continue de défendre son héritage politique et social.

d'une défense (ou tout au moins d'une capacité d'intervention militaire) commune. Des évolutions ont également été engagées en matière de police et de justice.

Quarante ans après le lancement de la Communauté économique européenne (CEE), le projet européen a donc connu une nouvelle fondation. L'effondrement du Mur de Berlin et de l'Empire soviétique ont en effet conduit à « repenser l'Europe » dans le contexte d'un risque de bouleversement international. Les responsables européens ont fait le double choix d'un approfondissement du projet communautaire et de l'élargissement à de nouveaux membres.

▶ Comment gouverner l'Europe ?

L'approfondissement de l'Union européenne, de même que son prochain élargissement à de nombreux pays nouveaux rendent indispensable une réforme de ses institutions. On ne peut pas en effet « gouverner » une Union à vingt-cinq ou trente membres comme on le faisait à six ou douze. De plus, l'accroissement de la coopération entre pays, dans des domaines de plus en plus nombreux, pose de nouvelles questions.

Il est tout d'abord nécessaire de redéfinir le rôle des principaux organes de l'UE [*voir encadré page 162*] afin de les adapter à la nouvelle situation et de corriger des défauts et des insuffisances souvent reprochés par les citoyens. Peut-on renforcer le rôle du Parlement européen élu par les peuples pour lui donner un plus grand pouvoir législatif et de contrôle ? Doit-on adopter une véritable Constitution commune et élire un président de l'Europe ? Doit-on transformer La Commission européenne en un véritable gouvernement ? Quels doivent être à l'avenir les rôles respectifs exercés par l'Union, les

L'Union européenne invente une nouvelle manière de vivre ensemble entre peuples

États, les régions ? Comment parvenir à un partage nouveau des responsabilités entre ces trois niveaux ? Pour préparer cette réforme nécessaire, une Convention sur l'avenir de l'Union a été constituée et sa présidence a été confiée en décembre 2001 à l'ancien président de la République française Valéry Giscard d'Estaing.

▶ De nouveaux élargissements

Le « modèle européen » exerce une séduction certaine sur les pays entourant l'UE, et même au-delà. En 1995, l'Union s'est élargie à trois nouveaux membres : l'Autriche, la Suède et la Finlande (mais, pour la deuxième fois, les Norvégiens ont refusé l'adhésion par référendum). De nombreux autres États ont déposé leur candidature et des négociations ont été engagées avec douze d'entre eux. Parmi ceux-ci dix semblaient pouvoir assez rapidement adhérer : Pologne, Hongrie, République tchèque, Slovaquie, Estonie, Lettonie, Lituanie, Slovénie, Chypre et Malte. Des négociations ont aussi été ouvertes avec la Bulgarie et la Roumanie, mais il est probable que leur adhésion se fera plus tardivement. Par ailleurs, la candidature de la Turquie a été officiellement enregistrée On remarque que, hormis la Slovénie, tous les pays de l'ancienne Yougoslavie sont restés à l'écart. Il faut y voir la conséquence des guerres qui ont ensanglanté cette région dans les années 1990 [*voir page 42*].

Si l'Union s'élargissait à vingt-sept États, incluant les douze avec lesquels des négociations ont été engagées, sa superficie augmenterait d'un tiers et sa population de 30 %, mais son revenu de 8 % seulement. Cela traduit bien l'écart de richesse existant entre les parties occidentale et orientale de l'Europe.

Ailleurs dans le monde, le modèle d'intégration économique européen est suivi avec attention et stimule les projets de construction d'autres blocs régionaux économiques et commerciaux [*voir page 157*].

> **Si l'Union s'élargissait à vingt-sept États, sa superficie augmenterait d'un tiers et sa population de 30 %, mais son revenu de 8 % seulement.**

Les institutions de l'UE

L'Union européenne est entrée en vigueur le 1er novembre 1993. Elle a regroupé trois communautés : la Communauté économique européenne (CE, anciennement CEE), la CECA (Communauté européenne du charbon et e l'acier, dissoute en 2002) et Euratom (Communauté européenne de l'énergie atomique). Ces communautés forment ce qu'on appelle le « premier pilier » de l'UE. Celle-ci comprend aussi la PESC (Politique extérieure et de sécurité commune (« deuxième pilier ») et la coopération en matière de justice et d'affaires intérieures (JAI, « troisième pilier »). Les principales institutions de l'Union européenne (UE) sont la Commission européenne, formée de 20 commissaires nommés pour cinq ans ; le Parlement européen (626 députés avec un mandat de cinq ans) élu au suffrage universel depuis 1979 ; le Conseil européen (réunion des chefs d'État et de gouvernement qui se tient au moins deux fois par an) ; le Conseil de l'Union européenne (réunion des ministres) et la Cour européenne de justice. L'Union comporte également comme institutions la Banque centrale européenne (BCE), la Cour des comptes, le Comité économique et social, le Comité des régions, la Banque européenne d'investissement, le Haut Représentant de la Politique étrangère et de sécurité commune (PESC), et le Médiateur européen. S'y ajoute la Convention sur l'avenir de l'Union.

La génétique pose des questions morales et politiques aux sociétés

Les techniques engendrées grâce à la science ouvrent des possibilités nouvelles qui profitent généralement au genre humain, mais elles peuvent aussi créer des risques nouveaux pour celui-ci. Cela est particulièrement vrai pour la révolution génétique. Au cours des quatre dernières décennies a eu lieu un extraordinaire développement des connaissances concernant les gènes et les chromosomes. C'est ainsi, par exemple, qu'on a annoncé en 2001 que le décryptage complet du « génome humain » touchait à sa fin, c'est-à-dire que l'on connaissait désormais tous les gènes qui déterminent l'ensemble des caractères héréditaires de l'espèce humaine. Ce programme de recherche, très ambitieux, avait été lancé dans les années 1980. Il a mobilisé beaucoup d'équipes, et des moyens financiers considérables, dans de nombreux pays .

Le progrès des connaissances en génétique a ouvert de très nombreuses pistes pour tout ce qui concerne le « vivant » (les espèces vivantes, qu'elles soient végétales ou animales, dont l'espèce humaine, bien sûr). Dans l'industrie pharmaceutique, on fabrique aujourd'hui des médicaments en grande série à partir de micro-organismes dont on a modifié les gènes. En médecine, on sait désormais dépister, chez certaines personnes, des prédispositions à certaines maladies et en guérir d'autres au moyen de ce qu'on appelle les « thérapies géniques ». Les avancées, en ces domaines ont été considérables et elles sont appelées à se poursuivre, pour le bien de tous.

Les projets cauchemardesques de ces apprentis sorciers donneraient un pouvoir absolu et totalitaire, un pouvoir de vie et de mort, à ceux qui détiendraient les clés des laboratoires.

génétique

La controverse des OGM

C'est l'imposition, d'abord à l'insu des consommateurs, d'aliments transgéniques qui a commencé a cristalliser la controverse sur les OGM (organismes génétiquement modifiés).
Les superficies mondiales de cultures transgéniques ont connu un essor fulgurant. Pratiquement inexistantes en 1996, elles atteignaient déjà 44,2 millions d'hectares en 2000. En Amérique, où se concentre l'essentiel de la production (68 % aux États-Unis, 23 % en Argentine et 7 % au Canada), près de cinquante végétaux transgéniques étaient, au début de 2002, autorisés pour la consommation humaine, 500 étant en attente d'homologation. Déjà plus de 70 % des aliments industriels comportaient des OGM.
Ces OGM de première génération ne concernent pas l'alimentation humaine, étant presque totalement destinés à l'alimentation animale (maïs, soja) ou à des usages industriels (coton). Cependant, les incertitudes planant sur les risques pour la santé humaine, l'absence de réglementations rigoureuses et l'impunité des firmes en cas de dommage majeur ont suscité des contestations et des mobilisations de la part de syndicats paysans et d'organisations non gouvernementales (ONG). Il ne faut pas non plus oublier les risques de perte de souches traditionnelles par contamination (comme cela est arrivé à des maïs sauvages du Mexique, pays qui a été le berceau biologique de cette plante !). Une chose est certaine : la connaissance des risque engendrés par les OGM nécessite des recherches scientics indépendantes des firmes. Au plan international, le protocole de biosécurité de la Convention mondiale sur la biodiversité (issue de la Conférence des Nations unies sur l'environnement et le développement de Rio, 1992), signé par 130 pays à Montréal en janvier 2000, reconnaît le principe de précaution [*voir page 142*] comme base de décision pour les mouvements transfrontières de tous les OGM. Cependant, il fallait attendre que cinquante pays l'aient ratifié pour qu'il puisse entrer en vigueur.

▶ Des bricoleurs du vivant

Les connaissances biologiques et médicales peuvent cependant aussi engendrer des tentations dangereuses et de véritable dérives morales. Ainsi en est-il des projets fous de certains chercheurs ou «bricoleurs du vivant» proposant de trier les embryons humains selon leurs caractéristiques génétiques pour les sélectionner afin d'«améliorer l'espèce humaine». En 1963 déjà, l'Américain James Watson, coauteur d'une découverte qui a révolutionné l'histoire de la génétique et qui, pour cette découverte, venait de recevoir le prix Nobel de médecine déclarait ainsi : «Aucun nouveau-né ne devrait être reconnu humain avant d'avoir passé un certain nombre de tests portant sur sa dotation génétique. S'il ne réussit pas ces tests, il perd son droit à la vie.»
Heureusement, J. Watson n'a pas été écouté et rares sont les chercheurs extrémistes. Mais certains n'en rêvent pas moins de sélectionner – voire de modifier par manipulation génétique – les caractéristiques des humains pour rendre l'espèce «plus résistante» ou «plus intelligente». D'autres apprentis sorciers proposent de cloner des êtres humains simplement pour les reproduire à l'identique. De telles expériences ont déjà été réalisées, depuis 1997, pour plusieurs espèces animales. Ces projets cauchemardesques donneraient un pouvoir absolu et totalitaire, un pouvoir de vie

et de mort, à ceux qui détiendraient les clés des laboratoires.

De tels scénarios montrent bien que des garde-fous doivent être posés concernant la génétique afin de protéger la dignité et la liberté individuelle de tous les humains. Cela suppose dans certain cas, lorsque des risques de dérive sont mal connus, d'appliquer le principe de précaution [*voire page 142*]. Avant qu'il ne soit trop tard, des lois et des conventions internationales sont par ailleurs nécessaires et demandent l'organisation de larges débats avec les citoyens.

▶ Qui est propriétaire de la nature ?

Les nouvelles connaissances génétiques ne s'appliquent cependant pas seulement à la médecine et à la biologie. Les technologies du vivant (les biotechnologies) sont aussi utilisées dans des buts économiques.

Depuis toujours, les paysans ont sélectionné les plantes en choisissant celles dont les caractéristiques leur paraissaient les plus intéressantes. La découverte, dans la seconde moitié du XIXᵉ siècle, des mécanismes de l'hérédité par le moine tchèque Gregor Mendel va permettre de fabriquer des variétés hybrides. Cela est à la base de l'amélioration génétique des espèces. Des recherches scientifiques menées à la fois par des établissements d'État et des firmes privées ont permis par la suite, notamment à partir des années 1950, d'améliorer fortement les rendements agricoles.

Puis, on a su modifier le patrimoine génétique d'un être vivant en insérant dans celui-ci un gène issu d'un autre organisme vivant, qu'il soit animal, végétal ou humain. Cette technique s'appelle la transgenèse : on obtient un organisme génétiquement modifié (OGM), un organisme transgénique. Les grandes firmes produisant des semences ont vu immédiatement le grand profit qu'elles pouvaient tirer de telles possibilités. Elles ont non seulement cherché à les utiliser pour produire industriel-lement des semences transgéniques, mais aussi à conserver un droit de propriété sur celles-ci en déposant des brevets. Si cette pratique se généralisait, les paysans deviendraient dépendants des firmes pour disposer de semences, ce qui ne s'est jamais produit dans l'histoire de l'agriculture. C'est d'ailleurs d'une manière plus large que les entreprises de la très puissante «industrie du vivant», qui comprend non seulement les firmes semencières, mais aussi toutes celles agissant dans la biochimie ou la pharmacie (Monsanto, Novartis, DuPont, Aventis, Zenzeca, etc.) ont entrepris de s'approprier des ressources génétiques pour les réduire à des objets brevetés (médicaments tirant partie des médecines traditionnelles, plantes et animaux trangéniques, etc.). S'il n'est pas fait obstacle à cette prétention, une concentration inégalée de pouvoir s'opérera sur les sources de la vie. Il en résultera un effritement des frontières entre les règnes et les espèces, entre les personnes et les choses, entre le vivant et la matière.

Les firmes du secteur des biotechnologies (Monsanto, Novartis, DuPont, Aventis, Zenzeca, etc.) ont entrepris de s'approprier des ressources génétiques pour les réduire à des objets brevetés

Internet provoque une véritable révolution technologique et économique

Depuis la fin des années 1990, l'utilisation d'Internet, le « réseau des réseaux » s'est considérablement et rapidement étendue, à la fois dans les entreprises, dans les administrations et dans les familles. Elle transforme la manière de vivre et de travailler d'une partie croissante de l'humanité. Cette révolution a en effet de grandes conséquences pour l'évolution des industries culturelles, pour l'organisation des entreprises et pour les modes de vie. Au cours de ses premières années de développement, beaucoup d'espoirs ont été placés dans cet extraordinaire outil nouveau. Cependant, on lui a prêté non seulement les vertus qu'il possédait réellement, mais aussi d'autres, qui ne recouvraient que des chimères. Le même phénomène était déjà apparu dans l'histoire à l'occasion d'autres révolutions technologiques [*voir encadré*].

▶ La « nouvelle économie »

À la fin de la précédente décennie, on a vu se créer de très nombreuses entreprises utilisant les « nouvelles technologies de l'information et de la communication », les fameuses NTIC. Généralement, Internet était au cœur de l'activité de ces nouvelles entreprises qui visaient un développement rapide et qui ont, pour beaucoup, bénéficié d'apports financiers importants de la part d'investisseurs certains de placer leur argent dans une « nouvelle économie » à l'avenir très prometteur. Aux États-Unis, un indice boursier particulier, le Nasdaq, traduisait déjà les performances des « nouvelles valeurs technologiques ».

Ces entreprises en démarrage se lançaient dans d'innombrables activités : commerce en ligne (distribution de marchandises à partir de commandes passées sur Internet, c'est-à-dire sans avoir à se rendre dans un magasin), services financiers, services d'information, diffusion de musique, marketing, etc. Elles engendraient un véritable engouement, notamment médiatique. On promettait à la « netéconomie » les plus grands succès. On annonçait une « troisième révolution industrielle », permise par la mondialisation [*voir page 138*] et l'informatique. La « nouvelle économie » devait permettre une croissance sans fin.

À partir du printemps 2000, la Bourse des valeurs technologiques a commencé à s'effondrer et de nombreuses jeunes entreprises ont fait faillite. Certains en ont conclu un peu vite que la « nouvelle économie » n'avait été qu'un mirage et qu'elle n'avait pu faire illusion qu'avec des spéculations boursières. Bien sûr, on ne change pas aussi brutalement d'époque et certains discours qui avaient été tenus (sur la fin des crises économiques, sur la croissance éternelle, etc.) n'avaient pour but que d'enchanter la Bourse. L'histoire des changements technologiques nous a enseigné qu'ils ne s'opèrent pas en une seule fois, ni en quelques mois.

Dans les faits, loin d'avoir disparu, la « nouvelle économie » a muté et elle continue de transformer l'organisation et l'activité des entreprises. À la fin de 2001, on estimait ainsi que près de la moitié des entreprises des pays industrialisés avaient déjà effectué des changements significatifs dans leur organisation interne, voire dans leurs projets économiques. La « nouvelle économie » ne s'est pas substituée à l'ancienne, mais elle s'y est greffée par infiltration progressive. Cela a commencé à engendrer de considérables mutations dans les processus de production et de commercialisation.

Certains discours tenus (sur la fin des crises économiques, sur la croissance éternelle, etc.) n'avaient pour but que d'enchanter la Bourse.

▶ Une nouvelle utopie

Nombreux avaient été les discours euphoriques annonçant une nouvelle ère, celle de la communication. On a prêté à Internet toutes les vertus et notamment celle de pouvoir abolir les grands déséquilibres mondiaux. Déjà, en 1994, parlant de l'avenir des réseaux d'information et de communication qui allaient bientôt prendre le nom d'« Internet », le vice-président des États-Unis de l'époque, Al Gore, avait pu déclarer : « Les réseaux de communication vont offrir une communication instantanée à la grande famille humaine. Ils permettront d'établir une sorte de conversation globale dans laquelle chaque personne qui le voudra pourra dire son mot. Ce ne sera pas seulement une illustration de la démocratie en marche : dans les faits, ils encourageront le fonctionnement de la démocratie en accroissant la participation des citoyens à la prise de décision et ils favoriseront la capacité des nations à coopérer entre elles. »

Déjà au XIXe siècle

Les révolutions industrielles du XIXe siècle avaient déjà donné corps à l'idée de « progrès infini ». La conversion de l'énergie, la production en masse de textiles, d'acier, de machines, la construction de chemins de fer et l'irruption de la « fée Électricité » étaient venues renforcer cette conviction. La foi dans le progrès sans limites a rimé avec la foi indéfectible placée dans la science et dans la technologie. Se référant au câble sous-marin et au télégraphe, Victor Hugo ne célébrait-il pas dès 1855 les potentialités du « prodigieux fil électrique qui rattachera les continents aux continents par l'idée devenue éclair, et qui, fibre colossale de la vie universelle, fera du globe un cœur énorme ayant pour battement la pensée de l'homme » ? Dans le dernier quart du XIXe siècle, postes et télégraphes ont servi de support aux discours sur les vertus que l'on prêtait aux techniques de communication, tout comme cela avait été le cas, dès 1830, avec les réseaux de chemins de fer. Ces différents types de réseaux internationaux avaient nourri les imaginations jusqu'à devenir l'objet d'une véritable religion. Il est vrai qu'ils ont en commun avec la religion le désir de *religare* (relier) les individus et les peuples. Comme Internet au début de ce XXIe siècle.

Ces discours presque mystiques de promesse d'un monde meilleur ont par la suite fait place à plus de réalisme. Deux événements majeurs y ont contribué. D'une part, les immenses déboires rencontrés par les entreprises de la « nouvelle économie », dont beaucoup ont fait faillite après que la Bourse a commencé à dégringoler, à partir de 2 000, ont provoqué un désenchantement. D'autre part, les attentats du 11 septembre 2001 contre le World Trade Centre à New York et le Pentagone à Washington ont souligné qu'il avait été particulièrement absurde de prétendre qu'un outil technique pouvait suffire à engendrer la démocratie et être à lui seul un facteur de paix et d'entente entre les hommes. On sait

On a prêté à Internet non seulement les vertus qu'il possédait réellement, mais aussi d'autres, qui ne recouvraient que des chimères

en effet que les terroristes ont préparé et organisé ces attentats en se servant d'une manière très sophistiquée d'Internet.

Le « réseau des réseaux », comme toutes les nouvelles technologies qui ont jalonné l'histoire de nos sociétés depuis le XVIIIe siècle, améliore la situation des uns et perturbe celle des autres. Il peut être utilisé comme outil de libération et de coopération, mais tout autant comme support d'agression, de domination ou d'avilissement. Les polémiques suscitées par la diffusion de musique et de textes ne respectant pas les lois sur le droit d'auteur ou celles nées de l'existence de sites ouvertement racistes ou nazis ont bien montré que cette technique, comme toutes les autres, justifie des débats et pose des problèmes juridiques et politiques de réglementation.

Les risques climatiques ont justifié une négociation mondiale

climats

Depuis la fin des années 1980, on se préoccupe de plus en plus de l'évolution du climat et des conséquences du réchauffement de la planète. Cette question, d'abord discutée entre spécialistes de l'écologie et des climats, est devenue l'objet de négociations politiques internationales.

En 1992, les États réunis au « Sommet de la Terre » de Rio de Janeiro (Brésil) ont signé une convention internationale sur « les changements climatiques ». Elle a été ratifiée par 186 pays. Les recherches scientifiques avaient fini par convaincre les responsables politiques de la réalité des dangers d'une trop grande accumulation de « gaz à effet de serre » dans l'atmosphère [*voir encadré*]. La poursuite, au rythme actuel de cette accumulation, notamment de gaz carbonique, pourrait en effet entraîner en un siècle un doublement de leur

concentration. Cela aurait pour conséquence une élévation d'environ 2,2 ° C de la température moyenne du globe. Au cours du XXe siècle, marqué par une consommation d'hydrocarbures (carburants, etc.) sans précédent, la température moyenne a augmenté d'un demi-degré.

▸ Les conséquences d'un réchauffement de la planète

Il est difficile de mesurer les conséquences d'un tel réchauffement, mais les risques en sont désormais connus. D'une part, il entraînerait une fonte des glaciers et une montée du niveau des mers mettant en péril les zones côtières, des îles et des archipels. Il provoquerait aussi une modification des écosystèmes entraînant la disparition d'espèces végétales et animales. Enfin, il déstabiliserait davantage les climats :

aux inondations et cyclones plus fréquents, il faut ajouter une recrudescence des vagues de sécheresse, notamment dans les zones arides et semi-arides. Dans ces régions, les rendements agricoles pourraient chuter, ce qui aggraverait l'insécurité alimentaire pour certaines populations parmi les plus démunies de la planète.

Les risques sont tels que les gouvernements ont décidé d'agir pour freiner les émissions de gaz à effet de serre. Lors de la conférence de Rio, l'engagement avait été pris par les pays riches, principaux consommateurs d'énergie, de stabiliser en 2000 leurs émissions de gaz au niveau de l'année 1990. Ils n'en ont rien fait ou presque. Il est vrai que la réduction des émissions coûte et que, dans un monde où s'exerce une forte concurrence économique, cela demande une action coordonnée entre les différents pays pour que tous jouent loyalement le jeu. Au cours des années 1990, les aides économiques promises pour aider les pays en développement à financer des mesures de limitation ne se sont par ailleurs pas concrétisées.

Malgré ses limites, le protocole de Kyoto s'inscrit dans une logique de « développement durable ».

L'effet de serre

C'est grâce à la présence, en faible quantité, de certains gaz dans la basse atmosphère que la Terre possède un climat propice à la vie. En effet, les rayons du soleil sont réfléchis ou absorbés à leur arrivée. Les gaz dits « à effet de serre » absorbent la chaleur émise par la Terre sous forme de rayonnement infrarouge et réémettent un rayonnement. Une partie de cette chaleur se perd dans l'Univers, l'autre vers la Terre. Ils contribuent ainsi à en réchauffer la surface (par « effet de serre »). Cela crée des conditions climatiques rendant la vie possible. Il s'agit donc à l'origine d'un phénomène physico-chimique naturel.

Le plus important de ces gaz à effet de serre est la vapeur d'eau recyclée par le système climatique. Elle présente la propriété de rester peu de temps dans l'atmosphère. D'autres gaz, dont les quantités augmentent, sont pour leur part directement émis par l'*activité humaine, industrielle ou agricole* et restent bien davantage de temps dans l'atmosphère [*voir encadré page 170*]. La composition chimique de cette dernière en est modifiée. Cela a notamment pour conséquence d'empêcher la réflexion de la lumière infrarouge, ce qui se traduit par un réchauffement progressif de l'atmosphère, puis du sol et des océans. Le climat et les températures futures dépendront de ce réchauffement.

Surtout le gaz carbonique

L'accroissement de l'effet de serre est surtout dû au dioxyde de carbone (ou gaz carbonique, CO_2) provenant des énergies fossiles (notamment du charbon et du pétrole). Son taux a augmenté de 35 % depuis le milieu du XVIIIe siècle (fin de l'ère préindustrielle). Vient ensuite le méthane (CH_4) issu des activités de culture et d'élevage, lui aussi en forte augmentation. Puis vient l'oxyde nitreux (ou protoxyde d'azote, N_2O) lié aux activités agricoles et à l'industrie chimique. Les halocarbones (HFCs, PFCs) et l'hexafluorure de soufre (SF_6) sont pour leur part produits et utilisés dans l'industrie et dans les circuits du froid et de la climatisation. Les fréons (ou chlorofluorocarbones, CFC), interdits par le protocole de Montréal de 1987, étaient aussi de puissants gaz à effet de serre. Ils étaient produits artificiellement pour les aérosols, les extincteurs, etc.

▶ Le protocole de Kyoto

Que faire en l'absence de gendarme mondial ? Cette question était au programme de la réunion qui a abouti à la rédaction du protocole de Kyoto (Japon), en 1997. Celui-ci engage les pays riches à avoir réduit pour 2010 leurs émissions de gaz à effet de serre de 5,2 % par rapport à leur niveau de 1990. Cela revient dans les faits à établir des quotas (des quantités autorisées d'émission de gaz polluants) qu'on peut aussi appeler « permis d'émission ». En contrepartie, les États-Unis, suivis par d'autres pays développés, ont exigé que les pays s'engageant à respecter un quota puissent acheter ou vendre leurs permis d'émission pour parvenir à l'objectif. Il peut être plus facile d'acheter pour 50 dollars chez le voisin le droit d'émettre une tonne de carbone (que ce dernier n'aura plus le droit de rejeter dans l'atmosphère) que de dépenser 100 dollars pour éviter chez soi l'émission de cette même quantité.

Un débat avait opposé les partisans d'un impôt énergétique sur les rejets de gaz à effet de serre (projet de création d'une « écotaxe ») à ceux défendant le principe d'un marché des permis d'émission.

▶ Un marché des «droits de polluer»

Dans les faits, un marché des «droits de polluer » a donc été créé. La Russie ou l'Ukraine, auxquelles aucun objectif de réduction n'a été fixé, pourront ainsi vendre leurs droits de polluer sans que des réductions réelles ne soient effectuées. Bien avant la réunion de Kyoto, un débat avait opposé les partisans d'un impôt énergétique sur les rejets de gaz à effet de serre (projet de création d'une « écotaxe ») à ceux défendant le principe d'un marché des permis d'émission. C'est cette seconde solution qui a finalement été adoptée.

Fruit d'intenses négociations ayant tourné aux marchandages, le protocole de Kyoto prévoit d'appliquer le dispositif de manière très souple. Il laisse par exemple aux États la possibilité de réaliser des réductions dans d'autres pays ou de s'entendre entre pays pour aboutir à l'objectif visé. Cela a été fait dans l'Union européenne : l'engagement de réduction de 8 % signé par cette dernière correspond en effet à 0 % pour la France, - 10 % pour le Royaume-Uni et - 25 % pour l'Allemagne, tandis que des augmentations ont été acceptées pour la Grèce, l'Espagne et le Portugal.

Le protocole a prévu une réduction de 7 % des émissions pour les États-Unis, 6 % pour le Canada et le Japon, 0 % pour la Russie et l'Ukraine (au motif que leurs économies se sont effondrées) et + 5 % pour l'Australie (pour abandonner le charbon).

▶ Sans la signature des États-Unis

Pour entrer en vigueur, il fallait que le protocole de Kyoto soit ratifié par au moins 55 pays effectuant au moins 55 % des émissions de gaz à effet de serre de 1990. Du temps du président Bill Clinton, les États-Unis, plus gros pollueur de la planète, avaient accepté de signer, mais ils ont retiré leur signature une fois George Bush junior élu. Cela a valu à ce pays d'être très vivement critiqué pour l'irresponsabilité de ses gouvernants. Pour sauver malgré tout le protocole, de nouvelles concessions ont été faites à la Russie. Sa signature était en effet devenue indispensable. Un accord a été finalement conclu en septembre 2001 à Marrakech (Maroc), sans les États-Unis, lors d'une ultime réunion ayant rassemblé 167 pays.

Le protocole de Kyoto pouvait entre en vigueur. Malgré ses limites, il s'inscrit dans une logique de « développement durable » [*voir page 140*].

L'économie criminelle gangrène l'économie légale

argent sale

Trafics d'armes, trafics d'êtres humains (réseaux d'immigration clandestine, de prostitution, de travail clandestin, etc.), trafics d'objets d'art, de matières rares ou dangereuses, pillage des aides publiques, etc. : tout peut être objet de trafic transnational. Il faut seulement que la commercialisation en un autre point de la planète soit source de profit. Au cours des quinze dernières années, comme toutes les grandes entreprises, le crime organisé (ce qu'on nomme souvent par facilité les « mafias ») a diversifié ses activités et ses structures. Il a su s'adapter aux exigences de la mondialisation

L'existence d'une véritable internationale du crime s'était révélée dès les années 1970, quand les autorités américaines obligèrent la police française à démanteler la *French Connection*.

Mais son élimination n'a pas eu l'effet escompté. Elle a au contraire marqué le début d'une dissémination des réseaux de drogue dans le monde entier. Aujourd'hui, on estime que le chiffre d'affaires annuel des trafics de drogue dans le monde atteint au moins 400 milliards de dollars, ce qui en fait le premier marché mondial des matières premières.

Si la drogue a été et demeure l'activité dominante de l'économie internationale du crime, elle n'est pas cependant la seule. Selon le FMI (Fonds monétaire international), le revenu mondial du crime organisé s'élèverait à 1 000 milliards de dollars par an, et entre 2 % et 5 % du revenu de la planète proviendraient du blanchiment de l'argent sale. L'ONU (Organisation des Nations unies) a calculé qu'un milliard de dollars sont blanchis chaque jour dans le monde.

Mafias et corruption

Les relations entre les groupes criminels et l'État sont anciennes. L'exercice de la violence et de la corruption pour mener leurs activités délictueuses amène nécessairement les premiers à entrer en contact avec des hommes politiques ou des hauts fonctionnaires jusqu'à, parfois, infiltrer leurs milieux. Certains gouvernements ne se sont pas privés à leur tour d'utiliser des groupes criminels : contrôle de la population rurale dans le sud de l'Italie, brimades et surveillance des détenus politiques dans les camps soviétiques, répression des grèves, etc. La reconnaissance de l'autorité mafieuse par les institutions n'est donc pas rare. Elle est fondée en ce cas sur une convergence d'intérêts entre les deux.

Une autre modalité de ces relations consiste, pour le criminel, à passer un pacte avec un homme politique. Il lui garantit son élection en échange d'une promesse d'impunité concernant ses propres crimes, ou en vue de bénéficier d'informations confidentielles utiles à ses affaires illégales. On rejoint alors le problème de la corruption politique. Celle-ci a fait l'objet d'une dénonciation croissante à partir de la fin des années 1990. C'est par le biais de son autorité sur une circonscription, mais aussi par la terreur, que le chef mafieux est en mesure de contrôler les votes décisifs pour assurer la victoire de son candidat. Il peut le faire si l'électeur vote moins par conviction que dans l'attente des avantages matériels qu'il peut retirer de son suffrage. Selon des estimations judiciaires, la Cosa Nostra (la mafia sicilienne) contrôlait plus d'un demi million de voix en Sicile.

▸ Partage des rôles et des fonctions

Les réseaux criminels sont eux-mêmes internationaux : les acteurs de l'économie illégale se sont disséminés tout autour de la planète, au fur et à mesure de l'ouverture des frontières et des échanges. Les diasporas jouent en particulier un très grand rôle en profitant de leurs relations de clan.

Comme toute économie structurée, l'économie criminelle a

Marchés financiers opaques et paradis bancaires et fiscaux rendent de moins en moins visibles les limites entre l'économie criminelle et l'économie légale.

atteint un stade avancé de partage des rôles et des fonctions. Désormais, la production de cocaïne appartient par exemple aux cartels colombiens et sa commercialisation aux cartels mexicains. Les trafiquants sud-américains ont importé chez eux la culture du pavot, en liaison avec les producteurs d'héroïne asiatiques, afin de diversifier leurs productions et renouveler leurs offres de produits, tandis que les transports internationaux de drogue sont souvent concédés à des Nigérians. Les mafias et les organisations criminelles peuvent ainsi conclure des accords pour lancer des opérations de trafic de drogue : les unes financent, les autres produisent ou commercialisent, d'autres transportent, chacun exerçant sa spécialité en coopération avec les autres.

▸ Des structures très souples

La répression qui s'est abattue sur les mafias siciliennes et nord-américaines a pu faire croire à certains observateurs que les mafias étaient atteintes dans leur expansion, et que leur disparition était en vue. En fait, cette répression policière a permis au crime organisé de moderniser ses structures. L'époque est aux organisations – qu'elles soient légales ou non – flexibles et mobiles, ordonnées selon un modèle en réseau et non plus en pyramide. En Colombie, les cartels de Medellin et de Cali ont été remplacés par une multitude de structures familiales ou claniques qui sont désormais à la base de l'économie de la cocaïne. En Italie, si les familles de la Cosa Nostra sicilienne se portent mal, la 'Ndrangheta, la Sacra Corona Unita et surtout la Camorra, où les relations sont souples, voire informelles, sont aujourd'hui florissantes. Mais, d'une manière générale, on constate un changement de rapport de forces entre organisations mafieuses. Certaines mafias « historiques » (italiennes et italo-américaines) sont en nette perte de vitesse par rapport aux mafias ascendantes que sont les triades chinoises ou les groupes russes. Ces nouvelles mafias semblent aujourd'hui mieux adaptées au contexte de la mondialisation dont elles partagent les caractéristiques : mobilité, solidarités transnationales, adaptabilité, etc.

Le chiffre d'affaires annuel des trafics de drogue dans le monde atteint au moins 400 milliards de dollars, ce qui en fait le premier marché mondial des matières premières.

L'affaiblissement des législations qui encadraient les relations économiques et financières, et notamment l'abandon par les États occidentaux, dans les années 1980, du contrôle des mouvements de capitaux des marchés financiers a facilité la pénétration criminelle de l'économie officielle. On a ainsi découvert, par exemple, que la Bank of Credit and Commerce International (BCCI), classée parmi les vingt premières banques mondiales, servait essentiellement aux opérations des grandes organisations criminelles et terroristes mondiales. Et qui s'étonne encore de voir la Banque centrale de Russie dissimuler 50 milliards de dollars dans une filiale *offshore* de l'île anglo-normande de Jersey ?

> Il est ainsi plus facile de blanchir un million de dollars que 20 000 car les contrôles sont désormais inexistants sur les marchés financiers.

anonymes, compte 32 millions de comptes pour 8 millions d'habitants.

Plus les capitaux accumulés par les organisations criminelles sont importants, plus ils peuvent être dissimulés dans les recoins opaques créés par l'affaiblissement des réglementations économiques et financières. Il est ainsi plus facile de blanchir un million de dollars que 20 000 car les contrôles sont désormais inexistants sur les marchés financiers. Cela s'explique ; en effet, plus les activités criminelles sont vastes et organisées, plus elles doivent avoir une façade légale insoupçonnable. La fusion entre l'économie légale et l'économie criminelle paraît donc aujourd'hui accomplie.

▶ Le blanchiment de l'argent sale

Dominée par la logique financière, l'économie mondiale sert de refuge à toutes les activités criminelles en quête de recyclage de leurs capitaux. Marchés financiers opaques et paradis bancaires et fiscaux rendent de moins en moins visibles les limites entre une économie criminelle qui s'infiltre dans l'économie légale, et une économie légale qui se criminalise. Les îles Cayman, dans les Caraïbes, comptent à elles seules plus de 570 banques dont les dépôts dépassent 500 milliards de dollars. L'Autriche, dernier pays européen qui autorise l'ouverture de comptes bancaires

Le Top 15 des lessiveuses

On a pris l'habitude d'appeler « lessiveuses » les institutions ou pays qui blanchissent l'argent sale issu de l'économie du crime. Chaque année, le Groupe d'action financière sur le blanchiment d'argent (GAFI), qui dépend de l'OCDE (Organisation de coopération et de développement économiques), rend un rapport qui épingle les pays les plus coupables à ses yeux (ceux qui ont refusé de prendre des mesures législatives anti-blanchiment). Dans le rapport 2002 figurent quinze pays. Trois sont situés dans les Caraïbes : la Dominique, Saint-Vincent et les Grenadines, Grenade ; un en Amérique centrale : le Guatémala ; quatre dans le Pacifique sud : les îles Cook, les îles Marshall, Nauru et Niue ; trois en Asie : Myanmar, Indonésie et Philippines ; deux en Afrique : l'Égypte et le Nigéria. S'ajoutent à cette liste la Russie et l'Ukraine. La Hongrie, le Liban et Israël qui figuraient dans la liste du rapport de 2001, ne figurent plus dans celui de 2002.

Les ONG, nouveaux acteurs sur la scène mondiale

Globalement, pour l'opinion publique, l'action humanitaire est très positivement jugée pour sa contribution à l'amélioration du sort des populations aidées. La mobilisation de moyens et l'association des donateurs aux actions et projets appuyés par les ONG sont considérées à juste titre comme une forme de participation politique et d'action civique. Les célébrations et louanges ayant accompagné l'attribution du prix Nobel de la paix à Médecins sans frontières (MSF) en octobre 2000 ont consacré une reconnaissance internationale pour ces organisations.

La professionnalisation des ONG les fait maintenant aussi prendre au sérieux à la fois par les représentants des États et par les organisations internationales. Les ONG réalisent aussi bien, et de façon plus souple, les opérations qui étaient autrefois à leur charge. Qu'il s'agisse de « gérer » un camp de réfugiés ou de distribuer des vivres dans une zone de conflits, elles savent faire. Par ailleurs, certaines ONG ont acquis une bonne capacité d'analyse des problèmes et des dossiers de négociations, par exemple sur les relations commerciales internationales ou sur les questions environnementales. Quand cette mobilisation à la fois intellectuelle et militante se double d'une diffusion de propositions à travers différents médias (sites sur Internet, publications,

L'étiquette « ONG »

Organismes à but non lucratif, les organisations non gouvernementales agissent notamment dans le domaine du développement, de l'environnement et de l'action humanitaire au sens large (des secours d'urgence à la défense des droits de l'homme). Ce sont des associations ou fondations privées, des coopératives ou des organismes liés à des Églises. Certaines sont cependant exclusivement finacées par des États ou des organisations internationales. Le sigle « ONG » renseigne donc généralement sur une forme juridique, mais ne désigne pas un modèle de fonctionnement et d'action particulier.

Ces organisations sont pourtant souvent perçues comme une catégorie qui échapperait aux défauts pouvant toucher d'autres types d'organisations tels que les partis, les syndicats ou encore les entreprises. Il s'agit bien sûr là d'une idéalisation, qui comporte un risque de désillusion. Par quel enchantement en effet les ONG seraient-elles en *elles-mêmes* dotées de toutes les vertus ? En fait, les ONG ne représentent pas un ensemble homogène qui serait mû par les mêmes valeurs et animé par des principes d'organisation communs. Les organisations non gouvernementales, au Nord comme au Sud, sont naturellement traversées par les mêmes contradictions que les sociétés dont elles sont issues.

Lors des conférences internationales sur les droits des femmes on a ainsi pu constater des convergences, troublantes mais logiques, entre des organisations féminines liées à divers intégrismes religieux qui tentaient de remettre en cause certains acquis (droit à la santé, planification des naissances).

Par ailleurs des ONG servent aussi parfois de vitrine à des partis ou à des mouvements politiques (voire des milices ou même des États) cherchant à récolter des subsides. D'autres ne parviennent pas à échapper aux manipulations des autorités politiques locales qui parfois tiennent la population en otage et détournent l'aide qui lui était destinée. D'autres encore servent de paravent à des entrepreneurs privés, visant soit des objectifs très matériels pour eux-mêmes (par exemple à l'occasion de programmes de reconstruction après un conflit), soit une légitimation politique en se posant comme relais obligés de l'action internationale de solidarité.

Comme cela est aussi le cas pour d'autres formes d'organisation, les ONG n'ont pas toutes un fonctionnement interne en adéquation avec les valeurs qu'elles prétendent promouvoir à l'extérieur.

documents pédagogiques) et lorsqu'elles se relient entre elles en réseaux internationaux, les ONG ont assurément voix au chapitre.

▸ Défenseurs des droits de l'homme

Par ailleurs, leur prise de parole humanitaire s'enracine dans la défense de valeurs universelles, notamment les droits de l'homme. Leur indépendance les autorise alors à dépasser le niveau d'énonciation des « grands principes » et leur donne la capacité d'être précises sur un grand nombre de questions brûlantes : travail des enfants, abolition de la torture, etc. Les ONG assurent aussi une fonction essentielle en prenant la parole au nom de regroupements de citoyens. La montée en puissance des ONG écologistes, lors du « Sommet de la Terre » tenu en 1992 à Rio de Janeiro (Brésil) a ainsi traduit une prise de conscience grandissante des responsabilités des citoyens à l'échelle planétaire [*voir page 140*]. L'émergence des ONG à l'échelle internationale a commencé dans les années 1980. Elle s'est effectuée dans le contexte d'un affaiblissement du rôle de l'État. Il s'est ainsi réalisé comme une substitution de rôle, pour certaines fonctions, avec des organisations qui n'appartiennent

> Tout le monde ou presque s'est ainsi pris à aimer ce qu'on a baptisé « société civile internationale », c'est-à-dire principalement les ONG.

ni à la sphère publique ni à celle de l'économie et du profit individuel [*voir encadré*]. Parallèlement, le système des Nations unies était en crise.

▶ L'appel à la société civile

Tout le monde ou presque s'est ainsi pris à aimer ce qu'on a baptisé « société civile internationale », c'est-à-dire principalement les ONG. Depuis la conférence de Rio qui avait donné le ton en 1992, tous les « sommets » mondiaux se préoccupent de la convoquer. Elle a ainsi été régulièrement invitée aux grandes conférences internationales organisées par l'ONU, qu'il s'agisse de droits de l'homme (Vienne, 1993), des femmes (Pékin, 1995), de lutte contre la pauvreté (« sommet sur le développement social », Copenhague, 1995), de faim dans le monde (« sommet mondial sur l'alimentation », Rome, 1997) ou de développement durable (Johannesburg, 2002).

Désormais, on admet l'équivalence entre société civile et ONG. Aux reproches d'être trop loin des préoccupations de la base, toutes les organisations internationales répondent par leur volonté d'être le plus au ras du sol possible, afin de toucher les « bénéficiaires » de leurs projets.

Toutes, sans exception, offrent aussi des fauteuils – et pas seulement des strapontins – aux ONG et les associent à leurs travaux.

Mais trois séries de questions se posent. D'abord, à quoi, au juste, les ONG sont-elles conviées ? S'agit-il d'un échange d'informations, d'un dialogue sur la contribution des ONG à une meilleure réalisation des objectifs de l'institution invitante ou bien d'une négociation politique sur les buts à atteindre et les moyens à mettre en œuvre ? S'agit-il seulement de mieux informer les ONG sur les conditions d'accès aux financements proposés par l'institution elle-même ? Ensuite, on peut se demander à bon droit quelles sont les ONG qui ont les moyens de suivre les travaux des institutions internationales. Ne favorise-t-on pas implicitement les ONG internationales du Nord au détriment des organisations populaires du Sud ou de l'Est ? Enfin, se pose la question de la représentativité des ONG. Suffit-il de ne pas être envoyé par l'État central du pays d'appartenance pour être assimilé à une ONG ? L'inscription des chambres de commerce ou des confédérations représentant les entreprises privées dans les carrefours réservés aux ONG lors de certaines réunions de l'OMC (Organisation mondiale du commerce) ou de l'OCDE (Organisation de coopération et de développement économiques) donne à réfléchir sur certains mélanges de genres.

▶ Un rôle de pompiers ?

Les conflits qui éclatent çà et là à la surface de la planète illustrent quant à eux le rôle irremplaçable des ONG au niveau international. Elles sont sur tous les théâtres d'opérations (Somalie, Rwanda, Libéria, Bosnie, Kosovo, etc.), mais leur action est ambivalente. Côté face, il y a le devoir de secours pour soulager la souffrance des victimes Côté pile, il y a leur association – peut-être involontaire, mais bien réelle – avec les militaires. Sans les ONG, les relations internationales risqueraient de n'être que violence et expression de la force pure. Peut-être contribuent-elles à consolider des situations politiques locales (parfois indéfendables) quand elles rendent la vie un tant soit peu plus supportable pour les populations en détresse ? À bien des égards, l'action humanitaire des ONG apportent cependant du sens.

> Ne favorise-t-on pas implicitement les ONG internationales du Nord au détriment des organisations populaires du Sud ou de l'Est ?

LEXIQUE

INDEX

LISTE DES PAYS

Accroissement naturel : croissance de la population due à l'évolution des naissances et des décès. On le mesure en pourcentage. Il ne tient pas compte de l'augmentation ou de la diminution de la population due aux migrations. Si les décès sont plus nombreux que les naissances, l'accroissement naturel est alors négatif.

Accord de libre-échange : voir définition page **159**.

AELE : Association européenne de libre-échange. Créée à l'initiative du Royaume-Uni, l'AELE a regroupé, à partir de 1960, les pays qui ne souhaitaient pas adhérer à la CEE. Au fur et à mesure des élargissements de celle-ci, l'AELE s'est réduite. Elle ne compte plus que quatre membres : Norvège, Islande, Suisse et Liechtenstein.

AIEA : Agence internationale de l'énergie atomique.

ALENA : Accord de libre-échange nord-américain. Voir page **158**.

Amnistie : acte de loi permettant d'oublier une infraction ou un crime et de ne pas en subir les conséquences.

ANSEA : Association des nations du Sud-Est asiatique. Voir page **158**.

Argent sale : voir pages **171 et suivantes**.

Autochtones : population d'origine d'un pays. On dit aussi « peuples premiers ». Ainsi, les peuples autochtones des Amériques sont les Amérindiens et les Inuits.

Autocratie : système politique dans lequel le souverain (autocrate) exerce personnellement le pouvoir, sans limitation.

Autodétermination des peuples : principe qui consiste à consulter la population (généralement par référendum) pour qu'elle choisisse le futur statut du pays. La question peut être par exemple : « Êtes-vous d'accord pour que le pays devienne indépendant ? »

Autonomie : droit d'une collectivité (d'un pays) à déterminer elle-même (lui-même) une partie des lois qui la (le) régissent. L'autonomie se distingue de l'indépendance et de la pleine souveraineté (voir ces termes).

Baby boom : très forte augmentation du taux de natalité dans les années 1950 et 1960 en Europe et plus particulièrement en France.

Bailleurs de fonds : personnes ou organismes qui fournissent des capitaux (des fonds) pour financer un projet particulier.

Banque mondiale : institution spécialisée de l'ONU, dont la création a été décidée en même temps que celle du FMI (voir ce terme), lors de la conférence de Bretton Woods en 1944.

Blanchiment d'argent sale : voir Argent sale.

Blocus : action, militaire ou non, par laquelle on isole un port, une ville, un littoral ou un pays tout entier, en coupant ses communications et ses relations commerciales avec l'extérieur. (voir aussi Embargo).

Boat people (de l'anglais *boat* = bateau et *people* = gens) : nom donné en 1979 aux Vietnamiens qui fuyaient leur pays en bateau en espérant trouver refuge à l'étranger. Se dit aujourd'hui de toute personne qui, pour fuir son pays, ne peut emprunter que la voie maritime.

Bureaucratie : pouvoir ou influence abusive prise par l'administration. S'emploie généralement de façon péjorative.

Casques bleus de l'ONU : voir définition page **156**.

CEI : Communauté d'États indépendants.

Chiisme (adjectif : chiite) : l'une des deux principales tendances de la religion musulmane. Elle est majoritaire en Iran, en Irak, à Bahreïn et très présente au Liban. L'autre tendance de l'islam, beaucoup plus répandue, est le sunnisme (adjectif : sunnite).

CNUCED : Conférence des Nations unies sur le commerce et le développement.

Collectiviser : rendre la propriété collective. Selon le cas, le propriétaire collectif peut être un groupe (par exemple les travailleurs pour une coopérative) ou une commune, ou encore l'État.

Colonisation : mainmise d'un pays sur un autre pays pour lui imposer son autorité politique, économique et culturelle. Cela s'est traduit dans certains cas par une implantation de population (on parle alors de « colonie de peuplement »). Le pays colonisé (la colonie) devient dépendant économiquement et politiquement du pays ou de l'empire colonisateur.

Commonwealth (abréviation de Commonwealth of Nations) : alliance plus morale que juridique de pays qui ont connu, à travers la colonisation, l'influence de la civilisation britannique. En 2002, 54 pays adhéraient au Commonwealth.

Communisme : à l'origine, utopie (voir ce terme) en laquelle de nombreux hommes et de femmes placèrent leurs espoirs d'un monde meilleur. Le mot a fini par désigner les systèmes politiques autoritaires et policiers qui se sont baptisés « communistes ».

Condominium : souveraineté exercée en commun par deux ou plusieurs États sur un même pays. En 1899, le Soudan était devenu un condominium anglo-égyptien.

Contumace : refus d'un accusé (généralement en fuite) de se présenter devant le tribunal où il est convoqué. D'où l'expression : « condamné à mort par contumace ».

Convention pour l'avenir de l'Europe : voir page **162**.

CPI : Cour pénale internationale. Voir page **152**.

Créancier : personne à qui l'on doit de l'argent. Un organisme ou un État peut être le créancier d'un autre. S'oppose à « débiteur », celui qui doit de l'argent.

Crime contre l'humanité : voir définition page **153**.

Crime de génocide : voir définition page **153**.

Crime de guerre : voir définition page **153**.

Débiteur : personne qui doit quelque chose, qui a une dette envers un créancier (voir ce mot).

Décolonisation : processus par lequel une colonie devient indépendante (voir ce mot et Colonisation).

Démocratie (du grec *dêmos* = peuple, et *kratos* = pouvoir) : doctrine et organisation politique, dans lesquelles les citoyens (le peuple) exercent la souveraineté. La démocratie suppose la garantie des libertés fondamentales et un système juste de désignation des représentants du peuple. Par extension, « démocratie » se dit d'un pays ayant un système politique démocratique.

Démocratie parlementaire : système politique dans lequel le Parlement dispose d'un important pouvoir. L'Angleterre a été la première démocratie parlementaire.

Démocratie populaire : nom officiel du système politique des anciens pays communistes d'Europe de l'Est, dans lequel le Parti communiste (censé représenter le peuple) avait un rôle dirigeant exclusif et exerçait un pouvoir autoritaire.

Démocratie présidentielle : système politique dans lequel le président de la République dispose d'un important pouvoir.

Démocratisation : action de démocratiser, de conduire un État qui était autoritaire ou dictatorial, à un système politique plus démocratique, plus libre.

Déréglementation : abandon ou allègement des règlements. Les politiques de déréglementation sont caractéristiques du libéralisme économique (voir ce terme).

Dérégulation : mot formé à partir de « régulation » (voir ce terme). Le sens de « dérégulation » est assez proche de « déréglementation » (voir ce terme).

Désertification : quasi-disparition de l'activité humaine dans une région peu à peu désertée.

Désertisation : transformation d'une région en désert sous l'action de phénomènes climatiques ou des activités humaines.

Développement durable : voir définition pages **140 et suivantes**.

Développement humain : notion définie en 1990 par le PNUD (voir ce terme) pour prendre en compte les possibilités offertes aux individus par les sociétés dans lesquelles ils vivent. Un Indicateur du développement humain (IDH) est désormais calculé chaque année pour chaque pays. Il tient compte non seulement des revenus, mais aussi du niveau d'éducation et de l'état de santé des populations (voir la carte page **32**).

Devise : tout moyen de paiement négociable internationalement. Le dollar et l'euro sont des devises appréciées sur le marché financier international.

Diaspora : à l'origine, ce terme a signifié la dispersion des Juifs à travers le monde. Par extension, dispersion d'un peuple. On parle des diasporas arménienne, libanaise, chinoise, indienne, palestinienne, etc.

Doctrine : ensemble d'idées servant à interpréter une situation ou à orienter une action (« doctrine libérale », « doctrine communiste »).

Droit de veto : droit par lequel une autorité peut s'opposer à une décision. Par exemple, les cinq pays qui sont membres permanents du Conseil de sécurité de l'ONU peuvent, chacun, exercer leur droit de veto sur les décisions prises par ce Conseil.

Droits des femmes : voir pages **149 et suivantes**.

Écologie (du grec *oïkos* = maison et *logos* = science) : à l'origine, ce terme désignait la science qui étudie les rapports entre les êtres vivants et le milieu dans lequel ils vivent.

Effet de serre : voir définition page **169**.

Élargissement de l'Europe : formule commode pour désigner les nouvelles adhésions à l'Union européenne. Voir pages **160 et suivantes**.

Embargo : interdiction faite par un gouvernement de laisser partir les navires étrangers mouillés dans ses ports. Par extension : mesure prise par un État ou plusieurs à l'encontre d'un autre, tendant à empêcher la libre circulation de marchandises importées ou exportées de cet État. L'embargo peut être aussi financier : il signifie alors l'interdiction de faire des prêts ou des investissements dans un pays donné.

Enclave : territoire ou pays entouré par un (ou plusieurs) autre(s).

État : structure juridique et politique commune à l'ensemble d'un groupement humain sur un territoire déterminé. Par extension : groupement humain régi par cette structure politique.

État-nation : voir Nation.

Ethnie (mot d'origine grecque *ethnos* = peuple) : ensemble d'individus qui se caractérise par des traits de civilisation communs, en particulier la langue et la culture.

FAO : Organisation des Nations unies pour l'alimentation et l'agriculture.

Fascisme : doctrine et système politique autoritaires. Le fascisme a été fondé par Benito Mussolini en Italie dans les années 1920.

Fédéralisme : système politique organisé en fédération d'États (voir ce terme).

Fédération d'États : groupement de plusieurs États qui forme un État fédéral chapeautant les États membres, et à qui appartient une partie des pouvoirs communs. Exemples : États-Unis d'Amérique, Inde, Brésil, Allemagne, Canada, Belgique et Nigéria. On parle aussi d'« États fédéraux ».

FMI : Fonds monétaire international. Institution spécialisée de l'ONU dont la création a été décidée en même temps que celle de la Banque mondiale, lors de la conférence de Bretton Woods, en 1944.

G-7/G-8 : le groupe des sept pays les plus industrialisés – États-Unis, Japon, Allemagne, France, Italie, Royaume-Uni, Canada (G-7) – est devenu G-8 en accueillant la Russie.

GATT : Accord général sur les tarifs douaniers et le commerce. Le GATT a été remplacé par l'OMC (Organisation mondiale du commerce) en 1995.

Génocide (du grec *genos* = race et du latin *caedere* = tuer) : destruction méthodique d'un groupe ethnique. Le génocide des Juifs par les nazis pendant la Seconde Guerre mondiale est aussi désigné par le terme hébreu de « Shoah », qui veut dire « destruction ». Voir aussi page **153**.

Ghetto : lieu où vit une communauté séparée du reste de la population, ce qui traduit une ségrégation.

Glasnost : « transparence » en russe. Ce terme a été employé en Union soviétique dans la seconde moitié des années 1980 pour désigner l'extension des libertés, notamment dans les médias.

Gouvernance (de l'anglais *governance*) : terme récent signifiant « manière de gouverner », de diriger, de gérer (un pays, un organisme, une entreprise).

HCR : Haut Commissariat des Nations unies pour les réfugiés.

Hydrocarbures : les deux principaux hydrocarbures « naturels » sont le pétrole brut et le gaz naturel.

Idéologie : ensemble d'idées, de croyances et de doctrines.

IDH : Indicateur de développement humain. Voir Développement humain.

Immunité : au sens premier, dispense accordée par la loi à certaines personnes. Ce terme est souvent utilisé pour désigner la protection accordée à certains (un chef de l'État, par exemple) contre des poursuites judiciaires.

Impunité : situation où l'on est assuré de ne pas être puni malgré des fautes ou des crimes commis.

Indépendance : situation d'un État (ou d'une collectivité) qui n'est pas soumis à l'autorité d'un autre État (ou d'une autre collectivité).

Indépendantiste : partisan de l'indépendance (voir ce terme).

Inégalités Nord-Sud : voir pages **146 et suivantes**.

Intégrisme : disposition d'esprit de certains croyants qui veulent appliquer de manière rigide et stricte leur religion et qui refusent de l'adapter aux conditions de vie des sociétés modernes.

Internet : voir pages **166 et suivantes**.

Islamisme : mouvement politique qui utilise la religion musulmane pour défendre des valeurs et des traditions s'opposant à celles des pays occidentaux. L'islamisme comprend différents courants. Certains réclament des réformes pour que l'État adopte la législation islamique (*charia*). D'autres, plus révolutionnaires, veulent prendre le pouvoir pour créer un État islamique correspondant à leurs projets.

Justice pénale internationale : voir définition pages **152 et suivantes**.

Libéralisme : courant de pensée qui a un sens distinct selon qu'il est employé en politique ou en économie. En politique, le libéralisme se caractérise par un principe de tolérance et par la défense et l'extension des libertés. Dans un régime libéral, des institutions – notamment d'État – sont chargées de garantir les droits de chacun. Le libéralisme économique est une doctrine selon laquelle la libre concurrence et le libre-échange ne doivent pas être entravés par l'intervention de l'État mais doivent suivre uniquement la loi du marché (voir ce terme).

Libre-échangisme : voir définition page **157**.

Lobby (au pluriel *lobbies*) : mot anglais désignant une association, une organisation exerçant une pression sur les pouvoirs publics et cherchant à défendre ses intérêts propres.

Loi du marché : fonctionnement économique selon lequel on adapte la production aux besoins (ou supposés tels) des consommateurs, dans le but de trouver un équilibre entre l'offre et la demande ; on produit alors ce qui se vend mais pas obligatoirement ce qui est le plus utile.

Mafias : voir pages **171 et suivantes**.

Marxisme-léninisme : système politique qui se caractérise par le pouvoir exclusif du Parti communiste sur la société, sur le modèle de l'Union soviétique et de la Chine communiste.

Mercosur : Marché commun du sud de l'Amérique. Voir page **158**.

Minorité : se dit d'une nation (voir ce mot) ou d'une partie de nation qui est minoritaire dans un pays (la « minorité albanaise en Macédoine »). On parle aussi de minorités religieuses.

Mondialisation : voir définition pages **138 et suivantes**.

Multipartisme : système politique dans lequel la création des partis est autorisée. Le multipartisme s'oppose au système du parti unique.

Nation : groupe humain, le plus souvent assez vaste, qui se caractérise par la conscience de son unité culturelle (historique, linguistique, etc.) et la volonté de vivre en commun. Lorsqu'une seule nation correspond à un territoire délimité par des frontières internationales, on parle d'État-nation.

Nationalisation : transfert à l'État de la propriété d'un bien appartenant à des propriétaires privés (voir aussi Collectiviser).

Nationalisme : doctrine politique qui revendique pour une communauté humaine le droit d'être reconnue comme une nation. Le nationalisme peut aussi exprimer, plus simplement, le sentiment national ou l'attachement passionné à la nation à laquelle on appartient. Lorsqu'il mobilise un peuple pour combattre une oppression ou une domination (par exemple, la colonisation), le nationalisme est libérateur. Au contraire, lorsqu'il mobilise des passions agressives contre une fraction de la population (les immigrés, les Juifs ou une minorité nationale) ou contre « les étrangers », le nationalisme est une régression barbare.

Nazisme (de l'allemand *Nationalsozialismus*) : doctrine et système politique à caractère fasciste et totalitaire mis en œuvre par Hitler à partir de 1920. Par extension, individu qui pousse à l'extrême des idées proches de celles des nazis.

Népotisme : favoritisme ou abus exercé par une personne en place – grâce à son influence – pour procurer des avantages, des emplois, etc. aux membres de sa famille, de son parti ou à ses amis.

Neutralisme : doctrine politique qui défend le principe, pour les États, de se déclarer neutre, à l'écart des conflits et des alliances militaires.

Nomenklatura : hauts fonctionnaires de l'État et du Parti communiste soviétique, à l'époque de l'URSS, formant une classe à part, possédant un réseau de distribution propre et jouissant de nombreux autres privilèges. Par extension, se dit d'une catégorie de personnes privilégiées.

Non-alignement : attitude politique de nombreux États du tiers monde (le Mouvement des non-alignés) qui ont refusé pendant la Guerre froide d'aligner leur politique sur celle d'un des deux blocs, Est ou Ouest. D'autres termes ont été aussi employés comme « neutralisme » ou « non-engagement ».

Nord : terme employé par commodité pour désigner les pays développés, par opposition au Sud (les pays du tiers monde).

Nouvelle économie : voir pages **166 et suivantes**.

NPI : nouveaux pays industriels. Ce nom a été appliqué, à partir des années 1970, aux pays d'Asie orientale qui connaissaient une industrialisation et un développement économique qui les distinguaient du tiers monde (Singapour, Corée du Sud, Taïwan, par exemple).

NTIC : nouvelles technologies de l'information et de la communication. Voir pages **166 et suivantes**.

OCDE : Organisation de coopération et de développement économiques.

Off shore : terme anglais signifiant « loin du rivage ». On parle de gisements pétroliers *off shore* (en mer) et d'activités bancaires *off shore*. Dans ce cas, cela désigne des pratiques financières peu transparentes qui ont lieu dans des pays refusant de contrôler ce type d'activités. Voir pages **171 et suivantes**.

OGM : organismes génétiquement modifiés. Voir définition page **165**.

OIT : Organisation internationale du travail. Cette institution dépend de l'ONU.

OMC : Organisation mondiale du commerce. L'OMC a remplacé le GATT (Accord général sur les tarifs douaniers et le commerce) en 1995.

OMS : Organisation mondiale de la santé. Cette institution dépend de l'ONU.

Oncle Sam (*Uncle Sam*) : expression ironique désignant l'État américain, formé par les initiales U. S. Am. = United States of America.

ONG : organisation non gouvernementale. Voir pages **174 et suivantes**.

ONUDI : Organisation des Nations unies pour le développement.

Paradis fiscal : se dit d'un pays appliquant de faibles impôts et ne respectant pas les règles internationales de transparence sur les activités bancaires et financières. Voir pages **171 et suivantes**.

Parti unique : système qui concentre le pouvoir politique entre les mains d'un seul parti, les autres étant interdits.

Pays émergents : pays connaissant un développement économique dynamique.

Pays en développement : voir PED.

PED : pays en développement. Ces pays, dont le développement est moindre que celui des pays industriels, forment ce qu'on appelle le Sud ou le tiers monde (voir ces termes).

Perestroïka : mot russe signifiant « restructuration ». Refonte du système de l'État soviétique et du Parti communiste entreprise sous la direction de Mikhaïl Gorbatchev entre 1985 et 1991.

PIB-PPA par habitant : produit intérieur brut à parité du pouvoir d'achat. Il s'agit du revenu moyen par habitant, calculé pour tenir compte des différences de pouvoir d'achat entre pays. Dans un pays moins développé que les États-Unis, avec un dollar, on peut consommer davantage.

Planification : méthode consistant orienter l'économie d'un pays en fonction d'objectifs et de moyens choisis (le plan). La planification peut être autoritaire (cas des pays communistes) ou simplement indicative (pays démocratiques). Dans ce dernier cas, elle vise surtout à corriger les déséquilibres créés par les lois du marché.

Pluralisme politique : système qui admet la diversité des opinions et reconnaît les organismes qui les représentent (syndicats, partis). S'oppose au système du parti unique.

PNUD : Programme des Nations unies pour le développement.

PNUE : Programme des Nations unies pour l'environnement.

Pogrom : terme d'origine russe qui désigne un soulèvement violent et meurtrier contre une communauté.

Privatisation : fait de céder à un ou plusieurs propriétaire(s) ou entreprise(s) privé(s) (secteur privé, qui ne dépend pas de l'État) la propriété ou le droit d'exercer une activité gérée jusqu'alors par l'État.

Protectionnisme : doctrine économique qui prône la protection du pays face à la concurrence des importations étrangères (par des droits de douane ou des règlements dissuasifs). S'oppose à libre-échangisme (voir ce terme).

Protectorat : régime juridique par lequel un « État protecteur » exerce un contrôle ou une domination sur un autre. Il s'agit en fait d'une forme de colonisation (voir ce terme).

Réchauffement climatique : voir pages **168 et suivantes**.

Régulation : terme formé à partir de « réguler » qui signifie maintenir en équilibre, assurer un fonctionnement satisfaisant à un système complexe.

Sécessionnisme : action visant à faire sécession d'un pays et à se soustraire à son pouvoir et à ses lois. Synonyme de séparatisme (voir ce terme).

Ségrégation sociale ou raciale : séparation plus ou moins forte imposée par la loi ou dans les faits à des personnes ou des groupes sociaux, sur le critère de leur condition sociale, de la couleur de leur peau, de leur âge, de leur sexe, etc. L'apartheid a été, en Afrique du Sud, un régime de ségrégation raciale.

Séparatisme : action visant à obtenir une séparation d'ordre politique et territorial par rapport à un État. Synonyme de Sécessionnisme.

Social-démocratie : terme désignant les socialistes partisans de la démocratie (voir ce terme), par opposition aux socialistes partisans du communisme (voir ce terme).

Société civile : terme désignant les organisations d'un pays ne faisant pas partie de l'État ou du système politique. La société civile comprend notamment les associations, les syndicats, les médias. On parle aussi de « société civile internationale » pour désigner les ONG (voir ce terme).

Souveraineté : pouvoir politique d'un État, d'une institution ou d'un groupe soumis à aucun autre ni au contrôle d'une autorité extérieure.

Sud : expression commode employée pour désigner ce qu'on a appelé le tiers monde, c'est-à-dire les pays en développement (PED). Ces derniers sont pour la plupart situés dans l'hémisphère sud.

Sunnisme (sunnite) : principale tendance de la religion musulmane. Voir aussi Chiisme.

Superficie (d'un pays) : il existe plusieurs manières de la calculer. La *superficie terrestre* ne compte pas certaines étendues d'eau (lacs, estuaires, etc.), à la différence de la *superficie totale*. Les superficies indiquées dans les fiches accompagnant les pays dans la deuxième partie de cet ouvrage correspondent à leur superficie terrestre.

Supranational : caractère d'une institution, d'une autorité ou d'un pouvoir qui est placé au-dessus des gouvernements de chaque État.

Tiers monde : terme désignant les pays en développement. On dit aujourd'hui plutôt « Sud » (voir ce terme).

Totalitarisme : système politique voulant, par idéologie (voir ce terme), changer l'histoire de l'humanité et l'homme lui-même en utilisant la terreur généralisée. Le nazisme (voir ce terme) et le communisme (voir ce terme) soviétique sous Staline ont été deux totalitarismes.

Traité : acte juridique international par lequel des États établissent des alliances, des accords, des règles communes. Le traité est l'acte qui met fin à un processus d'accord ou de négociation qui a pu s'étendre sur plusieurs années.

Transgenèse : voir définition page **165**.

Transition démographique : voir définition page **144**.

Tribunal pénal international : voir page **152**.

UE : Union européenne. Voir pages **160 et suivantes**.

UIT : Union internationale télégraphique. L'UIT est une institution spécialisée de l'ONU.

UNESCO : Organisation des Nations unies pour l'éducation, la science et la culture.

UNICEF : Fonds des Nations unies pour l'enfance.

Union douanière : voir définition page **159**.

Utopie : projet politique ou social tenant lieu d'idéal (l'« utopie de la paix universelle »).

INDEX DES NOMS PROPRES

Le numéro en **gras** renvoie à la page
où est traité principalement le pays, le continent ou le sujet.

Bush, George W., 46, 97 [États-Unis] signifie :
voir page 46 et, dans la page 97, l'article « États-Unis ».

LISTE DES PAYS

■ Territoire non souverain au 30.9.2002 (colonie, territoire associé à un État, territoire sous tutelle, territoire non incorporé, territoire d'outre-mer, etc.).

● État non membre de l'ONU au 30.9.2002

LISTE DES CARTES

Le monde depuis 1945

Tous les pays du monde

Achevé d'imprimer en octobre 2002 sur les presses de l'Imprimerie Moderne de l'Est à Baume-les-Dames.
Dépôt légal : novembre 2002 • N° imprimeur : 16131 • *Imprimé en France*